NOUVELLES ÉTUDES ORIENTALES

CALMANN LÉVY, ÉDITEUR

DU MÊME AUTEUR

Format in-8°.

ÉTUDES ORIENTALES . . . . 1 vol.

Droits de reproduction et de traduction réservés
pour tous les pays
y compris la Suède et la Norvège.

PARIS. — IMPRIMERIE CHAIX. — 4490-3-95 — (Encre Lorilleux).

NOUVELLES ÉTUDES
ORIENTALES

PAR

ADOLPHE FRANCK

PRÉFACE DE

EUGÈNE MANUEL

PARIS
CALMANN LÉVY, ÉDITEUR
ANCIENNE MAISON MICHEL LÉVY FRÈRES
3, RUE AUBER, 3
1896

PRÉFACE

Celui qui écrit ces quelques pages a grand besoin de s'excuser. Il n'est pas philosophe, et c'est d'un philosophe qu'il va s'occuper. Il n'est pas orientaliste, et le présent ouvrage est composé presque uniquement d'études hébraïques et orientales, dont l'examen critique réclamerait un savoir spécial. Le savant qui a laissé dans ce volume quelques-unes de ses plus fortes convictions avait fait de la science du Droit naturel son domaine propre, et l'auteur de cette préface, sur ce point encore, confesse toute son incompétence. Quels titres lui reste-t-il pour prendre la plume? Il a été, il y a plus de cinquante ans, l'élève de M. Adolphe Franck; il a trouvé l'affection fidèle de son premier maître de philosophie dans toutes les circonstances de sa vie, à tous les tournants de sa carrière; il est resté toujours un admirateur et

a

un ami de celui qui n'est plus : il voudrait acquitter bien modestement une dette de reconnaissance.

On sait avec quelle surprenante précision se réveillent dans les mémoires vieillissantes les souvenirs les plus anciens. Je revois, comme au premier jour, cette longue et sombre classe de philosophie du lycée, alors collège Charlemagne, où j'entrai au mois d'octobre 1841, pour y compléter ma préparation à l'École normale. Nous étions assis déjà quand le professeur monta en chaire, vêtu de la robe, coiffé de la toque. L'âge serait-il donc quelque chose de tout relatif, et l'intervalle qui sépare l'écolier du maître garde-t-il sa distance première, sans que l'impression d'autrefois se trouve sensiblement modifiée par le déplacement des années ? Le maître est-il vieux ou simplement sans âge, parce qu'il est le maître ? N'y a-t-il pour les jeunes que leur propre jeunesse ? Ou bien M. Franck avait-il de bonne heure une de ces physionomies qui devancent la maturité et imposent le respect ? Serait-ce, au contraire, que nous substituons inconsciemment aux traits anciens, dont le souvenir s'est effacé, les traits récents, les derniers, les plus connus, comme un emprunt que le passé fait au présent ? Je vois toujours

M. Franck pareil à lui-même. Était-ce bien, d'ailleurs, un professeur de trente et un ans que nous avions sous les yeux, avec ce corps émacié, ce fin visage, anguleux et pâle, cette voix très nette, mais grêle et légèrement voilée, éprouvée déjà par une affection du larynx, acérée pourtant et pénétrante comme une lame ; avec tout cet ensemble enfin, plus ascétique encore que maladif, qui ne nous rappelait en rien les maîtres que nous avions eus jusqu'alors ? Dès la leçon de début, son langage aussi fut une nouveauté et un étonnement. Pour retrouver dans mes souvenirs de jeune homme un plus puissant effet de parole, une suggestion plus soudaine et plus émouvante, je dois me reporter à ma première année d'École normale, aux incomparables conférences de Jules Simon.

Nous ne savions rien de la philosophie, mes condisciples et moi : immédiatement, nous fûmes conquis à cette science, ravis de ces recherches, à peine troublés et déjà convaincus. De leçon en leçon (et je n'étais certainement pas le seul dans ce cas), cette prise de possession fut pleine et entière. Je n'opposais alors aucune résistance à ce dogmatisme si ardent et si généreux, où tout me paraissait incontestable, à cet enseignement exalté qui s'échappait de ces lèvres frémissantes avec une intensité de persuasion qui n'avait rien de scolaire, rien de professionnel. Tout l'homme que fut M. Franck était déjà dans cette chaire de collège; et moi-même, après tant d'années, tout en tenant compte de ce que l'étude, les leçons de l'École, la réflexion personnelle, les courants divers auxquels la philosophie n'échappe pas plus que le reste, ont pu apporter tour à tour d'éléments nouveaux chez un esprit très libre, je me retrouve encore sous l'influence de ce langage, et, sur les points essentiels, fidèle à ce corps de doctrines qu'aucun doute sérieux n'a pu sensiblement entamer.

Faut-il en faire honneur uniquement à la force de la vérité et à la vertu communicative du maître? Une commune origine religieuse, en dehors même de tout dogme positif, explique-t-elle en partie cette entente? Étions-nous déjà, par là, de plain-pied et en contact latent? Ce qui n'est pas douteux, c'est que de ce premier enseignement date une croyance philosophique, très persistante en moi, à l'existence de Dieu, à la spiritualité et à la permanence de l'âme, à la liberté de l'homme, au progrès continu par l'idée du juste et du bien. Quand nous nous retrouvions, M. Franck et moi, à trente ou quarante ans d'intervalle, en dépit de quelques divergences de forme et surtout de méthode, l'élève et le maître partageaient encore les mêmes convictions, vivaient des mêmes espérances.

Ceux qui n'ont pas connu, comme moi, M. Franck, et reçu son empreinte, diront que j'apporte dans ces souvenirs les lointaines et indulgentes illusions de l'écolier, avec le recul toujours favorable aux choses anciennes. Mais je ne crois pas qu'il y ait là rien de pareil. Et lorsque après Pâques la maladie obligea M. Franck à suspendre son cours et à partir pour Pise, quand on lui donna pour suppléant Jules Barni, tout jeune alors, et que j'ai bien connu dans la suite, combien fut sensible le changement! Pourtant Barni, qui a été un philosophe pénétrant et un politique passionné pour les plus nobles causes, était un maître déjà très distingué, dont les leçons n'étaient pas sans valeur : mais quelle différence! J'entends encore sa voix triste, traînante, amollie au point d'en paraître nonchalante, sans accent, sans mouvement. Il nous donnait, avec plus de savoir que d'autorité, un enseignement subtil, abstrait, allemand, qui nous instruisait sans nous captiver, qui refroidissait notre zèle et nous faisait descendre d'une température à une autre.

Mon intention n'est pas de refaire ici la biographie de M. Franck. Des voix éloquentes s'en sont chargées, quand nous l'avons perdu. Je rappellerai seulement qu'à son retour d'Italie il ne remonta que pour peu de temps dans sa chaire du collège Charlemagne. Agrégé de Faculté, après avoir été reçu le premier à l'agrégation de philosophie, il était suppléant à la Sorbonne en 1843, et membre de l'Institut, un an après, à trente-cinq ans, à la suite de la publication de son livre fameux, *la Kabbale*.

Nous n'avons pas encore prononcé jusqu'ici le nom de Victor Cousin. Est-il possible de le passer sous silence? C'est à cet arbitre de la philosophie d'alors que M. Franck a dû, comme quelques autres, sa rapide fortune; et le temps n'a ni rompu, ni même relâché le lien qui les unissait, formé, d'un côté, de protection toujours un peu hautaine, mais franchement sympathique, de l'autre, de condescendance reconnaissante. Oui, c'est un trait particulier à M. Franck d'être resté fidèle jusqu'au bout, sinon à toutes les idées de

M. Cousin, du moins à l'homme. Il y avait là, outre un honorable sentiment de gratitude, des affinités de goût et de principes, que l'action directe du Maître entretenait par une prodigieuse fascination. C'est, d'ailleurs, une erreur de croire que M. Franck et les esprits très divers, quelques-uns supérieurs, qui gravitèrent pendant plusieurs années autour de M. Cousin, se soient aussi complètement subordonnés à lui, en réalité, qu'on le suppose. On a dit assez justement qu'il a été un chef d'école sans disciples. Il a imprimé à la philosophie un mouvement, très digne encore d'attention, vers l'histoire des systèmes ; il a enrégimenté des travailleurs pour une tâche déterminée ; mais une fois l'œuvre faite (et le *Dictionnaire philosophique* de M. Franck en reste le résumé durable), la dispersion s'est opérée assez vite. Quelques-uns ont pu individuellement demeurer attachés au Maître et lui garder leur respect ; mais tous ont, plus ou moins, recouvré leur indépendance, chacun selon ses aptitudes propres, ses études préférées, son caractère ou son humeur. Les médiocres surtout restèrent les disciplinés ; les autres furent, plus ou moins, des réfractaires. Sans parler de MM. Damiron et Garnier, collègues laborieux et savants, qui étaient plutôt des contemporains que des disciples, ni de Jouffroy, qui fut un isolé, un rival, et, en son genre, un chef, non un subordonné, peut-on voir des esprits plus divers, plus libres d'allure, entraînés vers des travaux plus variés en des routes plus librement frayées, que MM. Ravaisson, Barthélemy-Saint-Hilaire, Vacherot, Jules Simon, Bouillier, Saisset, Bersot, Amédée Jacques, Paul Janet, Caro, et j'en passe! La Révolution de 1848 fut, en ceci comme en beaucoup d'autres choses, le signal de l'émancipation, de la dispersion. Il s'agissait bien alors d'éclectisme! Cousin lui-même ne tarda pas à se tourner vers des travaux d'un tout autre ordre, qui firent de lui un parfait littérateur. Il soumit ses ouvrages antérieurs à une revision dont la formule dernière fut la prudence, et ne garda plus guère de son omnipotence en philosophie que le souvenir d'un prestige destiné à décroître. Presque tous ceux qui avaient un instant connu l'internement prirent la clef des champs. Le coup d'État, le refus de serment, l'exil pour quelques-uns, tout contribua au désarroi. La jeune École normale, avec Taine, faisait plus que d'échapper au joug. Elle inaugurait la rébellion, pour arriver à la liberté un peu troublée qui nous agite encore. Il fallut compter, d'autre part, avec des doctrines que le mouvement social et révolutionnaire avait fait éclore ou reparaître. De tous les anciens élèves de Cousin, le plus illustre, Jules Simon, entra dans la vie publique et, par la parole, puis, — quand l'Empire lui ferma la bouche, — par la plume, aborda résolument les questions vitales de ce temps, et n'a pas cessé, depuis lors, de nous dire, avec quelle autorité et quelle puissance! les luttes de la conscience, du travail et du devoir.

M. Franck, de son côté, sans abandonner les problèmes de la philosophie générale, choisit d'autres sujets d'études. Deux ordres de travaux surtout, à partir de cette époque, prirent la plus large part de son temps, les questions de Droit naturel et les questions religieuses. Dans la spécialisation de plus en plus imposée à toutes nos connaissances, ces matières, auxquelles il était si bien préparé, devinrent l'objet préféré de ses méditations et de ses recherches.

Il avait esquissé un cours de philosophie sociale à la Sorbonne dès 1847; mais c'est au Collège de France, en 1854, qu'il inaugura sa remarquable carrière de professeur d'enseignement supérieur, lorsqu'il prit possession de la chaire de *Droit de la nature et des gens*, dont il fit dès lors son domaine propre. En confiant à un philosophe un enseignement qui avait été créé pour des jurisconsultes, on en élevait le niveau, peut-être même en modifiait-on utilement le caractère. Le souvenir et l'exemple de Jouffroy n'étaient pas faits pour inquiéter sur cette transformation. Par sa façon de comprendre sa tâche, M. Franck trouvait moyen de faire entrer dans son cours toute la philosophie, toute la morale, et une bonne partie de l'histoire des idées en politique. En se consacrant avec son ardeur accoutumée aux questions de droit, il avait l'ambition de sauver tout ce qui pouvait survivre à la désorganisation politique et au désordre des esprits, en face des utopies d'abord, puis devant le réveil du despotisme. Car nul n'a plus résolument défendu les vérités de droit, même sous l'Empire; et ce philosophe, qui ne crut pas devoir être toujours insensible à certaines avances, pouvait bien livrer quelque chose de sa personne, mais jamais rien de ses principes.

Nous rappellerons seulement ici, pour mémoire,

la suite de ces solides Études qui perpétueront son nom, *La Philosophie du Droit civil*, celle du *Droit pénal* et du *Droit ecclésiastique*; les fortes et saines *Études sur les réformateurs et publicistes de l'Europe* depuis le moyen âge jusqu'au XIXe siècle, qu'il sut rattacher si étroitement au programme de son cours. Mais où il était admirable et en avant de son temps, se séparant par là de ses propres maîtres, c'est dans tout ce qui touche à la question des pénalités. Cette grave question du droit de punir, nul ne l'a mieux élucidée que lui, lorsqu'il substituait au droit brutal du châtiment et de la vengeance le droit légitime de préservation pour la société, et qu'il mettait en pleine lumière, dans ses conséquences les plus fécondes, le principe presque nouveau de la défense sociale. Ce qui lui faisait si profondément aimer et si passionnément enseigner la nature du Droit et son essence même, c'est qu'il était un produit direct, une émanation historique des grandes vérités que le Droit proclame; c'est que de 1789 et de la Déclaration des droits de l'homme était sortie l'émancipation de sa race; c'est que la place même qu'il occupait, la parole qu'il faisait entendre, toute sa liberté, toute sa dignité, tout son repos, tout son honneur, tout ce qui le faisait l'égal des autres hommes, était le fruit de cette conquête nouvelle, en était l'usage désormais assuré. Qu'il a dû souffrir, à la fin de ses jours, en mesurant le terrain perdu, au spectacle de ces lâches reculs de la pensée qui déconcertent notre raison !

Tout en poursuivant, dans son cours du Collège de France, ses études sur *le Droit naturel*, il n'abandonnait pas le terrain où il s'était établi, dès le début de sa carrière philosophique, avec *la Kabbale*, c'est-à-dire l'histoire de la philosophie religieuse des Hébreux. Ce livre de forte science, et qui est resté de premier ordre, malgré les polémiques qu'il a suscitées, sera toujours consulté et gardera sa place dans le grand mouvement des études religieuses qui a marqué, en France, la seconde moitié de ce siècle.

Comme le xvie siècle a vu la Renaissance classique grecque et latine, le xixe siècle a été marqué par une renaissance des études orientales, qui dure encore. L'humanité, curieuse enfin de ses origines religieuses, s'est tournée vers l'Orient, comme vers le foyer des grandes croyances qui se disputent le monde. C'est de ce côté qu'ont regardé les explorateurs, les savants, les linguistes, les critiques, les philosophes, les poètes mêmes. La France, après l'Allemagne, avec tous les instruments de travail que la science a pu lui fournir, a pris corps à corps ces problèmes que le xviiie siècle avait si légèrement effleurés. *La Kabbale* avait paru en 1843, alors que Renan, séminariste, se débattait encore contre les assauts de sa conscience émancipée. *La Palestine*, de Munk, livre trop oublié, est de 1845. Le mouvement une fois donné, rien ne l'arrêta. De tous côtés, les travaux les plus importants sur le judaïsme, sur les origines du christianisme, se multiplièrent. Fouilles savantes, commentaires critiques et philologiques, études magistrales, hypothèses hardies, tout parut à la fois. Ce fut un champ tout nouveau ouvert, par l'exégèse, à la discussion des croyances. On connut des langues nouvelles, de nouvelles formes religieuses; vingt ans suffirent pour tout remuer et rajeunir tous les problèmes. L'histoire des religions devenait un élément même des recherches de la métaphysique. Un esprit aussi curieux, aussi clairvoyant que M. Franck ne pouvait demeurer étranger à des polémiques où tout devait l'intéresser. C'est alors que parurent successivement, dans le *Journal des Savants*, dans les *Débats* et dans divers périodiques, les articles qui ont formé la partie déjà connue des *Études Orientales*. Ceux que M. Franck n'a pas eu le temps de réunir et de publier lui-même composent le présent volume.

Ces Études, qu'il eût été regrettable de laisser enfouies dans des collections qu'on oublie de consulter, ont un caractère que nous voudrions signaler en quelques mots, pour ne pas tromper l'attente des lecteurs, ni fausser non plus les intentions de M. Franck. Sa modestie eût souffert qu'on exagérât la portée de ses travaux et qu'on y voulût découvrir ce qu'il n'a pas prétendu y mettre. Tout savant et compétent qu'il était en ces matières, il n'a pas voulu faire œuvre originale. Il n'a pas, comme un Burnouf, un Mohl, ou comme, plus récemment, notre jeune et regretté James Darmesteter, creusé ou étendu le champ des découvertes philologiques et historiques, dans leurs rapports avec les religions ; il n'a pas lui-même élucidé, comme Munk, Derenbourg ou Joseph Halévy, quelques questions spéciales que la critique religieuse rencontre, à chaque instant, sur son chemin ; encore moins a-t-il, comme Renan, interprété à sa manière, avec toutes les audaces poétiques d'une imagination née pour les grandes hypothèses, soit les textes sacrés, soit les documents nouveaux de l'histoire des religions. M. Franck est resté un philosophe surtout préoccupé d'idées générales, et un critique d'une école qui tend à disparaître, peu complaisante aux nouveautés contestables, et plus disposée à défendre les résultats acquis qu'à s'aventurer dans la mêlée des plus récents systèmes. Il a mis son rare talent d'exposition, si clair et si limpide, au service des spécialistes de l'orientalisme; il a jugé, discuté, vulgarisé leurs travaux; il les a fermement avertis; il leur a signalé certains périls; il a rapproché, comparé les solutions, fixé l'indiscutable, dégagé le vraisemblable, éliminé le paradoxe et la fantaisie. Il est difficile d'analyser avec plus de netteté, de tirer plus logiquement les conséquences des choses, de faire entre les époques et les croyances des parallèles plus suggestifs, de mieux extraire des textes la leçon philosophique ou morale. Surtout, que d'occasions heureusement saisies pour faire plus exactement connaître le judaïsme, pour en marquer, en traits profonds, le caractère et le génie; pour exposer la législation du peuple juif, pour fixer la physionomie vraie des Pharisiens, des Esséniens, des Sadducéens;

pour reculer bien avant l'ère chrétienne les admirables maximes qui abondent dans les sentences et les proverbes du Talmud et de la Mischna ! Que d'idées erronées la lecture de ces Études contribuerait à dissiper ! Combien d'irréfutables réponses à l'ignorance, à la mauvaise foi, à l'intolérance aveugle ou intéressée ! Même après tant de publications que ces trente dernières années ont vu naître, on ne peut faire ni l'histoire des destinées et des doctrines du peuple d'Israël, ni celle des origines du Christianisme, sans tenir compte des jugements d'un si ferme esprit. C'est un genre de critique très particulière, non d'un simple curieux, d'un dilettante désireux, pour son plaisir, de discerner la vérité de l'erreur; critique subtile et fuyante, où il entre bien de l'indifférence et bien du scepticisme à l'égard des choses mêmes! Chez M. Franck, c'est toujours une enquête sérieuse, soutenue par des convictions passionnées qui ne transigent point. Il tient la plume comme il prendrait la parole, — j'allais dire l'épée, — considérant l'erreur qu'il combat ainsi qu'une ennemie. L'opinion qu'il condamne semble l'irriter comme une injure personnelle ; et cet homme, si excellent et si juste, en arrive à perdre même son sang-froid en présence des opinions à la mode, quand elles inquiètent sa conscience ou exaspèrent sa raison.

M. Franck, — faut-il l'en féliciter ou lui en faire un reproche? — n'a pas subi l'influence magique de Renan. Même sur des sujets qu'ils ont abordés tous deux, nul point de comparaison, nulle visible communion d'idées. Ils se sont tenus comme à l'écart l'un de l'autre, pour des raisons très diverses, d'origine, de tempérament, de première éducation religieuse et philosophique. Ce n'est pas que M. Franck eût peur de certaines hardiesses : il a accepté avec une grande liberté de vue les dernières conclusions relatives à l'authenticité, à la valeur historique ou théologique des livres saints ; il n'a reculé devant aucune des conséquences de l'étude plus minutieuse, plus rigoureuse des textes ; il n'a eu qu'un souci, c'est de préserver la tradition monothéiste, dont il fait honneur non pas à tous les sémites, — erreur déjà relevée par Munk, — mais aux seuls Hébreux et à la loi Mosaïque. Il n'est pas superflu d'insister sur ce point que le fait même d'être Israélite, d'avoir eu communication et commerce domestique, soit avec l'Ancien Testament, soit avec la littérature rabbinique, contribue à expliquer un déisme si solide. Mendelssohn, en Allemagne, au siècle dernier, avait présenté un cas pareil. D'ailleurs, ni pour le philosophe allemand, ni pour M. Franck, les origines judaïques et une certaine fidélité à la tradition n'étaient de nature à entraver l'indépendance des idées philosophiques. Aucun culte, on le sait, si on le dépouille d'un certain nombre de pratiques matérielles, dont l'oubli ou même l'abandon ne suffit pas pour rompre les liens confessionnels et exclure de la synagogue, n'est plus proche du déisme pur, plus exempt de conceptions étroitement théologiques, plus apte à la transformation philosophique.

Cependant, à côté ou au-dessous de cette idée rationnelle de Dieu, dont M. Franck s'était fait le défenseur, et qu'il regardait comme l'unique solution possible au problème de la destinée humaine, il admettait volontiers, à titre de concession propre à pacifier les peuples, que chacun ajoutât « l'essentiel de la religion où il était né » ; à ses yeux c'était « un complément utile, presque nécessaire », aux âmes non encore suffisamment libérées pour se contenter de la seule idée de Dieu. Il avait donc quelque indulgence pour les diverses formes du mysticisme, et sa conception de l'idéal ne lui paraissait pas incompatible avec quelques défaillances de la raison. Ses études sur la *Kabbale* lui avaient laissé un goût d'idéalisme poussé parfois jusqu'à l'exaltation ; et s'il n'avait pas été, en somme, essentiellement philosophe, c'est plutôt du côté des mystiques qu'il aurait penché, pour fuir certaines aberrations du criticisme. Voici, à ce sujet, un autre passage de ses *Nouvelles Études religieuses*, dont il ne faudrait pas tirer des conséquences trop rigoureuses, mais qui ajoute un trait digne d'être noté à cette figure si originale : « L'idolâtrie a son principe dans la nature humaine : pourvu qu'elle ne s'abaisse pas à de petites idoles et ne dégénère pas en de méprisables superstitions ; pourvu qu'elle reste féconde en œuvres d'art, de poésie, d'abnégation, de charité, sans avoir la prétention d'arrêter l'essor de la raison, les conquêtes de la science, les progrès de la liberté, il faut l'observer avec un intérêt respectueux, et la laisser faire. »

Ainsi, ce qu'on a appelé sa condescendance pour des croyances qui n'étaient pas les siennes, sa déférence pour le Christianisme n'était qu'un des aspects de sa tolérance en matières religieuses ;

il lui plaisait de trouver même dans un culte positif des reflets de la vérité universelle. C'est là un « état d'âme » qui n'est pas rare dans notre temps, et que M. Franck n'eût pas vu se développer sans une curiosité sympathique. Il n'eût pas été surpris du mouvement, mal défini encore, qui pousse ou ramène aujourd'hui un certain nombre d'âmes généreuses, un peu faibles, même un peu naïves, effrayées du scepticisme et de ce qu'elles appellent les échecs de la philosophie pure (on a dit la faillite de la science, ce qui est plus grave et non moins injuste), vers une religiosité vague, douce, également apparentée à la raison et à la foi, qui toutes deux s'en accommodent provisoirement. Ce genre de mysticisme est actuellement la ressource dernière, le remède réservé d'un pseudo-rationalisme incomplètement satisfait. C'est comme une porte dérobée qu'on se ménage sur l'invisible et sur l'inconnaissable ; ou plutôt une soupape de sûreté qui doit garantir des explosions mortelles de la raison, inconsidérément surchauffée.

Il y a longtemps que la philosophie et la foi se trouvent en présence de deux sortes d'esprits et de penseurs : les uns surtout frappés des forces inconscientes et des fatalités de la nature, de l'impassibilité apparente, des inéluctables brutalités du grand tout, qui accable notre faiblesse, de l'impuissance de la volonté à conjurer les mêlées furieuses d'une humanité qui se cherche, qui s'ignore, au sein d'une société qu'on serait tenté de trouver plus haïssable à l'état civilisé qu'à l'état barbare. Ceux-là, par une conclusion logique, aboutissent à l'autonomie de la matière, à la négation, à la suppression de l'ordonnateur suprême. Les autres, frappés, au contraire, par l'enchaînement des choses, plus sensibles à l'ordre qu'au désordre, ravis par la beauté des idées de justice et de droit, résignés, d'ailleurs, à ne pas tout savoir et à ne pas tout expliquer, mais convaincus que cette incapacité de comprendre est la condition même de notre destinée, concluent à la réalité de l'âme incorporelle, à l'existence et à la providence de Dieu. On sait de quel côté se rangeait M. Franck.

A une époque où des intelligences très ouvertes s'accommodent trop aisément de tout, acceptent tout, excusent tout; où une indifférence raffinée, ironique et ultra-tolérante ne se donne même plus la peine de s'intéresser à la vérité ou de malmener l'erreur, dans ce qu'elles ont, l'une ou l'autre, de simplement probable, M. Franck a donné ce rare exemple d'une conviction qui ne désarme pas. Il était de la famille des optimistes sincères. La justice, le droit, la volonté libre, l'âme et Dieu, voilà les idées qui ont fait l'unité de sa vie et de ses travaux. Il les poursuit et les applique en philosophie, en morale, en histoire, en législation. Il leur subordonne le monde intérieur et le monde extérieur, sans se laisser décourager par le spectacle des choses violentes et malfaisantes : nature essentiellement sereine et douce, en dépit des accès d'une irritabilité mal contenue, nature aimante et consolante, incapable de comprendre que le mal soit la loi de l'univers, la misère et l'ignorance notre lot, l'iniquité monstrueuse le dernier mot de la vie. Pour affirmer de telles croyances, il s'en tenait à des moyens très simples, qui avaient également suffi à ceux de son groupe philosophique. Il trouvait entre la plus haute raison et le vulgaire bon sens plus de rapports que certains philosophes n'en admettent. C'est là qu'on peut reconnaître qu'il a été d'un temps, sinon d'une école; sa philosophie par sélection, librement éclectique, faisait une large part à la conscience, au consentement universel, tels qu'on les concevait alors. Bien qu'il ne fût pas normalien, il avait avec des hommes tels que Jules Simon, Bouillier, Bersot et d'autres, plus d'une ressemblance. Il affectait parfois de rester étranger aux débats qui s'engageaient ailleurs, et n'accordait qu'une faible attention aux sciences proprement dites; il ne les ignorait pas; il ne les dédaignait pas : il s'en passait.

Il faut bien le dire, une autre génération de philosophes et de professeurs de philosophie s'est élevée récemment, qui affecte de ne plus comprendre M. Franck et ses contemporains. M. Franck, du reste, leur rendait volontiers la pareille. La philosophie, pour qui l'étudiait il y a quarante ans encore, et pour qui essaie d'en suivre aujourd'hui les progrès, n'est plus reconnaissable. Les points de vue semblent avoir changé. D'autres questions se sont posées, ou les mêmes ont été posées autrement. Il est incontestable que des méthodes plus rigoureuses dans l'observation des phénomènes, des rapports plus étroits et mieux reconnus entre le physique et le moral de l'homme, ont rattaché plus savamment les manifestations de la pensée à celles de la vie. La biologie est venue en aide à la psychologie; les sciences mathématiques, la géométrie, sont redevenues ce qu'elles étaient pour les plus grands philosophes ; on est allé plus au fond des problèmes, pour remettre, avec Kant, tout en question. La certitude s'en est-elle accrue à proportion de l'effort ? La lumière ne s'est pas faite, mais les ombres se sont déplacées.

Quand j'essaie de faire revivre un homme et un philosophe, qu'on ne m'accuse pas d'être sévère et injuste pour notre jeune école philosophique, ni surtout pour les maîtres remarquables qui l'ont formée, dont il est impossible de ne pas louer le savoir étendu, la curiosité aiguisée et pénétrante, la parfaite sincérité, et cette disposition d'esprit qui les portait et porte encore leurs disciples à chercher le vrai par tous les moyens et dans toutes les voies nouvellement frayées, avec une obstination recueillie et tranquille, sans autre souci que de se rapprocher toujours davantage de la vérité, sans craindre même de confesser leur impuissance. Ces maîtres sont assurément d'un temps où l'on ne se paie pas de mots, et où la philosophie est tout autre chose qu'une rhétorique plus édifiante. Mais comment oublier que, parmi les philosophes de ce groupe, les plus éminents peut-être et les meilleurs, en qui l'on pouvait le plus espérer, ont, un beau jour, gardé le silence et sont rentrés dans l'ombre, découragés, absorbés par quelque méditation dont ils gardent le secret, laissant à d'autres l'action dans les luttes contemporaines. M. Franck, toujours sur la brèche, continuait de combattre le bon combat de la philosophie spiritualiste, avec des armes qu'on jugeait un peu ébréchées, pourtant bonnes encore à frapper de grands coups. Il respectait, il plaignait ces démissionnaires de la philosophie, sans les imiter. Il honorait leurs scrupules, qu'il ne partageait pas.

Quant aux plus jeunes maîtres et aux derniers venus, il les trouvait un peu subtils, obscurs, plus propres à la recherche qu'à l'enseignement, plus préparés par leurs études et leurs conceptions de la science philosophique à compliquer les problèmes qu'à forger les volontés et à éclairer les consciences. Il avait à leur égard une inquiétude double : il en voulait aux uns de tout réduire à des abstractions sans réalité et à un criticisme sans issue ; aux autres d'aller demander aux laboratoires et aux amphithéâtres le secret des choses et la notion de Dieu. Il ne croyait pas, à voir leurs tentatives de construction, que les assises de la philosophie en fussent consolidées. Il ne demandait au monde extérieur que ce qui était nécessaire pour expliquer le monde de la conscience; il tenait à sa psychologie et à sa théodicée, se défiant également des complications de la métaphysique nouvelle et des empiétements croissants de la physiologie et de la médecine. Dans certains cas, le vieux monothéiste d'origine et d'éducation se révoltait et se cabrait. Il eût considéré comme une trahison de paraître se rapprocher de ceux qui, à un degré quelconque, mettaient en péril non seulement ses doctrines, mais les procédés au moyen desquels il les avait édifiées. En somme, réfractaire aux évolutions d'une science devenue, ce semble, plus curieuse de ses méthodes qu'appliquée à ses conclusions, il persistait à penser que la vérité philosophique était plus facile à dégager que les métaphysiciens d'Angleterre ou d'Allemagne et leurs disciples ne le prétendent, et qu'on faisait de bien grands détours pour arriver au même point. Dans ce nouveau vocabulaire de la philosophie, si différent de celui du *Dictionnaire* de 1844, d'autres mots représentaient-ils vraiment d'autres choses ?

Il ne le croyait point. Non qu'il fût, encore une fois, hostile au progrès, ni qu'il jugeât la philosophie achevée et fixée comme en un catéchisme officiel ; mais il avait des doutes sur la valeur des démonstrations et des craintes sur leurs résultats. En serait-il donc de la philosophie et de la morale comme de la médecine, dont on dit couramment que celle d'il y a trente ans ne compte plus, et qu'on a tout changé, les remèdes, et probablement aussi les maladies? ou comme de la littérature, dont les productions antérieures à ces vingt-cinq dernières années sont entachées de rouille et de moisissure, et hors de la beauté et du goût, parce qu'ils sont hors de la mode? M. Franck n'avait pas deux façons de poser ni de résoudre les problèmes de la vie et ceux de l'univers. Cela simplifiait beaucoup sa philosophie. Il n'y voulait ni tant de finesses, ni tant de réserves, ni tant d'obstacles accumulés, ni tant d'échappatoires. C'était un croyant à sa façon ; il pratiquait sa philosophie comme on pratique une religion, pour les bons effets qu'on en doit attendre, autant que pour les lumières qu'elle projette sur le monde. Il ne trouvait pas cet état contradictoire avec les exigences de la raison la plus libre, puisqu'il y était arrivé par des méthodes exclusivement rationnelles. Et comme ni Dieu, ni l'âme, ni la vie future ne faisaient doute pour lui, il parlait, il enseignait, il agissait en conséquence. Il regardait toujours vers la réalité, vers la vie, en vue du devoir direct. Rappelant, par certains côtés, le philosophe Jacobi, il ne se perdait pas dans l'abstraction : il faisait de ses idées des instruments, de ses opinions des actes.

De là, la physionomie bien tranchée de cet intraitable spiritualiste, en qui semblaient se fondre, sans conflit ni résistance, les mystères de l'atavisme mosaïque, les ardeurs passionnées des prophètes, les argumentations enveloppantes des talmudistes, les convictions acquises par l'étude de toutes les doctrines philosophiques, enfin le souvenir des persécutions passées et le sentiment profond des libertés modernes. De là, par suite, cette éloquence spéciale de prédicateur laïque qui, partout, dans la chaire du Collège de France, aux séances particulières de l'Institut, aux réunions du *Journal des Savants*, dans les examens et les concours, où il était juge, dans des conférences publiques, et jusque dans les entretiens privés, éclatait en paroles fiévreuses, dont ses écrits ne suffisent pas à donner une juste idée. Cette foi en un certain nombre de vérités reconnues, incontestées, il aimait à s'en prévaloir; il ne prenait pas facilement son parti, comme d'autres, d'une opposition ou d'un désaccord; il se complaisait à pousser à fond la discussion, à dogmatiser, à batailler, tolérant par principe et cependant acharné, par habitude de polémiste.

Oui, sa parole était encore supérieure à sa plume : quelle chaleur et quels élans, même avec une qualité et un volume de voix qu'on aurait cru insuffisants, et qui forçaient l'attention! Quelle insistance dans l'attaque! Quelle émotion nerveuse! Quelle poussée impétueuse d'arguments à déconcerter un adversaire pris à l'improviste! Qui a parlé avec une émotion plus communicative de Dieu, de l'âme, du droit, de la justice, de la liberté, de la concorde? C'était vraiment alors un tempérament d'apôtre, avec quelque chose d'inspiré, parfois d'emporté, avec une flamme intérieure toujours allumée. Tel je l'avais entendu, jeune maître, au début de sa carrière; tel, et plus jeune peut-être, il se montrait dans son extrême vieillesse. Qui n'a-t-il pas essayé de persuader, depuis ses confrères de l'Académie des Sciences morales et politiques, ou ses collègues de l'agrégation de philosophie, jusqu'aux ministres des autres cultes, et jusqu'à cette impératrice devant laquelle, un soir, à Compiègne, il déploya toute la souplesse de son esprit, toute sa pressante dialectique, sur des matières de pure philosophie, à la grande surprise d'un auditoire un peu inquiet, tandis qu'oubliant le courtisan pour ne faire parler que le logicien, il s'obstinait à instruire la plus charmante et la plus auguste des incompétences !

Il avait, du reste, des côtés gracieux et délicats, des qualités d'homme de salon, aimant à s'entretenir avec les femmes, bien préparé à se faire comprendre d'elles et à les captiver, par les conversations habituelles d'une compagne incomparable qui, prématurément ravie à son affection, a laissé beaucoup d'elle-même à cet heureux et intelligent foyer de famille. Il a même esquissé quelques portraits de femmes, choisies parmi les plus distinguées de son cercle intime, et qui feraient honneur au plus fin moraliste, s'il était permis, un jour, de les publier.

Quelques mots encore. Quand on a eu, toute la vie, comme M. Franck, la haute conception du Droit, on doit détester la guerre, qui est la force.

Ce n'est pas lui qui eût signé la fameuse page de Cousin sur la légitimité des luttes sanglantes entre les nations! Aussi était-il conséquent avec lui-même en se mettant, après 1870, avec MM. Jules Simon et Frédéric Passy, à la tête de la *Ligue pour la paix*, qui se propose de substituer, selon une conception déjà vieille, l'arbitrage à la violence. Il aimait cette œuvre de haute philanthropie, bien conforme à son caractère. Quand l'Europe se ruinait en armements, il publia même un journal périodique pour y exposer ses idées, et ce rêve fut un des derniers de sa belle existence. Il rêvait également la paix dans l'intérieur des États, alors que le conflit des intérêts semait les germes de la guerre civile, plus détestable que la guerre étrangère. Enfin, il eût voulu la paix religieuse. Il fut président de la *Ligue nationale contre l'athéisme;* il concevait un symbole supérieur à tous les cultes positifs, avec Dieu et l'âme immortelle pour tout expliquer et tout concilier. Il eût applaudi à ce congrès des religions, réuni à Chicago, première et informe tentative d'une idée non mûrie encore. Il se fût associé, s'il eût vécu, au projet d'un nouveau et plus vaste congrès international pour 1900, que le réveil d'une aveugle et stupide intolérance rend plus nécessaire que jamais. Un livre comme la *Religion naturelle*, de Jules Simon, livre admirable, qu'on ne peut ouvrir aujourd'hui sans confusion ni tristesse, pourrait, avec les écrits mêmes de M. Franck, servir de fondement au nouvel évangile des peuples, pour la plus désirable et la moins prochaine des fraternités!

Deux conférences terminent le présent volume; elles sont bien le testament de M. Franck et le résumé fidèle de ses études préférées : l'une sur le *Monothéisme hébreu*, l'autre sur l'*Idée de Dieu dans l'histoire de l'humanité*. On dirait les deux dernières leçons du professeur et du philosophe, et son suprême combat contre l'athéisme. On y entend comme un écho des grandes paroles du Sinaï; mais on y reconnaît surtout les généreuses convictions de l'âme ardente que fut M. Franck, et qui sont bien faites pour le recommander à l'estime de tous les penseurs, et aux méditations mêmes de nos jeunes et hardis philosophes.

EUGÈNE MANUEL.

NOUVELLES
ÉTUDES ORIENTALES

HISTOIRE ET GÉOGRAPHIE DE LA PALESTINE

Par J. Derenbourg

La période la plus obscure à la fois et la plus intéressante de l'histoire des Juifs est celle qui s'étend du retour de la captivité de Babylone à la grande insurrection conduite par Barchochébas et étouffée par Adrien dans des torrents de sang. C'est pendant cette durée d'environ six siècles que le judaïsme ou la tradition rabbinique se substitue au mosaïsme, comme celui-ci s'était substitué au régime patriarcal, et que les descendants d'Israël, de plus en plus amoindris dans leur existence politique, finissent, après une dernière et impuissante tentative de résurrection, par n'être plus que les membres dispersés d'une communion religieuse. C'est dans le même laps de temps que vient se placer la naissance du christianisme. Eh bien, le croirait-on ! c'est à peine si les monuments les plus importants de la tradition rabbinique ont été consultés sur cette époque qui les a vus naître et qui les a pénétrés de son esprit. A l'exception de deux savants allemands, MM. Jost et Graetz, tous ceux qui ont eu le désir de la connaître se sont crus suffisamment éclairés par les derniers livres de la Bible, en y comprenant les Macchabées, et par les écrits de Josèphe. Peu leur importait l'ignorance où la Bible nous laisse sur les siècles qui ont suivi sa clôture et la défiance que mérite d'inspirer l'auteur des *Antiquités judaïques* et de *la Guerre des Juifs* quand il parle de sa patrie abandonnée, nous n'irons pas jusqu'à dire trahie, par lui dans le moment où elle expirait sous les coups des oppresseurs du monde.

De là, dans l'histoire, non seulement des faits, mais des idées et des croyances, une lacune à combler et des erreurs à détruire, erreurs tout à fait indignes de l'esprit critique de notre temps.

C'est à cette double tâche, imparfaitement remplie par les plus récents travaux de l'Allemagne, que M. Derenbourg a consacré sa vaste érudition, sa raison indépendante et sa critique exercée. Nul n'y était mieux préparé que lui. Il connaît et il a pratiqué toutes les langues sémitiques. L'exégèse biblique, telle qu'elle s'est développée de l'autre côté du Rhin, dans les églises protestantes et dans la synagogue, n'a pas de mystères pour lui. Il a vécu particulièrement dans la familiarité des rabbins, nous voulons parler des rabbins de l'antiquité et du moyen âge, comprenant le parti qu'on en peut tirer pour éclairer divers points historiques restés obscurs et le berceau même de la religion chrétienne.

Il ne lui a pas suffi d'explorer dans tous les sens tant le Talmud de Jérusalem que celui de Babylone, ces deux formidables compilations formées par les procès-verbaux des discussions théologiques qui ont eu lieu, soit en Palestine, soit en Perse, parmi les docteurs de la synagogue, pendant une durée d'au moins six à sept cents ans ; il a voulu y joindre la collection non moins effrayante des *midraschim*, c'est-à-dire des homélies et compositions édifiantes ou interprétations allégoriques de l'Écriture que le judaïsme a enfantées dans le cours de la même période. Enfin il a su mettre à profit, malgré leur brièveté et leur obscurité, les deux écrits historiques les plus anciens qui aient été rédigés en hébreu après ceux qui font partie de l'Écriture sainte, nous voulons parler de la Grande Chronique (*Séder Olam raba*), qui a pour auteur un rabbin du IIᵉ siècle, et du livre des Jeûnes (*Méghillat taanit*), composé avant la destruction du Temple, c'est-à-dire avant l'an 70 de notre ère.

Qu'on ne se figure pas qu'avec la connaissance de la langue hébraïque, c'est-à-dire de la langue de l'Ancien Testament, l'on soit en état de comprendre cette étrange littérature. Le Talmud, quand on le distingue de la Mischna ou de la loi traditionnelle qui sert de texte aux discussions rabbiniques; le Talmud, réduit à la discussion même ou à la *Guémara*, est écrit dans un idiome barbare et corrompu, composé des détritus de plusieurs autres langues et de locutions particulières. Aux difficultés de la langue il faut ajouter les difficultés du style, dont la concision dépasse toutes les bornes permises. Ce n'est pas sans raison que les rabbins eux-mêmes ont appelé le

Talmud une mer, un océan. Pour savoir se diriger à travers ces flots pressés et troubles, quelques années ne suffisent pas; il faut y consacrer sa jeunesse et une grande partie de sa vie. Encore y a-t-il une différence entre le Talmud de Jérusalem et celui de Babylone. Le premier, beaucoup plus obscur que le second, a été aussi moins étudié, moins commenté, moins consulté, et il faut savoir gré à M. Derenbourg d'en avoir fait un fréquent usage, car il a sur le babylonien l'avantage d'être plus ancien.

Maintenant quels sont les fruits que l'histoire peut recueillir de ces études inabordables? Si l'on s'intéresse au judaïsme plus qu'à ses sectateurs, si l'on veut savoir comment s'est formée peu à peu cette œuvre vivace et puissante de la tradition ou de la loi orale, quelles sont les modifications qu'elle a fait subir à la vieille religion hébraïque, quelles sont les doctrines, quelles sont les mœurs qu'elle a consacrées, et comment, pendant si longtemps, elle a pu tenir lieu de toute vie civile et politique, on trouvera dans les deux Talmuds de quoi satisfaire sa curiosité. Mais, si l'on y cherche des récits absolument authentiques, si l'on espère en tirer une connaissance exacte des faits, il faut dra s'attendre à de cruels mécomptes. C'étaient des hommes singuliers, ces rabbins dont les noms figurent dans la Mischna et la Guémara. Le moindre précepte du Pentateuque, la moindre pratique du culte national, la moindre tradition recueillie sur la façon d'accomplir ce précepte ou d'observer cette pratique, est pour eux l'objet de discussions interminables, et les événements les plus considérables, quelquefois les plus terribles qui se passent sous leurs yeux, dont leur pays est le théâtre ou même la victime, obtiennent d'eux tout au plus un souvenir, une mention, une allusion énigmatique. Ainsi le règne d'Antiochus Épiphane, si fatal à la Judée, et la guerre nationale qu'il provoqua, la victoire éclatante qui en marqua la fin, sont à peine indiqués dans les recueils qu'ils nous ont laissés. Les promoteurs et les héros de cette lutte mémorable, Judas Macchabée et ses frères, n'y sont pas nommés; par conséquent, il n'y est pas question de la création de la monarchie des Asmonéens, ces princes qui réunirent sur leurs têtes les attributs jusque-là séparés en Israël de la royauté et du sacerdoce. C'est uniquement à l'occasion de leurs débats avec les Pharisiens et de certaines questions, non pas religieuses, mais liturgiques, que Jean Hyrcan et les autres princes de sa dynastie obtiennent une mention fugitive. Quelques lignes seulement sont consacrées à Hérode, cet usurpateur sorti d'une race maudite, ce tyran imposé par la main de l'étranger, qui semblait n'avoir d'autre but que d'insulter ses sujets dans leurs plus chères croyances et de les préparer à une tyrannie encore plus dure et plus détestée que la sienne. Chose plus étonnante encore ! témoins d'une révolution religieuse qui, accomplie au milieu d'eux, au nom de leurs livres saints, devait bientôt se communiquer à l'Empire romain, puis à tous les peuples civilisés de la terre, les auteurs du Talmud n'en paraissent nullement préoccupés; c'est à peine s'ils la remarquent. « L'histoire évangélique, dit M. Derenbourg, se résume, pour le Talmud, dans cette courte phrase : « Jésus fit des prodiges, séduisit et égara les masses. » Il ne faut pas confondre, en effet, la tradition contemporaine avec les traditions que la passion, née de la lutte, y a ajoutées plus tard.

Cette indifférence des docteurs de la Palestine pour les événements auxquels ils assistent, pour les vicissitudes que traversent la fortune de leur pays et leur propre existence, ne peut s'expliquer que par la forme particulière qu'avait revêtue chez eux la piété. Fermement convaincus que la loi contenue dans le Pentateuque est une œuvre divine et qu'elle est descendue du ciel sur le Sinaï dans l'état même où ils la possédaient, ils en concluaient que l'étude et la pratique de cette loi devaient occuper toute leur vie; qu'ils devaient s'efforcer d'en accomplir, non seulement les prescriptions évidentes, mais les prescriptions cachées et sous-entendues ; que, par conséquent, ils en devaient scruter avec une religieuse attention chaque verset, chaque mot, chaque lettre et jusqu'aux signes caractéristiques de certaines lettres (*apices*). Tout ce qui n'était pas la loi, tout ce qui n'aidait pas à la faire comprendre et exécuter n'existait pas pour eux. Les persécutions les plus violentes ne les touchaient pas quand elles n'avaient point pour effet ou pour but de leur interdire la méditation et l'accomplissement des commandements de Dieu. Aussi peu leur importent les noms de leurs persécuteurs. Ils confondent Titus avec Adrien et les Romains avec les Iduméens. Moïse n'avait pas prévu qu'en proscrivant sévèrement le culte des idoles il avait fondé une nouvelle espèce d'idolâtrie, l'idolâtrie des textes, l'idolâtrie d'un livre, l'idolâtrie de la loi.

Il faut remarquer cependant que, la Mischna mise à part, il y a dans le Talmud, c'est-à-dire dans la Guémara, deux parties très distinctes : la *Halacha* et l'*Agada*[1]. La première se compose des traditions et des discussions relatives à la pratique exacte, à l'exécution minutieuse de la loi. Elle ne renferme pas seulement, comme on pourrait le croire, des prescriptions cérémonielles et disciplinaires, mais aussi tout un code de législation civile, tout un système de jurisprudence. La seconde est plus difficile à définir, parce qu'elle ne se borne pas à un genre déterminé; aussi ne voudrions-nous pas dire avec M. Derenbourg qu'elle est la partie édifiante de la Guémara. Sans doute, elle tient de l'homélie ou de la prédication et se propose souvent un but moral; mais elle tient aussi de l'allégorie, de la poésie, de la légende, de la tradition populaire, du récit proprement dit et de l'enseignement scientifique, autant que la science a pu être cultivée à cette époque et dans un pareil milieu. Elle

---

1. Le premier de ces deux mots signifie « marche à suivre, règle de conduite, » et le second « récit, exposition ».

nous représente, si l'on peut ainsi parler, toutes les facultés de la nation qui ont échappé à la tyrannie de la loi et des légistes. On comprend que, dans cette portion du Talmud, les événements ont dû marquer leur passage; la bonne et la mauvaise fortune, les joies et les douleurs du peuple élu ont dû laisser leur empreinte. Ce que nous disons de l'Agada s'applique aussi aux *Midraschim*, qui ne sont guère que des Agadas plus développés, plus suivis, et dont on a formé des compilations séparées.

On peut se figurer d'avance comment, dans ces fragments, où l'esprit oriental n'était plus contenu que par la discipline de la controverse, l'histoire et la légende ont été amenées à se confondre. En voici quelques exemples :

Jérusalem n'était pas une seule ville, elle renfermait vingt-quatre cités; chaque cité, vingt-quatre quartiers; chaque quartier, vingt-quatre marchés, etc. Dans la ville de Bettar on se livrait à la danse et aux plaisirs dans un quartier, pendant que l'autre, déjà tombé au pouvoir de l'ennemi, n'offrait plus qu'une scène de désolation et de carnage. Tel était le nombre des victimes qui tombèrent sous le fer des Romains (car il s'agit de la grande insurrection comprimée par Adrien), « que les chevaux enfonçaient dans le sang jusqu'aux naseaux et que le sang soulevait des quartiers de roc d'un poids de quarante *saa* et les roulait à la mer, qu'il colorait de sa teinte rouge jusqu'à quatre milles de distance du rivage. Et qu'on ne s'imagine pas que la ville de Bettar était près de la mer ; elle en était éloignée de quarante milles ».

Dans une autre *Agada* on explique de la manière suivante la guerre à la suite de laquelle Jérusalem a été détruite et le temple dévasté[1] :

« Un homme qui avait Komza pour ami et Bar Komza pour ennemi, fit un festin et ordonna à son domestique d'inviter Komza ; mais le domestique invita Bar Komza. Le maître vint et trouvant Bar Komza déjà assis : « Cet homme, dit-il, n'est-ce pas mon ennemi ? Que viens-tu faire ici ? Lève-toi et va-t'-en. — Puisque je suis là, répondit l'autre, laisse-moi, je te donnerai le prix de ce que je mange et de ce que je bois. — Non, dit le maître. — Je paierai la moitié du repas. — Pas davantage ! — Eh bien, je me charge

---

1. Tout en me servant de la version de M. Derenbourg, je crois nécessaire à la clarté de lui faire subir quelques légères modifications.

des frais de tout le festin. — Non, fut encore la réponse du maître de la maison, et en même temps il le prit par la main, le fit lever et le mit dehors. — Puisque les docteurs ici présents, dit Bar Komza, ne se sont pas opposés, ils ont donc approuvé. Eh bien, j'irai les dénoncer chez l'empereur. » Il alla dire à César : « Les Juifs se sont révoltés contre toi. — Qui le dit ? — — Envoie-leur une victime et tu verras s'ils l'immoleront. » César le chargea pour le temple d'une génisse de choix, à laquelle Bar Komza, pendant le trajet, fit une lésion à la lèvre, ou, selon d'autres, à l'œil ; lésion qui constitue chez nous un motif de rejet, mais qui n'a pas ce caractère chez les païens. Cependant les docteurs, pour conserver la paix avec l'empereur, voulurent sacrifier la génisse, lorsque rabbi Zacharia ben Abkoulos leur fit observer que, si on acceptait la génisse, on dirait, on ne manquerait pas de dire que des animaux défectueux peuvent être sacrifiés sur l'autel. On voulut alors mettre à mort Bar Komza pour l'empêcher de faire une nouvelle dénonciation ; mais rabbi Zacharia prit encore la parole pour faire remarquer qu'on pourrait soutenir, désormais, qu'il faut infliger la peine capitale à quiconque rend un animal impropre au sacrifice. La timidité extrême du rabbi Zacharia ben Abkoulos est donc cause que notre temple est détruit, que notre sanctuaire est consumé par les flammes et que nous sommes exilés loin de notre patrie ».

Quoique l'hyperbole et la fiction forment à peu près toute la substance de ces récits, l'historien des derniers siècles de la nationalité juive aurait tort de n'en tenir aucun compte. Sans doute les faits matériels, les événements proprement dits y sont étrangement défigurés ; mais l'impression que les événements ont produite sur l'esprit des contemporains et le souvenir qu'ils ont laissé aux générations suivantes y sont fidèlement conservés. Ils nous montrent ce qui se passait dans l'âme de tout un peuple au moment le plus critique de son existence, c'est-à-dire dans les années qui précèdent et qui suivent immédiatement sa ruine. Ainsi les dimensions fabuleuses de Jérusalem et de Bettar ne sont pas autre chose que le sentiment qui est resté de leur ancienne grandeur aux Israélites dispersés. L'aventure imaginaire de Bar Komza nous donne une preuve entre mille de la résignation religieuse avec laquelle ils acceptaient leurs malheurs et la touchante persévérance de leur foi. Ils n'ont pas succombé sous les efforts d'une puissance humaine; ce ne sont pas les légions romaines, malgré leur nombre et leur valeur, qui peuvent se vanter de les avoir vaincus; c'est Dieu qui les a punis de leurs passions et de leurs vices; qui a voulu leur faire expier leurs divisions, leurs haines et leur orgueil. « Celui-là, disent leurs docteurs, qui humilie son prochain en public, n'a point de part à la vie éternelle, » et il leur semble que la violation de cette règle de charité mérite d'être châtiée par la chute de leur empire et la dévastation de leur pays.

Nous ne résistons pas au désir de citer encore quelques fragments du même ordre. On verra qu'ils ont tous un sens, qu'ils représentent tous un intérêt dont l'histoire peut faire son profit. En voici un d'où l'on sera forcé de conclure que la destruction de Jérusalem était prévue par les sages de la nation assez longtemps avant l'événement :

« Les portes du sanctuaire s'étant ouvertes toutes seules, R. Iohanan ben Zacaï les réprimanda. Sanctuaire, sanctuaire! dit-il, pourquoi ces marques d'effroi ? Je le sais, tu seras dévasté ! Zacharie, fils d'Yddo le prophète, l'a bien prédit, Ouvre tes portes, Liban ! que le feu consume tes cèdres ».

La légende suivante (car évidemment ce n'est qu'une légende), nous peint tout à la fois les horreurs du siège de Jérusalem et le courage héroïque avec lequel elles étaient supportées, ou tout au moins le souvenir que la nation a conservé de ses défenseurs :

« Les habitants de la ville faisaient bouillir de la paille et la mangeaient. Des Juifs campés près des murs disaient : Pour qui me donnera cinq dattes, je descendrai et rapporterai cinq têtes en échange. Aussitôt qu'on leur avait remis les cinq dattes, ils allaient prendre cinq têtes parmi les gens de Vespasien. Cet empereur ayant appris à quelle extrémité en étaient réduits les assiégés pour apaiser leur faim, dit à ses légions : Ces hommes ne mangent que de la paille, et cependant ils vous battent ; quels ravages feraient-ils parmi vous, s'ils étaient nourris de tout ce que vous mangez et buvez. »

Enfin, nous signalerons un dernier récit qui, si extraordinaire qu'il nous paraisse, pourrait cependant être vrai, car il s'accorde avec les mœurs des vainqueurs et des vaincus. A la suite du sac de la ville sainte par Titus, un jeune homme, issu du sang d'un grand prêtre, fut réduit en esclavage et vendu, à cause de sa beauté, au chef d'un lupanar. Enfermé dans ce lieu d'infamie, il passe la nuit à pleurer sur sa triste destinée. A quelque distance de lui, il entend les sanglots d'une jeune femme dont les accents révèlent une fille d'Israël. Elle aussi se lamente sur la souillure infligée à sa personne et à son rang. Dès que le jour commence à paraître, les deux esclaves se reconnaissent : c'est le frère et la sœur. Ils se précipitent dans les bras l'un de l'autre, et tous les deux, dans cette convulsive étreinte, rendent le dernier soupir.

Il n'en est pas moins vrai que les faits proprement dits, les faits historiques, soit qu'on les cherche dans l'*Agada* ou dans la *Halacha*, n'abondent pas dans le Talmud. Ce qu'il faut y chercher avant tout, c'est la source authentique et la formation progressive des institutions civiles et religieuses, des idées, des croyances, des pratiques et des mœurs, qui, après avoir survécu à la ruine et à la dispersion de la nation juive, forment encore aujourd'hui l'essence du judaïsme. Exploré dans ce but, sans aucune arrière-pensée de controverse théologique, sans aucun parti pris de dénigrement ou d'apologie, le Talmud est d'un intérêt sérieux et a sa place marquée parmi les monuments qui devront servir à une philosophie des religions. C'est à ce point de vue élevé et impartial que s'est placé M. Derenbourg.

Le premier chapitre de son livre nous reporte au moment où l'antique religion des Hébreux subit une modification profonde. Le temps de l'inspiration est passé ; celui de la science, ou, si ce mot paraît trop ambitieux, celui de l'enseignement est venu. L'ère des prophètes est close, celle des docteurs va commencer. Le dernier des prophètes, Malachie, ne ressemble plus guère à ses devanciers, à ces orateurs enthousiastes, moitié prédicateurs, moitié tribuns, dont la parole enflammée était écoutée comme celle de Dieu même et continuait, en la transformant, l'œuvre de Moïse. Malachie a été confondu par la tradition avec Esdras, ou, pour lui laisser son véritable nom, avec Ezra, et Ezra est le premier des docteurs. Revenu de la Babylonie après Zorobabel, à la tête d'une seconde colonie d'exilés, dans quel état trouverait-il sa patrie bien-aimée, récemment rendue à elle-même et à sa vieille foi ? La loi de Dieu est non seulement violée, mais complètement oubliée, et la langue même dans laquelle elle est écrite n'est plus comprise par ces enfants dégénérés d'Israël. Mêlés depuis près d'un siècle à des races idolâtres, unis à des femmes idolâtres, et tout près de tomber eux-mêmes dans l'idolâtrie. Il fallait donc en toute hâte rendre la mémoire à ce peuple, lui enseigner comme à un enfant la loi de ses pères, la lui traduire dans l'idiome par lequel il avait remplacé la langue sainte, en faire transcrire à son usage autant d'exemplaires qu'il était possible, et, après l'avoir restaurée dans les esprits, la relever aussi dans les consciences en lui rendant la direction des actions et des mœurs. C'est ce que fit Ezra, et cette triple tâche d'instituteur, de traducteur, et nous osons presque dire d'éditeur, lui valut le surnom de *scribe* (sopher), c'est-à-dire de savant, de docteur, de lettré.

L'œuvre d'Ezra est continuée après lui par la grande Synagogue, ou, comme on l'appelle plus justement, par le grand Synode. Que le grand Synode ait existé, cela n'est pas douteux, car toute la tradition du judaïsme se rattache à lui et est pleine de son souvenir. Qu'il ait été composé de docteurs ou de *sofrim* à la façon d'Ezra, cela n'est pas plus contestable; car l'inspiration prophétique est morte à jamais, et quant aux prêtres, ils n'ont jamais exercé, même dans les temps bibliques, une autorité spirituelle bien considérable, effacés qu'ils étaient par les prophètes, et maintenant, à l'époque dans laquelle nous sommes entrés, nous ne voyons pas que, par leur science et leur piété, ils l'emportent sur les hommes du peuple, ni qu'on leur reconnaisse un pouvoir quelconque hors du service du temple et de l'autel. Mais sous quelle forme faut-il se représenter le grand Synode? Était-ce, comme son nom semble l'indiquer, une assemblée qui s'est réunie extraordinairement pour pourvoir aux nécessités présentes? Était-ce une assemblée permanente dans laquelle entraient successivement, qu'ils fussent prêtres ou laïques, les hommes les plus instruits et les plus considérables de la nation, depuis Ezra jusqu'aux persécutions d'Antiochus Epiphane? Et, s'il en est ainsi, comment ce corps s'est-il constitué pour la première fois, comment s'est-il recruté, quelles en étaient les attributions? M. Derenbourg a la sagesse de ne pas chercher à résoudre ces questions, sur lesquelles Josèphe garde le silence, puisqu'il ne prononce pas même le nom du grand Synode. La tradition garde la même réserve. Elle se borne à nous apprendre que le grand Synode s'est occupé principalement de la propagation de l'instruction, ou, pour parler comme la Mischna, de la multiplication des disciples et de la création d'une discipline, d'un code de règles disciplinaires capables de préserver la loi des moindres atteintes. C'est cela qu'ils appelaient, dans leur langage métaphorique « faire une haie autour de la loi », et c'est cette haie qui peu à peu est devenue une forêt sous le nom de *Halacha*.

Si, comme tout porte à le croire, le grand Synode a été une assemblée permanente, il est plus que probable qu'à son autorité doctrinale il joignait l'administration de la justice; car, depuis le retour de l'exil, ou plutôt depuis la mort d'Ezra, qui avait concentré dans ses mains tous les pouvoirs, jusqu'au règne des Asmonéens, nous ne trouvons pas trace d'un autre tribunal. Or quelle est la société qui puisse se passer entièrement de ce genre d'institution? Le grand Synode aurait donc été tout à la fois un concile en permanence et une cour de justice souveraine. Or le grand Sanhédrin participe précisément de cette double nature. N'a-t-on pas le droit d'en conclure que le grand Sanhédrin n'est pas autre chose, sous un nom à peine différent, que le grand Synode, soumis avec le temps à une organisation régulière, composé invariablement de soixante et onze membres, en y comprenant le *Nassi* ou président et le *père du tribunal* (ab-beth-din) ou vice-président? Ce qui justifie cette opinion, c'est que le premier livre des Macchabées, en racontant l'avènement de Siméon au pouvoir suprême, fait mention non seulement de l'assemblée du peuple et des chefs ou des anciens de la nation, mais d'un sénat (Γερουσία), qui semble déjà exister depuis longtemps. D'un autre côté, le Talmud nous parle d'un tribunal des Asmonéens, qui établit, comme la grande Synagogue, des règles disciplinaires, c'est-à-dire des lois religieuses, en même temps qu'il prononce en dernier ressort sur des questions judiciaires. Comment ne pas reconnaître sous ces trois désignations un seul et même corps? Puis comment s'étonner, comme on l'a fait quelquefois, de voir, sous le règne d'Hyrcan II, intervenir le Sanhédrin comme une institution parfaitement connue ? En y regardant de près, le nom de Sanhédrin (Συνεδρίον), n'est que la traduction grecque de la grande Synagogue (*Kenesset hagdola*), et cette appellation nouvelle n'est pas difficile à expliquer dans un temps où la civilisation hellénique, après avoir conquis presque entièrement les Juifs de l'Égypte et de la Cyrénaïque, exerçait encore une grande influence sur ceux de la Palestine.

Il est impossible de parler des Asmonéens sans se rappeler la lutte qui éclata dès le commencement de leur règne entre les Sadducéens et les Pharisiens. Selon M. Derenbourg, les Pharisiens n'étaient d'abord pas autre chose que ceux qui, par un sentiment de réaction provoquée par l'ascendant de l'hellénisme, voulaient maintenir une séparation absolue entre les Juifs et les Gentils. C'est ce qu'exprime le mot ἀμιξία, employé par l'auteur du livre des Macchabées et le mot hébreu *périschout*. Les Sadducéens, au contraire, se défendaient de cet excès de rigueur. Ils avaient la prétention de rester dans une juste mesure[1], également éloignés du fanatisme et de la licence. Ils pen-

---

1. C'est le sens qu'on peut attacher par extension au mot hébreu *sedaka*. Le *sadik*, le juste, est autre chose, en effet que le *hassid* ou homme pieux. Celui-ci se rapproche du saint, le premier pratique les vertus générales qui sont nécessaires à la société.

saient qu'il leur était permis, sans manquer à
l'amour et sans violer la loi de leur pays, d'entretenir des relations avec les peuples étrangers, notamment avec les Grecs, et de leur emprunter ce
qu'ils avaient de meilleur. C'étaient, comme on
aurait dit au XVIIe siècle, les *honnêtes gens*, ou
comme on dirait aujourd'hui, les gens de bon ton
et de bonne compagnie. Et en effet ils appartenaient tous aux rangs les plus élevés de la société.
C'étaient les grands prêtres, les grands dignitaires
de l'État, les princes asmonéens et les hommes de
leur cour, leurs conseillers et leurs généraux. Les
partisans de la séparation, les puritains si l'on
veut, étaient des docteurs sortis des rangs du
peuple et fidèles interprètes de ses sentiments.
Ces noms de Pharisiens et de Sadducéens n'auraient
donc, dans l'origine, désigné que des tendances,
des dispositions d'esprit nées de deux situations
différentes et propres à caractériser les deux classes
dont se composait principalement la nation juive.
Mais peu à peu ils seraient devenus des noms de
partis et d'écoles. Les Pharisiens, sans s'occuper
directement de politique, absorbés qu'ils étaient
par les questions religieuses, étaient le parti démocratique, parce qu'en multipliant les prescrip-

tions, en outrant les pratiques extérieures, ils enfermaient dans une clôture impénétrable la nation aussi bien que la loi ; peut-être aussi parce que l'austérité de leurs mœurs et la simplicité de leur vie inspiraient un respect universel. Les Sadducéens étaient le parti de l'aristocratie et un peu aussi le parti de l'étranger, avec lequel ils ont toujours été disposés à pactiser. Au point de vue religieux ils se contentaient de l'observation littérale des préceptes du Pentateuque, et, si l'on peut parler ainsi, du moindre degré de fidélité. Aussi n'ont-ils pas tardé à tomber dans le relâchement et semblaient-ils, par leur conduite, justifier les précautions infinies de leurs adversaires.

La façon dont M. Derenbourg explique l'origine et juge le caractère de ces deux sectes me paraît irréprochable. Elle s'accorde avec l'histoire, avec les institutions et l'esprit du judaïsme beaucoup mieux que l'idée que nous en donne la lecture de Josèphe. On se rappelle que l'auteur des *Antiquités judaïques* nous représente les Pharisiens comme les stoïciens et les Sadducéens comme les épicuriens de la Palestine. Cette assimilation est complètement fausse, parce que les Pharisiens et les Sadducéens ne sont pas des philosophes, mais des théologiens et des casuistes. Les uns et les autres croient à la révélation ; comment donc les Sadducéens auraient-ils nié la Providence ou l'intervention de Dieu dans les choses humaines, et, par suite, la vie future ? Une telle doctrine, comme M. Derenbourg l'observe avec raison, n'aurait pas été tolérée dans une société aussi religieuse que la société juive. La seule conclusion qu'on puisse tirer de leurs caractères respectifs, c'est que, chez les uns, la foi dans la providence divine et l'espérance d'une autre vie étaient plus fermes, plus arrêtées, plus actives que chez les autres. On ne saurait s'en étonner quand on songe à la facilité avec laquelle on oublie le ciel quand on est heureux et puissant sur la terre. L'Évangile, il est vrai[1], cite une objection élevée par les Sadducéens, contre la résurrection des morts. Mais une objection n'est pas une négation, et la résurrection du corps ne peut pas être confondue avec l'immortalité de l'âme. Le Talmud paraît être dans la vraisemblance et dans la justice lorsqu'il affirme que les Sadducéens soutenaient seulement que la résurrection ne pouvait se fonder sur le texte du Pentateuque.

1. Mathieu, ch. XXII, v. 23 ; Marc, ch. XII. v. 18 ; Luc, ch. XX, v. 27.

Ils avaient raison ; c'est dans le livre de Daniel que ce dogme se trouve enseigné formellement pour la première fois ; mais il paraît que le prophète Daniel avait, à leurs yeux, une médiocre autorité.

C'est moins par les dogmes qui constituent la foi que par leur manière d'interpréter et de pratiquer la loi que les deux sectes diffèrent l'une de l'autre. Les Sadducéens, attachés à la lettre, dans la crainte de faire quelque chose de plus que le strict nécessaire, étaient arrivés à une sorte de matérialisme pratique, qui les condamnait à l'immobilité et qui endurcissait leurs cœurs en même temps qu'il enchaînait leur intelligence. Les Pharisiens, au contraire, grâce à une tradition toujours vivante, toujours portée à s'étendre et à se développer jusqu'au moment où elle fut fixée dans un livre, les Pharisiens suivaient habituellement les voies de la raison et de l'humanité ; ils suppléaient à l'insuffisance du texte par la liberté des commentaires. Par exemple, les Sadducéens, s'ils en avaient eu le pouvoir ou si les mœurs s'y étaient prêtées, auraient volontiers appliqué la loi du talion. Les Pharisiens considéraient le talion comme une simple figure, comme le symbole d'une juste compensation, et admettaient toujours, excepté en cas de meurtre, la composition pécuniaire. Les Sadducéens abusaient tellement de la peine capitale et des quatre supplices autorisés par le Pentateuque, que le jour où, après l'avènement de la reine Salomé, leur code pénal fut déclaré aboli, fut converti en un jour de fête. Les Pharisiens disaient qu'un tribunal qui, une fois dans sept ans, et, d'après une autre version, une fois dans soixante-dix ans, avait prononcé la peine de mort, était un tribunal de sang. Sur un point seulement, leur sévérité dépassait celle de leurs adversaires : c'est lorsqu'il s'agissait de faux témoignages. D'après la loi de Moïse[1], le faux témoin doit être condamné à la peine réservée au crime dont sa fausse déposition chargeait un innocent. Mais ce texte soulève une question délicate. Est-il nécessaire, pour appliquer la loi, que la fausse déposition ait été suivie d'effet, c'est-à-dire qu'il y ait eu un innocent condamné et exécuté, ou suffit-il que la déposition seule ait eu lieu? Les Sadducéens, ne tenant compte que du fait matériel et n'attachant à l'intention aucune importance, adoptaient la

---

1. *Deutéronome*, ch. XIX, v. 19.

première solution, tandis que les Pharisiens se prononçaient pour la dernière. Pour eux, le crime était dans l'intention et le fait n'était qu'une circonstance indifférente. Ils se montraient conséquents avec eux-mêmes, avec leur méthode générale d'interprétation, en même temps qu'ils donnaient cours à leur indignation contre le plus lâche et le plus honteux de tous les crimes.

C'est aux Pharisiens qu'appartient aussi le mérite d'avoir relevé dans l'ordre civil la condition de la femme par les obstacles multipliés qu'ils élevèrent contre le divorce. Comme le mari, en renvoyant sa femme, était obligé de lui rendre son douaire, les Pharisiens décidèrent que le douaire de la femme devait être employé dans les affaires du mari et que tous les biens du mari lui serviraient de garantie. C'était faire en sorte que le douaire fût d'une restitution extrêmement difficile et que, par là même, le divorce fût à peu près impraticable. Ces dispositions remontent au temps des Asmonéens, lorsque le Pharisien Siméon ben Schatach, le frère de la reine Salomé, présidait le Sanhédrin. Le même docteur s'occupa du sort des veuves et des femmes répudiées et imposa au père de famille l'obligation d'envoyer ses enfants à l'école. C'était l'instruction obligatoire un siècle avant l'ère chrétienne.

En relevant la condition de la femme par l'autorité de la loi, les Pharisiens ne négligeaient rien pour la faire respecter au nom de la conscience. Ce sont les Pharisiens qui ont prescrit au mari d'aimer sa femme comme lui-même et de l'honorer plus que lui-même, de regarder sa mort comme un malheur égal à la ruine de Jérusalem. Les Sadducéens, enivrés d'orgueil et corrompus par la mollesse qui accompagne les grandeurs, n'estimaient ni la femme, ni le bonheur domestique.

Les Pharisiens, si fréquemment accusés d'emprisonner la loi dans le sens littéral, ont consacré tous leurs efforts à la développer dans un sens spirituel, mais timidement, à la façon des légistes, et, si l'on peut ainsi parler, en rasant la lettre d'aussi près que possible sans en être les esclaves; le procédé hardi de l'allégorie, le procédé de Philon, de saint Paul et des kabbalistes, leur est resté étranger. Cela n'a pas empêché un Pharisien qui a vécu un demi-siècle avant l'ère chrétienne, d'enseigner cette maxime : « Ce que tu n'aimes point qu'on te fasse, ne le fais point aux autres; c'est là toute la loi, le reste n'en est que le commentaire. » C'est aux Pharisiens qu'appartient cette autre maxime qu'on a plus tard retournée contre eux : « L'homme n'est pas fait pour le sabbat, mais le sabbat est fait pour l'homme. » Ou, pour traduire littéralement : « Le sabbat vous a été donné, vous n'avez pas été donnés au sabbat[1]. » Ils ont dit aussi : « Fais de ton sabbat un jour profane, afin que tu n'aies pas besoin de ton prochain; » excellente recommandation, qui met la dignité humaine au-dessus des pratiques de la dévotion.

Ce serait cependant une erreur de croire que tous les Pharisiens ont eu le même bon sens et ont fait preuve de la même liberté d'esprit. Ils se partagent en deux écoles qui nous rappellent la division qui a existé, chez les jurisconsultes romains, entre les Proculéiens et les Sabiniens. Les uns appartiennent à l'école du sens large : ce sont les disciples de Hillel le Babylonien, l'auteur de cette belle définition de la loi que nous citions tout à l'heure. Les autres, soit qu'il s'agisse d'interpréter la tradition ou le texte de l'Écriture,

---

1. Voyez le texte dans l'*Essai sur la Palestine*, p. 144; Comp. Évangile de saint Matthieu, ch. II, v, 27.

appartiennent à l'école du sens étroit : ce sont les disciples de Schamaï. Tous les deux florissaient sous le règne d'Hérode et, par conséquent, sont antérieurs à Jésus-Christ. Schamaï poussait si loin l'observance scrupuleuse de toutes les prescriptions légales, que, à l'occasion de la solennité du Kippour ou grand Pardon, il voulut faire jeûner pendant une journée entière son fils encore en bas âge, et il ne fallut rien moins que les instances de tous les docteurs, ses collègues, pour le faire renoncer à son dessein. Sa bru lui ayant donné un petit-fils pendant la fête des tabernacles, lorsqu'il est prescrit de vivre pendant huit jours sous un toit de feuillage, il fait enlever le plafond qui abritait la tête de l'accouchée, afin que le nouveau-né pût se conformer au précepte divin. A partir du mercredi de chaque semaine, il s'interdisait de faire porter une lettre au delà d'une certaine limite, même par un païen, dans la crainte que le message ne fût pas arrivé à destination avant le jour du sabbat et qu'à cause de lui la sainteté du repos hebdomadaire ne fût violée. Mais la doctrine de Schamaï a été abandonnée; c'est celle de Hillel qui a prévalu et qui a trouvé dès l'origine les partisans les plus nombreux et les plus considérables. Il est même permis de dire que Schamaï était comme un Sadducéen égaré parmi les Pharisiens. Il ressemblait aux Sadducéens non seulement par son attachement au sens littéral, mais par sa dureté et ses penchants aristocratiques. Hillel, au contraire, c'était l'humilité même, et sa douceur est proverbiale en Israël. Il sortait d'ailleurs des derniers rangs du peuple, et, avant de devenir un docteur illustre, d'être élevé à la dignité de *nassi* ou de président du Sanhédrin, il gagnait sa vie comme portefaix, n'ayant pas quelquefois de quoi payer la modique rétribution exigée par le portier de l'école et obligé d'écouter la leçon à travers la fenêtre. Il lui arriva même une fois, pendant la saison rigoureuse, d'y passer la nuit, et on le trouva le lendemain à demi mort de froid sur la vitre qui lui servait d'appui. Mais, à partir de ce jour, les portes de l'école s'ouvrirent toujours devant lui ; ses maîtres étaient devenus ses amis en attendant qu'ils devinssent ses disciples.

Aimés et admirés du peuple à qui ils dispensaient l'instruction, à qui ils donnaient l'exemple de toutes les vertus, dont ils se rapprochaient par leur condition et par leur naissance, les Pharisiens avaient l'autorité, tandis que les Sadducéens, n'avaient que le pouvoir ; ils régnaient sur les esprits et sur les consciences, leurs adversaires ne possédaient que la puissance matérielle. Ce contraste est parfaitement mis en lumière dans le récit suivant du Tamuld de Babylone : « Un grand prêtre, à la fin de la solennité du grand Pardon, sortit du temple, suivi de toute l'assistance. Mais, dès que le peuple aperçut Schemaïa et Abtalion (c'étaient deux Pharisiens, l'un président, l'autre vice-président du tribunal suprême), il abandonna le pontife pour faire cortège aux chefs du Sanhédrin. Au moment où Schemaïa et Abtalion prenaient congé du grand prêtre, celui-ci leur dit : — Salut aux hommes du peuple. »

Ce n'est point sans amertume que le chef du Sacerdoce, un prince de la maison des Asmonéens, a dû adresser ce salut au deux célèbres docteurs. Rien de plus humiliant que la situation où se trouvait placé ce personnage depuis la mort du roi Janée. Quoique attaché par ses convictions et par son rang à la doctrine sadducéenne, il était obligé, dans les cérémonies publiques, de se conformer aux prescriptions des

Pharisiens. Pour y avoir manqué, le roi Janée, qui était en même temps revêtu de la dignité de grand prêtre, faillit un jour être lapidé par le peuple sur es marches de l'autel. Ses successeurs se tinrent pour avertis et écoutaient docilement, pour les suivre avec non moins de docilité, les conseils que .eur donnaient, la veille du Kippour, les interprètes de la tradition pharisaïque.

Mais ce n'est pas seulement dans le service du temple et dans les pratiques extérieures du culte que l'influence des Pharisiens fut toute-puissante; après l'avènement de la reine Salomé ils eurent la prépondérance dans le grand Sanhédrin, et ce sont eux sans aucun doute qui donnèrent à cette assemblée sa forme définitive. Ils en composaient, jusqu'au temps d'Hérode, la grande majorité, et c'est de leurs rangs que sortaient les deux chefs : le *nassi* ou président, et le vice-président ou père du tribunal. Il n'était guère possible qu'il en fût autrement, puisque eux seuls connaissaient la loi, ou, ce qui revient au même, étaient réputés la connaître; puisque eux seuls passaient, aux yeux du peuple, pour les véritables interprètes des textes sacrés, pour les héritiers d'Ezra et du grand Synode, et que le Sanhédrin, par la force des choses, n'était pas seulement une cour de justice, mais un concile permanent appelé à résoudre des questions théologiques. La justice et la théologie, sous l'empire d'une loi révélée à laquelle on fait remonter toute lumière, toute culture de l'esprit, ne tardent pas à se confondre avec la science et, par conséquent, avec l'enseignement. Aussi les Pharisiens, dès qu'ils y furent entrés en nombre, n'ont-ils point tardé à faire du Sanhédrin une école, la première de toute la Palestine, et le chef de cette école, le *nassi*, le patriarche, comme on l'appela plus tard, exerçait une autorité tellement respectée, que cette dignité était encore debout trois siècles après la chute de la royauté, trois siècles et demi après la destruction de Jérusalem. Elle aurait peut-être duré plus longtemps, si elle n'avait fini par être soumise à l'investiture impériale et abaissée au rang d'un instrument politique placé dans les mains d'un maître étranger.

Le *nassi* et le *père du tribunal*, choisis parmi les plus vénérables et les plus savants d'entre les Pharisiens, étaient la plus haute expression du Sanhédrin, comme le Sanhédrin lui-même était, en quelque sorte, le résumé des forces vives de la nation. Ils représentaient la tradition telle qu'on supposait que Moïse l'avait reçue directement de Dieu sur le mont Sinaï, pour la transmettre à Josué et aux prophètes, qui, à leur tour, l'avaient transmise inaltérable à Ezra et au grand Synode. De là une nouvelle forme de l'autorité morale et religieuse chez les Juifs, celle des couples *(Zougoth)*, c'est-à-dire celle qu'exerçaient en commun jusqu'au temps d'Hérode les deux chefs, le président et le vice-président du Sanhédrin. Ils exerçaient bien, comme nous venons de le dire, une autorité morale, et non pas seulement une autorité religieuse et judiciaire; c'étaient bien des maîtres qui enseignent et non pas seulement des théologiens ou des magistrats qui décident en dernier ressort; car la Mischna nous a conservé leurs maximes et sentences introduites plus tard dans le rituel sous le titre de *Chapitres des Pères (Pirké aboth)*. Voici quelques-unes de ces maximes qu'on fait remonter jusqu'au temps du grand prêtre Siméon, quoiqu'il appartienne, non au Sanhédrin, mais au grand Synode ou à la grande Synagogue, dont il est considéré comme le dernier représentant. Ce pontife, généralement connu sous le nom de Siméon le Juste, est le même qui, d'après une tradition recueillie par Josèphe [1], a été au-devant d'Alexandre le Grand pour détourner sa colère du peuple de Dieu noirci dans son esprit par les calomnies des Samaritains, et qu'Alexandre le Grand, ajoute la légende, a reconnu pour l'avoir vu plusieurs fois dans ses songes. « Le monde, disait Siméon, repose sur trois choses : la science, la piété et la charité. » Sans doute la science se renfermait pour lui dans l'étude de la loi *(torah)* et la piété dans la pratique de cette même loi *(abodah);* mais, dans l'intention de celui qui l'a conçue, la maxime n'en a pas moins un caractère général, et, si l'on considère que la science n'est ici qu'une forme de la foi, on se trouve amené très près des trois vertus théologales du christianisme.

Le premier couple qui se présente à nous après la régénération du Sanhédrin par les Pharisiens est celui de Yehoudah ben Tabaï et de Siméon ben Schatah, le frère de la reine Salomé et le promoteur des dispositions qui relevèrent dans l'ordre civil la condition de la femme. L'attention de ces deux chefs du parti démocratique se porta moins sur la morale que sur la manière

---

1. *Antiquités Jud.*, liv. XI, ch. VIII.

dont il convient de rendre la justice. « Juge, disait le premier, ne te fais pas avocat. Tant que les parties sont en ta présence, figure-toi qu'elles ont tort toutes les deux ; dès qu'elles t'ont quitté et qu'après avoir entendu ton jugement, elles s'y sont soumises, conduis-toi envers elles comme si l'une et l'autre avaient eu raison. » C'était recommander l'impartialité pendant le procès et l'indulgence après. La règle prescrite par Siméon ben Schatah avait un autre but. « Interroge beaucoup les témoins, disait-il, mais sois circonspect dans tes questions pour qu'elles ne leur apprennent pas comment ils doivent mentir.

Dans les paroles suivantes de Schemaïa, le successeur de ben Schatah, on reconnaît la fierté des Pharisiens et le sentiment de la défiance qui les animait contre la cour : « Aime le travail, hais la domination et n'aie aucun rapport avec les puissances. » Le même sentiment respire dans cette maxime de Hillel : « Qui hante les puissances court à sa perte. » Mais l'aversion de Hillel pour le pouvoir et pour la société des grands était moins l'effet des préventions générales de son parti que de son caractère personnel naturellement tourné vers l'humilité, vers la paix et la vie ascétique. On lui entendait dire : « Qui se vante s'abaisse. Aime et recherche la paix, aime les hommes et rapproche-les de la loi. » Ce qui signifie dans sa bouche : donne-leur de la loi une telle idée qu'ils puissent l'aimer et la comprendre. C'est ce qu'il a fait lui-même par la sentence que nous avons citée de lui précédemment. Refuser de s'instruire était pour lui un crime capital, un véritable suicide, et rien ne l'emportait, dans son esprit, sur la science accompagnée de la piété, sur la science consacrée au service de Dieu et à l'amour des hommes. Mais, tout en faisant de la charité le premier commandement de Dieu et le résumé de toute la loi, il voulait que chacun veillât sur son propre salut et en fît le souci de tous les instants de son existence. De là ces paroles qui lui sont attribuées par la Mischna : « Si je ne suis pas pour moi, qui serait pour moi? et alors même que je suis pour moi, que suis-je? et si ce n'est pas maintenant, quand? » Le Talmud, dans le passage suivant, nous donne l'explication de cette phrase elliptique : « Rabbi Éliézer disait : Fais pénitence un jour avant ta mort. Ses disciples lui ayant demandé : Est-ce que l'homme sait quel jour il doit mourir ? C'est une raison, répondit Éliézer, de faire pénitence aujourd'hui, demain et toute sa vie[1]. »

De Schamaï, ce partisan outré du sens étroit dans l'interprétation de la loi divine, nous n'avons conservé qu'une sentence unique, mais qui le montre à nos yeux sous un aspect plus aimable que sa casuistique et sa jurisprudence. « Parle peu, disait-il, et agis beaucoup ; reçois tout le monde avec aménité. »

C'est un petit-fils de Hillel, le nassi Gamliel, qui, selon le récit de l'Évangile, fit absoudre les apôtres traduits devant le Sanhédrin à cause de leur foi. Des paroles qu'il prononça à cette occasion valent mieux qu'une sentence ; elles sont une action. Elles s'expliquent par l'esprit de douceur et de charité que Hillel laissa en héritage à sa famille et à son école. C'est en effet un disciple de Hillel, contemporain du nassi, que citent les Actes des apôtres, c'est Rabbi Yohanan ben Zacaï qui, déclarant désormais close l'ère des sacrifices, ajoutait : « C'est la justice qui relève les nations ; c'est la charité qui sert de

---

1. Traité *Sabbat*, 25.

sacrifice expiatoire pour Israël et les autres peuples. » Cette leçon de tolérance a été recueillie par les docteurs d'un âge plus récent. On lit dans le Talmud : « Quiconque abjure l'idolâtrie est israélite[1]. » — « Les justes des nations étrangères ont part au salut éternel. »

Nous citerons encore quelques autres maximes professées par les fondateurs de la tradition ou par les auteurs de la Mischna, c'est-à-dire par les représentants les plus illustres du pharisaïsme[2] : « Que ta maison soit ouverte à tous et que les pauvres soient les enfants de ta maison. » — « La journée est courte, le travail immense, les ouvriers nonchalants, le salaire considérable et le maître de maison pressant. » — « Rappelle-toi ces trois choses et tu ne tomberas point dans le péché : sache d'où tu viens, où tu vas et à qui tu dois rendre compte de tes actions. D'où viens-tu ? D'un atome de matière corrompue. Où vas-tu ? Dans un lieu qui n'est que poussière et putréfaction. Et à qui rendras-tu compte de tes actions ? Au roi des rois, au saint que son nom soit béni ! » — « Celui qui humilie son prochain en public

---

1. Traité *Meghilla*, f° 13.
2. Toutes ces maximes sont tirées du traité d'*Aboth*.

n'a point de part au salut éternel. » D'autres disent : « Celui qui humilie son prochain en public commet un homicide[1]. » — « A quoi ressemble celui dont la science l'emporte sur les bonnes œuvres ? A un arbre qui a beaucoup de branches et peu de racines. Vienne l'ouragan, il sera arraché du sol et renversé. Mais celui dont les œuvres l'emportent sur la science est pareil à un arbre qui a peu de branches et beaucoup de racines. Que tous les vents du monde se déchaînent contre lui, ils le trouveront inébranlable. » — « Celui-là est fort qui dompte ses passions. Celui-là est riche qui se contente de son sort. Celui-là est respecté qui respecte les autres. » — « La passion est d'abord un passant, puis un hôte, et enfin le maître de la maison[2]. » — « Ne sois jamais parmi les persécuteurs, sois plutôt parmi les persécutés[3]. » — Nous ne résistons pas au désir de faire encore une dernière citation, qui, sans appartenir précisément à la morale, nous laisse voir une grande délicatesse de sentiment : Rabbi Siméon ben Eléazar disait : « Ne cherche pas à

---

1. *Berachot*, 58.
2. *Souka*, f° 43.
3. *Baba Kama*, f° 93.

consoler ton ami lorsque le corps qu'il a perdu est encore sous ses yeux. Ne t'empresse pas d'aller le visiter dans le moment où il vient de subir une humiliation. »

Comment se fait-il qu'une école d'où sont sortis tant de beaux préceptes et de nobles exemples ait laissé dans la mémoire des hommes une si fâcheuse renommée? Car ce n'est pas seulement l'Évangile qui maltraite les Pharisiens, c'est aussi quelquefois le Talmud. A une question qu'on lui adresse, un des docteurs mentionné dans ce recueil répond avec dédain : « Est-ce que nous allons nous arrêter à expliquer « l'opinion des Pharisiens » ? En confirmant le fait qui nous embarrasse, le Talmud nous en donne aussi l'explication. A côté des Pharisiens sincères parmi lesquels Saint Paul s'est rangé lui-même, il y avait les Pharisiens hypocrites, les Pharisiens *teints*, comme la Mischna les appelle, et les Pharisiens exagérés, insensés, qu'elle nomme *les plaies des Pharisiens*. « Les plaies des Pharisiens ont passé par là, » dit le nassi Yéhoudah, contrarié dans ses projets de bienfaisance par un malveillant. Dans un autre passage, on compte parmi les fléaux de la société, parmi les animaux nuisibles de ce monde, un dévot imbécile, un habile coquin [1], une femme pharisienne (comme qui dirait une femme pédante), et les plaies des Pharisiens. Mais c'est en vain qu'ils ont changé de nom, les auteurs du Talmud n'en sont pas moins les héritiers légitimes et les continuateurs de l'école pharisienne. Leur but, leur doctrine, leur esprit, leur méthode, sont les mêmes, et ils ont conservé dans l'exil une autorité égale à celle dont jouissaient leurs ancêtres dans la capitale de la Terre sainte.

La morale des Pharisiens nous fait penser à leur logique; car comment ne se seraient-ils pas fait une certaine méthode de raisonnement en passant leur vie à discuter et à argumenter? La logique des Pharisiens ne ressemble pas à celle d'Aristote, c'est une scholastique composée à leur usage, mais où l'on reconnaît cependant quelques-unes des lois générales de la pensée. Elle ne comprenait primitivement que trois moyens de déduction, tous les trois enseignés et pratiqués par Hillel : l'analogie, le raisonnement *a fortiori*, et ce qu'on pourrait appeler, à défaut d'une autre

---

[1]. Fidèle au texte (*racha aroum*), M. Derenbourg traduit « un méchant rusé ». Mais le mot *racha* comprend tous les genres de perversité, et il s'agit ici d'un homme qui veut et qui sait faire le mal.

expression, l'exemple *a pari*[1]. A ces trois moyens Rabbi-Ismaël-ben-Élischa, qui florissait à la fin du premier siècle de notre ère, en ajouta dix autres, parmi lesquels on distingue la conclusion du général au particulier et celle du particulier au général.

Si insuffisantes que nous paraissent aujourd'hui ces règles, elles constatent un progrès marqué sur le temps où l'on n'admettait que la tradition seule. On raconte que les successeurs de Schemaïa et d'Abtalion, peut-être deux frères, que le Talmud appelle « les anciens de Bettyra, » se trouvant un jour dans le doute sur une question de liturgie, firent appeler près d'eux Hillel et le prièrent de les éclairer. Le célèbre docteur, après avoir donné son avis, s'efforça de le justifier par les procédés d'argumentation que nous savons. En l'entendant disserter de la sorte, les *anciens* de Bettyra s'écrièrent avec dédain : « Nous l'avons bien dit : Que

---

1. Un mot de la Bible est pris dans une acception particulière, avec une conséquence déterminée; si, dans un autre précepte biblique, on trouve le même mot, il faut lui donner la même acception et en tirer la même conséquence. Par exemple, le sacrifice quotidien étant célébré même le Sabbat, parce qu'il est écrit qu'il doit être célébré *en son temps (bemoando)*, le jour du Sabbat ne doit pas non plus faire obstacle à la célébration du sacrifice pascal, parce qu'il est écrit également, à propos de ce dernier, qu'il sera immolé en son temps.

peut-on espérer d'un Babylonien? » Sans se départir de sa patience et de son humilité habituelles, Hillel ajouta : « Je veux être puni si la solution que je vous ai donnée ne m'a pas été communiquée par Schemaïa et Abtalion. » A peine eut-il prononcé ces paroles qu'ils se levèrent et le placèrent à leur tête comme nassi. Le culte aveugle de la tradition ne saurait être mieux caractérisé que par ce récit, qui porte en lui-même toutes les garanties de la vérité.

La tradition ou la loi orale, malgré la croyance populaire, entretenue avec soin par les docteurs, qu'elle était descendue du ciel avec la loi écrite, n'était pas autre chose que les décisions légales et les prescriptions religieuses émanées des diverses autorités doctrinales qui se succédèrent chez le peuple juif depuis Ezra jusqu'à la clôture de la Mischna, et on peut même dire jusqu'à la clôture du Talmud. Considérée comme une œuvre divine, dont les docteurs étaient seulement les dépositaires, non les créateurs, vénérée à l'égal du Pentateuque, la tradition était sans contredit un instrument de perfectionnement et de progrès. Elle permettait de plier la loi de Moïse aux exigences du temps et aux besoins de la société qu'elle-même avait créée. Hillel et son continuateur Ismaël eurent le mérite de comprendre que les dispositions adoptées avant eux et celles qui pourraient l'être par eux-mêmes ou par leurs successeurs, ne subsisteraient pas longtemps, si elles reposaient uniquement sur l'autorité personnelle de leurs auteurs. C'est pour cela qu'ils cherchèrent à les faire sortir par voie de déduction du texte même de la loi écrite; il leur suffisait, pour croire qu'ils avaient atteint leur but, que le texte ne fût pas absolument contraire au sens qu'ils lui prêtaient. Une proposition, un mot, une lettre même, affixe ou suffixe, qui ne leur paraissait pas rigoureusement nécessaire pour faire comprendre la pensée de l'écrivain biblique, servait de base à une de leurs prescriptions, ou, si l'on nous permet cette comparaison, leur faisait l'effet d'une case laissée vacante dans l'arche sainte, afin qu'ils pussent y introduire un des articles de la loi orale.

Il est impossible de supposer qu'ils fussent dupes de leur propre stratagème. La conviction que l'Écriture sainte, émanation directe de la sagesse divine, ne pouvait rien renfermer d'inutile, ne suffisait pas pour rendre légitime à leurs yeux chaque résultat particulier de leur subtile argumentation. Mais on ne peut douter que la loi orale, dans son ensemble, en y comprenant les développements qu'eux-mêmes lui avaient donnés, ne leur parût aussi nécessaire et aussi vénérable que la loi écrite, puisque, dans leur opinion, la dernière était incompréhensible et par conséquent inexécutable sans la première. Peut-être aussi pensaient-ils qu'une religion, si l'on entend par là une société constituée et organisée, se conserve plutôt par sa discipline que par ses dogmes, par ses pratiques que par ses croyances, par ce qu'elle a de particulier et de distinctif que par la part qui lui revient dans la connaissance de la vérité universelle. Ce qui est certain c'est que leur système d'interprétation ou d'exégèse, si étrange qu'il nous paraisse, a servi de lien entre les Juifs dispersés pendant dix-huit cents ans de persécution; il a donné au judaïsme lui-même l'unité, la vie et la force qui lui étaient nécessaires pour subsister en face du christianisme et de la religion de Mahomet. Aussi la méthode de Hillel et d'Ismaël-ben-Élischa a-t-elle été accueillie par les contemporains comme une partie intégrante de la tradition; les treize règles dont elle est formée, comprises dans le rituel, sont récitées dévotement chaque jour en manière de prière, et celui qui l'a poussée à sa dernière exagération, le célèbre Akiba, est resté honoré dans la synagogue comme un autre Ezra, comme un second restaurateur de la loi. Tels furent l'attrait et le prestige de son enseignement, que de tous les côtés on accourait à Yabnè pour l'entendre; on ne lui attribue pas moins de vingt-quatre mille disciples. Lui et Ismaël sont appelés les pères du monde.

Habitués à regarder la loi comme leur véritable patrie, contents de la préserver de la destruction et d'y ménager à tous les enfants de leur peuple un refuge inviolable, un moyen assuré de se reconnaître et de rester unis dans la dispersion, les docteurs pharisiens assistaient sans désespoir à la ruine de leur pays, supportaient avec patience la domination étrangère, enduraient sans se plaindre toutes les vexations et les tyrannies qui ne s'étendaient pas à leur conscience. Asmonéens, Hérodiens, empereurs romains, toutes les dynasties leur sont indifférentes, et ce n'est point parmi eux, selon la judicieuse remarque de M. Derenbourg, qu'a pris naissance l'idée d'un libérateur, ceint de la couronne royale et sorti de la race de

David. Ils attendent le Messie, mais dans un temps très éloigné, et, pourvu qu'ils aperçoivent en lui les signes de sa mission, ils ne lui demanderont pas si dans ses veines coule le sang de David ou un sang plébéien. Le grand Pharisien Akiba a cru le reconnaître dans la personne de Barchochéba, appelé par ironie Barkoziba[1]. Le voyant un jour s'avancer vers lui, il s'écria : « Voici le roi Messie. » Mais un des docteurs qui l'entendait lui répondit : « Akiba, l'herbe aura poussé entre tes mâchoires que le Messie n'aura pas encore paru. »

Cet esprit de persévérance et de résignation, ce renoncement héroïque à leur nationalité, désormais remplacée dans leurs cœurs par l'unité religieuse, par la continuité de la tradition, par l'étude et la pratique de la loi, suffiraient seuls, à défaut d'autres causes, pour nous expliquer le règne dix-huit fois séculaire des Pharisiens. Au contraire, les Sadducéens, attachés à la puissance et aux grandeurs, asservis à la lettre de l'Écriture et hostiles à tous les changements qui, du

---

1. Barchochéba veut dire le fils de l'Étoile, par allusion à ce verset de la Genèse : « Une étoile est sorti de Jacob. » Barkoziba signifie le fils du Mensonge.

culte national tel qu'il est constitué par le Penteuque, devaient faire, au nom de la loi orale, un culte privé capable de résister à toutes les épreuves de l'exil, les Sadducéens devaient disparaître avec les derniers vestiges de l'existence politique de la Judée. Et en effet, il n'est plus question d'eux, soit dans la tradition, soit dans l'histoire, après la destruction de Jérusalem et la dispersion du peuple juif.

La rivalité des Pharisiens et des Sadducéens ne saurait être contestée ; elle résume en quelque sorte la vie religieuse de la nation hébraïque pendant les derniers siècles de son existence. Mais la même opposition a-t-elle existé entre les Pharisiens et les Esséniens? Josèphe semble l'insinuer quand il nous représente les premiers comme les stoïciens et les seconds comme les platoniciens de la Palestine. Mais M. Derenbourg nous fait observer avec raison que les Esséniens, réduits au nombre de quatre mille, vivant en communauté dans les campagnes les plus désertes, adonnés à l'agriculture, et, sans proscrire absolument le mariage, lui préférant le célibat, formaient plutôt un ordre religieux qu'une secte ou une école, et ne pouvaient exercer sur la nation aucune influence active. Aussi le Talmud, qui parle souvent des Sadducéens et qui renferme de nombreuses allusions aux premiers chétiens, fait-il rarement mention des Esséniens. Il les désigne sous le nom de *baigneurs du matin* ou de baptistes, d'hémérobaptistes, comme on dirait en grec, parce qu'ils commençaient la journée par cet acte de purification. Nulle part il ne fait supposer qu'il s'agit d'une secte distincte qui a sa manière particulière d'interpréter la loi. En effet, les Esséniens, comme le démontre clairement M. Derenbourg, ne sont que des Pharisiens « qui ont aggravé le fardeau de certaines observances sans en créer de nouvelles » ou qui ont rendu obligatoires pour leurs congrégations les austérités que les Pharisiens se bornaient à recommander comme des sacrifices volontaires à l'amour de la perfection. Ce sont eux qui, par la bouche d'un de leurs plus anciens docteurs, ont prescrit à leurs disciples cette règle de conduite : « Tu mangeras du pain avec du sel, tu boiras de l'eau avec mesure, tu coucheras sur la terre, tu vivras d'une vie de privations et tu étudieras sans relâche. Si tu agis ainsi, tu as atteint la gloire et le bonheur, la gloire dans ce monde et le bonheur dans l'autre. » La vie ascétique des Esséniens est tout entière dans cette stoïque maxime.

Remarquons, en outre, qu'il n'y a pas une seule de leurs pratiques qui n'ait son origine dans un précepte ou dans un usage de l'école pharisienne. Cette purification quotidienne et matinale dont nous avons parlé, les Pharisiens les plus austères l'observaient comme eux. Le devoir qu'ils s'imposaient de vivre en communauté avait son principe dans l'institution pharisienne des repas communs et des réunions périodiques consacrées à la méditation et à l'étude. On trouve au moins l'idée de la communauté des biens dans cette maxime pharisienne : « Celui-là est un homme pieux qui considère ce qui est à lui comme appartenant à son prochain, sans exiger de son prochain la réciprocité [1]. » Sans aller, comme les Esséniens, jusqu'à l'interdiction absolue du serment, les Pharisiens recommandaient de ne jurer que dans un cas de nécessité suprême et de préférer toujours la simple affirmation de la vérité. Avant les Esséniens, les Pharisiens avaient donné l'exemple du mépris des

---

1. Littéralement, « Ce qui est à moi est à toi et ce qui est à toi est à toi, voilà l'homme pieux. » *(Abot,* ch. v).

richesses et de la haine de toute servitude. Avant les Esséniens, ils ont cherché l'indépendance dans le travail et dans l'exercice des plus humbles professions. Ce sont eux encore qui ont enseigné aux Esséniens à observer le repos sabbatique avec la dernière rigueur.

D'ailleurs la vie ascétique ne date pas, chez les Hébreux, de la naissance de l'essénianisme. De temps immémorial il a existé dans son sein des solitaires, hommes ou femmes, qui se séparaient de la société de leurs semblables « pour se consacrer à l'Éternel ». Ce sont les termes dont se sert le livre des Nombres[1] pour définir le *Nazir*. Ce nom même signifie un homme séparé du monde, un homme qui vit seul pour se donner tout entier à Dieu. Le Nazir ou Naziréen, c'est l'ancêtre de saint Jean-Baptiste et des solitaires de la Thébaïde. Il se condamnait à l'abstinence, se privait de vin et de liqueur fermentée, laissait croître sa chevelure et la sacrifiait ensuite sur l'autel. La législation de Moïse, sans encourager cette institution, la consacra en la réglant. Elle prend avec le temps une telle extension, qu'on est

---

1. *Pirké Abot*, ch. VI.

obligé de la modérer et de la contenir. C'est le but que s'est proposé le grand prêtre Siméon le Juste, si nous en jugeons par les paroles que lui attribuent les deux Talmuds.

« De ma vie, dit-il, je n'ai voulu goûter du sacrifice qu'immolait le Naziréen. Une fois cependant arriva un homme du midi qui s'était voué à ce genre de vie. Je le vis; il avait de beaux yeux, une mine superbe, et ses cheveux tombaient en riches boucles sur sa figure. Pourquoi, lui demandai-je, porter les ciseaux sur cette belle chevelure? — J'étais, répondit-il, le berger de mon père dans la ville que j'habitais. Un jour, en puisant de l'eau à la source, je regardais avec satisfaction mon image, un mauvais penchant allait s'emparer de moi et me perdre, lorsque je me dis : Quoi! méchant que tu es, tu veux t'enorgueillir de ce qui n'est pas à toi et qui ne sera un jour que vermine et poussière! j'en fais le serment, je couperai ces cheveux en l'honneur du ciel. — Aussitôt, continue Siméon, je l'embrassai sur la tête en m'écriant : Puisse-t-il y avoir en Israël beaucoup de Naziréens comme toi! »

Malgré la décadence que semble leur reprocher

ce récit, et les obstacles qu'opposait à leurs vœux le sacerdoce lui-même, le nombre de Naziréens alla toujours en augmentant; on compte parmi eux deux prosélytes célèbres, Marie, reine de Palmyre, et Hélène, reine d'Adiabène. Comment s'étonner que, réunis à la fin sous l'empire d'une même règle, ils aient formé des monastères et créé l'ordre religieux des Esséniens ?

L'amour de la solitude et celui de la contemplation, l'ascétisme et le mysticisme vont rarement l'un sans l'autre; aussi les voyons-nous réunis chez les Esséniens. Les idées spéculatives qui leur sont attribuées par Josèphe et par Philon, les seuls écrivains de l'antiquité qui nous aient parlé d'eux d'une manière un peu suivie, ont beaucoup d'analogie avec celles qui ont été recueillies, à une époque certainement postérieure, dans le Zohar. Josèphe nous assure que, non contents de croire à l'intervention de la Providence dans les événements de ce monde, ils lui sacrifiaient absolument tout, même la liberté humaine et poussaient leur fatalisme religieux jusqu'à la doctrine désespérante de la prédestination. Ils auraient donc répudié ouvertement cette sage maxime des Pharisiens : « Tout est dans la main de Dieu, excepté la crainte de Dieu. » Mais nous avons beaucoup plus de confiance dans le témoignage de Philon, selon lequel, par une application anticipée de l'idée de la grâce, ils faisaient remonter à Dieu tout ce qui est bien, par conséquent nos bonnes actions, et laissaient à l'homme la responsabilité du mal. Ils admettaient, non seulement l'immortalité, mais la préexistence des âmes, persuadés que cette vie terrestre était pour elles un exil, le corps une prison, et la mort une délivrance après laquelle elles retournaient avec joie dans leur patrie céleste. En reconnaissant, avec tous les sectateurs du mosaïsme, l'existence des anges, ils leur imposaient des noms et probablement des attributs nouveaux que leur serment leur interdisait de révéler aux profanes. Indépendamment de ces dogmes connus, ils en avaient d'autres qui ne pouvaient franchir le cercle de leurs réunions, et sur lesquels leurs deux historiens nous ont laissés dans une complète ignorance. On trouve pourtant dans Philon[1] des motifs de supposer que cette partie de leur doctrine se rapportait à Dieu

---

1. *Quod omnis probus liber.*

et à l'origine des choses. Déduite des Livres saints par le procédé arbitraire de l'interprétation allégorique, elle devait former tout un système de métaphysique ou de théologie spéculative dont nous n'avons vu que les conséquences. Enfin, aucun des caractères essentiels du mysticisme ne paraît avoir manqué à l'association essénienne, pas même le don de prophétie, auquel elle croyait pouvoir atteindre à force d'austérité, dans les transports de l'extase, et que personne ne songeait à lui contester. L'auteur de la *Guerre des Juifs* lui attribue plusieurs prédictions qui se sont réalisées.

Mais les idées mystiques des Esséniens nous suggèrent la même remarque que les austérités de leur règle. Elles ne leur appartiennent point en propre, car nous les trouvons aussi, quoique sous une forme plus libre, chez les Pharisiens. Ce sont les Pharisiens les plus ardents et les plus renommés, un Néchounio ben Hakkané, un Ismaël ben Élischa, un Siméon ben Yochaï, Akiba lui-même, qui passent pour être les auteurs des principaux livres kabbalistiques, c'est-à-dire des seuls monuments du mysticisme qu'on rencontre chez les Juifs. On attribue au premier la rédaction du *Sépher Habbahir* (le livre splendide), au second, celle du *Sépher Héchalot* (le livre des tabernacles ou des palais célestes); au troisième, celle du Zohar; au quatrième, celle du *Sépher Yecira* (le livre de la création). Sans doute la critique est loin d'accepter toutes ces opinions, mais elles n'en sont pas moins une preuve de l'alliance étroite qu'on a toujours supposée entre le pharisaïsme et le mysticisme. D'ailleurs le Talmud contient plusieurs légendes qui nous montrent les deux parties essentielles de la kabbale, l'explication de la création et celle du char d'Ézéchiel (*Maassé béreschit, Maassé Merkaba*), comme le secret des plus illustres docteurs de la Mischna[1]. Nous ajouterons que, si une partie des Esséniens a dû se confondre avec les premiers chrétiens de la Palestine, ceux qu'on désigne aujourd'hui sous le nom de *Judéochrétiens*, l'autre partie s'est retrouvée pendant longtemps, et au besoin se retrouverait encore aujourd'hui, dans les kabbalistes modernes. Ce sont les mêmes mœurs, les mêmes pratiques, la même coutume de se baigner tous les matins dans une eau courante, le

1. Voyez la *Kabbale* ou la philosophie religieuse des Hébreux, par l'auteur de cet article.

même culte des anges et la même étude de leurs mystiques attributions, la même théologie.

Entre les Pharisiens et les Esséniens il n'y a donc qu'une question de mesure ; les caractères qui les distinguent n'atteignent pas le fond des choses. Mais entre les halachistes et les hagadistes la différence est réelle et va quelquefois jusqu'à l'opposition. La partie la plus originale et la plus intéressante du livre de M. Derenbourg est, sans contredit, celle où cette opposition est mise en lumière.

On se rappelle que le Talmud, si on le considère, non dans ses divisions extérieures, mais dans sa substance même, est formé de deux éléments : le *halacha* ou les dispositions légales avec les discussions et les éclaircissements qui s'y rapportent, et l'*hagada* ou les libres manifestations de l'imagination, du sentiment et de la raison, la part de la poésie et de l'éloquence. Ces deux éléments ne sont que la trace conservée dans la Guémara de deux courants intellectuels, de deux influences qui se sont développées dans la nation juive pendant les derniers temps de son existence : celle que représentent les légistes, autrement dits les halachis, les hommes de la loi et de la tradition, les formalistes desséchés par l'argumentation juridique, et celle que représentent les hagadistes, ou les prédicateurs populaires, les orateurs inspirés par le sentiment religieux ou patriotique, par l'amour de Dieu et par la charité envers les hommes ou par la haine de la domination étrangère. Les premiers, comme nous l'avons déjà remarqué, prennent assez volontiers leur parti de l'abaissement de la nation, croyant lui offrir une consolation suffisante et comme une patrie spirituelle dans la pratique minutieuse de la loi. Aussi ne trouve-t-on jamais dans leur bouche que des citations empruntées au Pentateuque ou à la tradition orale. Les seconds, au contraire, sont avec le peuple contre ses oppresseurs. Ils souffrent de sa honte et de ses misères. Ils parlent à son cœur, ils s'efforcent de le relever à ses propres yeux, ils lui ouvrent le champ de l'espérance et l'entretiennent de sa grandeur future, de sa puissance restaurée et agrandie sous le sceptre du prince issu du sang de David. Voilà pourquoi ils citent les prophètes de préférence au Pentateuque parce que c'est chez les prophètes que ces sentiments et ces idées, surtout celle d'un Messie sorti de la race des anciens rois d'Israël, trouvent leur expression la plus éclatante.

Les hagadistes ne se contentaient pas toujours de prêcher et d'enseigner; à la parole, ils joignaient quelquefois l'action. Décidés à donner leur vie pour le rachat de la liberté de leur pays, ils résistaient par la force à la tyrannie des Romains ou de la dynastie iduméenne. Ces orateurs sacrés deviennent alors des tribuns qui excitent le peuple à l'insurrection et expient leur patriotisme dans les supplices. Tel fut le sort de trois hommes dont l'histoire nous a conservé les noms : Juda, fils de Sariphée; Matathias, fils de Margalot, et Ézéchias le Galiléen. Les deux premiers, ayant, à la tête d'une foule soulevée par leurs discours, arraché l'aigle romaine qu'Hérode avait placée sur le grand portail du temple, furent condamnés à être brûlés vifs. Le troisième, instigateur des troubles de l'Acrobatène, fut exécuté sans jugement par les ordres d'Hérode; et c'est à cette occasion que le terrible Iduméen, appelé à la barre du Sanhédrin pour rendre compte de sa conduite, fit sentir à ses juges, en déployant devant eux l'appareil de sa puissance, que le règne de la justice et des lois était remplacé désormais par celui de la force brutale. Plusieurs autres suivirent l'exemple de Juda le Galiléen et finirent de la même manière. Ils entraînèrent à leur suite une vaillante et nombreuse jeunesse que le Tibère de la Judée fit massacrer sans pitié. N'est-ce point ce fait qui a donné naissance au récit évangélique du massacre des innocents?

Le grand nombre des hagadistes était pacifique et mystique. Le but de leurs discours et de leurs écrits, quand ils voulaient bien écrire, était d'élever les âmes aux élans supérieurs de la charité et de la foi, en reléguant au second rang les pratiques extérieures, et de transfigurer, si l'on peut ainsi parler, par une interprétation spirituelle, les visions des prophètes et les récits de l'Écriture sainte. La parabole ou la narration allégorique, comme l'histoire imaginaire de Tobie et de Judith, étaient la forme habituelle de leurs improvisations et de leurs compositions, dont les hagadas du Talmud ne nous offrent plus qu'une image affaiblie. Presque tous les orateurs de cette catégorie venaient de la Galilée, dont les habitants passaient pour très ignorants et très incapables dans les choses de la *halacha*, mais qui remplaçaient la subtilité de l'esprit par la chaleur du cœur, et le talent de la discussion par le don de l'éloquence, par une hauteur, on eut dire, par une libéralité de pensée à laquelle les légistes, les halachistes, les Pharisiens, dans le sens restreint du mot, n'atteignaient jamais. Il est à remarquer que longtemps avant saint Paul et avant la naissance du christianisme, un de ces prédicateurs populaires du nom de Hanania, un simple marchand, en convertissant au judaïsme Izate, prince d'Adiabène, le dispensa de la circoncision. Lui aussi, il pensait que les Israélites de naissance sont seuls astreints à toutes les prescriptions de la loi, mais qu'aux prosélytes étrangers il ne faut demander que la foi.

Après ces considérations, qui reposent solidement sur les faits et les textes, il est difficile de ne pas admettre le rapprochement qui s'établit, dans l'esprit de M. Derenbourg, entre les hagadistes et les premiers chrétiens, ou, pour parler plus exactement, entre les hagadistes et les apôtres. « Nous ne croyons pas nous tromper, dit-il, en soutenant que les hagadistes ont été les plus puissants auxiliaires du christianisme à sa naissance. Ce sont eux qui lui ont inspiré l'aversion qu'il témoigne pour les Pharisiens et ses railleries pour les débats rabbiniques; ce sont eux qui lui ont inspiré ces nombreuses citations tirées des prophètes et les applications qu'il en fait au Messie[1] ; ce sont eux enfin qui lui ont transmis leurs idées sur le rejeton de David. Si l'âme soupçonneuse de Domitien a été, en effet, agitée pendant un instant par l'ombre d'un prétendant juif, les apôtres venus à Rome et prêchant Jésus comme héritier de la couronne de Juda peuvent seuls lui avoir causé ces terreurs passagères. »

C'est à saint Paul que l'exemple des hagadistes profita le plus ; leur méthode allégorique, empruntée aux Alexandrins ou spontanément mise en pratique, lui apprit comment on peut changer en symboles et par là même déclarer abrogées ou faire tomber en désuétude les prescriptions les plus impérieuses de la loi mosaïque. On se demande si le passage suivant de la Mischna se rapporte à l'apôtre des Gentils ou aux hagadistes restés fidèles à l'ancien testament : Rabbi Eliézer de Modin dit : « Celui qui profane les choses saintes, qui n'observe pas les fêtes, qui rompt l'alliance que Dieu a faite avec Abraham (c'est-à-dire qui ne pratique pas la circoncision), et qui découvre des explications contraires à la halacha,

---

1. M. Derenbourg me pardonnera les légères modifications que le génie de notre langue m'a semblé réclamer impérieusement.

eût-il même la connaissance de la loi et ses œuvres fussent-elles bonnes, n'en perdrait pas moins sa part de la vie future. »

Ce jugement paraîtra sans doute très sévère ; mais il faut se rappeler que, saint Paul excepté, les apôtres et leurs premiers disciples observaient scrupuleusement, non seulement la loi écrite, mais la loi orale. Il ne faut rien moins qu'une voix descendue du ciel pour décider saint Pierre à manger des mets défendus et à se rendre près du centurion Cornelius[1], et lorsqu'il retourne près de ses frères, les chrétiens de Jérusalem, « pourquoi, lui dirent-ils, es-tu rentré chez des incirconcis et as-tu mangé avec eux[2]. D'ailleurs le maître lui-même n'a-t-il pas respecté la Pâques et les autres jours de fête ? Il a dit : « Le ciel et la terre passeront avant qu'on voie disparaître un seul point de la loi[3]. » — « Celui qui se sera affranchi d'un seul des moindres commandements de la loi et qui aura instruit les hommes à faire de même sera appelé le plus petit dans le royaume des cieux[4]. » Avant d'être interprétées

---

1. *Actes des Apôtres*, ch. x.
2. *Quare introisti ad viros, præputium habentes et manducasti cum ilis ?* (*Ibid.* ch. xi, v. 3).
3. Év. s. Luc, ch. xvi. v. 17.
4. Év. s. Math. ch. v, v. 19.

dans un sens mystique, ces paroles avaient été généralement comprises dans un sens matériel.

Puisant toutes ces citations dans les prophètes et non dans le Pentateuque, s'exprimant par paraboles et annonçant le jour de la délivrance, Jésus, comme le montre M. Derenbourg, parle la langue des hagadistes, mais il est impossible de le considérer, comme l'un, fût-ce le plus grand, d'entre eux. En effet, il ne se contente pas de faire espérer l'apparition prochaine du Messie, il veut qu'on croie qu'il est venu et qu'on le reconnaisse dans sa personne. Encore ne lui suffit-il pas qu'on voie en lui le Messie, fils de David, que promettent les livres prophétiques, il a sur la divinité et sur ses rapports avec elle des idées particulières, qui furent nécessairement un sujet d'étonnement et de scandale pour la synagogue officielle.

Il reste encore beaucoup à dire à la libre critique sur la nature et sur l'origine de ses idées. Une telle question ne pouvait être traitée incidemment dans une histoire générale de la Palestine, et M. Derenbourg a sagement fait de l'éviter. Mais il est parfaitement dans son sujet et dans son droit lorsqu'il montre que les représentants de la synagogue officielle dans le Sanhédrin de ce temps-là, c'est-à-dire les juges qui ont condamné Jésus, étaient, non des Pharisiens, mais des Sadducéens, non des docteurs, mais des prêtres présidés par un pontife avili. Il n'y a que des Sadducéens qui pussent procéder, en matière pénale, avec cette célérité et cette rigueur. Il n'y a qu'un calife, un grand prêtre dévoué à la domination étrangère, un membre de la famille vénale et corrompue de Hanan, qui pût être le bras et la tête d'un pareil tribunal. Les Pharisiens, au contraire, les docteurs de la loi, avaient horreur du sang et de la peine de mort. Leur indépendance et leur amour de la justice les firent bannir de l'assemblée qu'ils illustrèrent si longtemps par leurs vertus et leurs sciences; et, lorsque sous le règne d'Agrippa, leur protecteur, ils y rentrèrent un instant, ce sont eux qui, par les sages paroles de Gamaliel, firent remettre en liberté les apôtres accusés de blasphème et menacés du dernier supplice. Mais l'histoire est restée pour eux aveugle et implacable, et il est rare que ceux-là qui se piquent de libre pensée aient la force de se mettre au-dessus d'une iniquité si invétérée.

TRAITÉ DES BERAKHOTH

Traduit, du Talmud, par Moïse Schwab.

Nous possédons depuis nombre d'années des versions françaises des Védas, des lois de Manou, du Zend-Avesta, du Coran, les livres classiques de Confucius, des plus importants parmi les livres canoniques du bouddhisme. Seul, parmi les monuments religieux de l'Orient, le Talmud, à part quelques fragments, n'a encore été traduit ni dans notre langue, ni dans aucune autre langue européenne. Et cependant il n'y en a pas qui intéresse plus directement les peuples chrétiens. Les traditions qui en font la base ont pris naissance au moins deux siècles avant le christianisme et se sont développées en même temps que lui pendant cinq ou six cents ans. Ce sont ces traditions qu'on voit à chaque instant mentionnées dans l'Évangile et dont la connaissance est souvent nécessaire pour le comprendre. Les paraboles et les proverbes du Talmud ont une étroite parenté avec ceux qui nous ont été transmis sous le nom de Jésus, et il n'y a pas jusqu'aux expressions, aux métaphores et aux tournures de phrase les plus habituelles du Talmud, qu'un œil un peu exercé ne reconnaisse dans le texte grec et latin du Nouveau Testament.

Ce n'est pas que le Talmud ne tienne depuis longtemps une très grande place dans les controverses théologiques et dans les recherches de l'érudition. Les uns, comme Wagenseil, Eisenmenger, l'abbé Chiarini, y ont cherché des arguments en faveur de la persécution, et, grâce à certains passages tronqués et envenimés par une interprétation malveillante et choisis avec soin dans ce chaos d'opinions contradictoires, la plupart dépourvues de toute autorité, ils atteignaient assez facilement leur but. Les autres, comme Buxtorf, dans son *Lexicon Talmudicum*, Jean Bodin, dans la *République*, et Jean Selden, dans ses nombreux et substantiels écrits sur le droit hébraïque, se sont contentés d'en expliquer ou d'en résumer quelques parties, celles qui excitaient le plus leur curiosité de savant, ou qui se rattachaient à l'objet de leurs études habituelles. D'autres, enfin, tout récemment, l'ont exploré au profit de la géographie et de l'histoire ou en ont tiré des monographies instructives et intéressantes. Nous avons rendu compte nous-mêmes de deux remarquables ouvrages de MM. Derenbourg et Neubauer.

Ces travaux ne sont pas les seuls dont les lois traditionnelles du judaïsme aient été l'objet. A la fin du XVIᵉ siècle, un savant hollandais, un savant chrétien, Surenhusius, a traduit en latin la *Mischna*[1] dont une traduction allemande a été publiée dans la seconde moitié du XVIIIᵉ siècle[2]. Mais la Mischna n'est pas le Talmud, elle n'est que le texte des discussions talmudiques conservé à l'état de tradition orale par les plus anciens docteurs, de ceux qu'on appelle les pères de la Synagogue, jusqu'au moment où, pour le sauver de l'oubli, on jugea nécessaire de l'écrire. Ce travail de rédaction, probablement commencé avant lui, a été terminé vers l'an 219, par Juda le Saint. La langue qui y est employée est l'hébreu proprement dit, à peine altéré par le temps, et n'offre

1. 3 vol. in-4°, Amsterdam, 1698-1703.
2. Elle a pour auteur J.-J. Rabe, et a paru, de 1760 à 1763, à Onoulzbach et à Ansbach.

aucune des difficultés que présente l'idiome étrangement mêlé, irrégulier, et souvent concis jusqu'à l'obscurité, du Talmud ou de la *Guémara*.

Il restait donc encore à traduire le Talmud; car aucune des œuvres de critique, de compilation ou d'interprétation partielle dont nous venons de parler ne peut remplacer une traduction. Cette lacune regrettable, que Reuchlin déplorait déjà, au commencement du xvi° siècle, M. Moïse Schwab s'est proposé de la combler. Il savait que la même entreprise a été plusieurs fois tentée avant lui, et que, par une cause ou par une autre, elle a toujours échoué. L'insuccès ou les défaillances de ses devanciers ne l'ont point découragé.

Mais avant de commencer l'exécution de son projet, il avait une question importante à résoudre. Tandis qu'il n'y a qu'une seule rédaction de la Mischna, il y a deux rédactions du Talmud : l'une qui a pour auteur principal Rabbi Yo'hanan, qui a été terminée à Tibériade vers l'an 390 de notre ère, et qui, étant le résultat de l'enseignement théologique des écoles de la Palestine, a reçu le nom de Talmud de Jérusalem, *Talmoud Yerouschalmi*; l'autre, qui est le résumé des discussions des écoles de la Babylonie, et qu'on appelle pour cette raison le Talmud de Babylone, *Talmoud Babli*. Commencée en 367 par Asché, chef de l'école babylonienne, continuée après lui par son fils Mar et son principal disciple Marimor, elle ne fut achevée qu'à la fin du ve ou au commencement du vi^e siècle de l'ère chrétienne. Traduire ces deux recueils, il ne fallait pas y songer, la vie d'un homme n'y suffirait pas. Traduire le recueil babylonien, c'était encore trop long, puisque, d'après le calcul de M. Schwab, il ne formerait pas moins de soixante volumes in-8°. Le Talmud de Jérusalem a le triple avantage d'être plus ancien, plus intéressant par la langue et la sobriété de la rédaction, et surtout d'être plus court. Son étendue, dans une version française, ne dépasserait pas douze volumes. C'est le premier de ces volumes que M. Schwab a fait paraître, il y a quelques mois, car il va sans dire qu'il s'est prononcé en faveur de la rédaction de Rabbi Yo'hanan. Mais, pour cette fois seulement, et afin de fournir à ses lecteurs un moyen de comparaison, il a joint à sa traduction du texte de Jérusalem celle du texte de Babylone. Les deux versions, accompagnées de notes, d'index, d'appendices, de tables de concordance, sont précédées d'une introduction dans laquelle l'auteur nous présente quelques considérations générales sur l'origine, la composition, l'esprit et ce qu'on peut appeler l'histoire du Talmud.

Toute intéressante qu'elle est, surtout pour des lecteurs étrangers à ces matières, l'*Introduction* l'aurait été davantage, si, au lieu d'être composée en grande partie d'éléments empruntés à des ouvrages de seconde main et même à des articles de journaux et de revues, elle n'avait été puisée qu'à des documents originaux, expliqués par les procédés d'une saine critique. Mais ce n'est point sur ce travail accessoire, c'est sur la traduction elle-même que doit se porter notre attention. Disons-le tout de suite, afin de n'avoir pas à y revenir, elle laisse beaucoup à désirer. Nous avons sous les yeux la liste des erreurs qui lui ont été reprochées par des critiques d'une autorité incontestable, par des talmudistes de profession, à qui la langue de la Guémara est aussi familière que leur langue maternelle; on n'en compte pas moins de trente-trois. Toutes ne sont pas une altération du sens; il en est qui ne nuisent qu'à la clarté, d'autres qui ne blessent que le sentiment des nuances, et, pour notre propre compte, nous en avons relevé d'autres qui ne sont que des incorrections. Mais il y en a une qui a particulièrement choqué les savants dont nous venons de parler, les hommes du métier, comme on pourrait les appeler, et que nous ne pouvons, pour cette raison, nous dispenser d'indiquer sommairement.

Il s'agit d'un récit où un des plus anciens et plus illustres docteurs, Simon ben Schétach, joue le principal rôle. Proche parent du roi Alexandre-Sannée, il avait été obligé, pour se soustraire aux effets d'une fausse dénonciation, de prendre la fuite. Le roi, reconnaissant son erreur et voulant lui donner un gage de réconciliation, le rappela près de lui, le fit asseoir à sa table et le pria de réciter la bénédiction du repas. Or la bénédiction du repas, c'était celle du pain et du vin, restée en usage jusqu'aujourd'hui et qu'on prononce en tenant une coupe dans la main. Trompé par la ressemblance qu'offrent les deux mots en hébreu, M. Schwab, dans sa traduction, à la place d'une coupe, fait intervenir un trône. « Qu'on lui apporte un trône », dit le roi[1].

Ni cette faute ni celles qui la précèdent et la

1. Page 131.

suivent ne nous semble justifier la sévérité avec laquelle on a jugé l'œuvre de M. Schwab. On aurait dû se laisser désarmer par la candeur avec laquelle, au début de la carrière qu'il s'est tracée, l'auteur sollicite les conseils de la critique. « Nous savons bien, dit-il [1], que nous sommes loin d'être parvenu à la perfection, et nous recevrons avec plaisir les rectifications, corrections ou additions que l'on voudra bien nous adresser. Cependant cette conscience de notre imperfection ne nous a pas détourné de notre tâche. Nous avons été persuadé que les critiques les plus compétents nous tiendront compte des difficultés que comporte un tel travail, parce qu'ils savent qu'il n'est pas toujours aisé de vaincre ces difficultés. » Ajoutons que quelques taches remarquées dans un portrait ne donnent pas le droit d'en contester la ressemblance. Telles sont précisément les défaillances qui ont été relevées dans la traduction de M. Schwab. Elles ne sont pas en si grand nombre et d'une telle gravité, qu'elles nous empêchent d'apercevoir la physionomie véritable de l'ouvrage original. Nous allons essayer d'en donner une idée en nous ar-

---

1. Introduction, p. LXXIV.

rêtant successivement à quelques-uns de ses éléments les plus caractéristiques.

La portion du Talmud que M. Schwab vient de faire passer dans notre langue s'appelle le *Traité des bénédictions;* car tel est le sens du mot *berakhoth.* Ce titre seul nous ouvre déjà toute une perspective. Il nous transporte au sein d'une société et d'une croyance pour lesquelles tout est un sujet de bénédictions et de prières. Comme nous venons de nous en assurer il n'y a qu'un instant, on bénissait le pain et le vin; on bénissait les fruits cueillis sur les arbres et les produits de la terre; on bénissait la lumière, le feu, l'arc-en-ciel, l'orage, l'éclair, la nouvelle lune; on bénissait et l'on priait à l'occasion de tous les actes et de tous les événements de la vie, en se levant, en se couchant, en se livrant au repos, en se remettant au travail, en assistant à une naissance, à un mariage ou à une mort, en passant devant un cimetière, en apercevant un prince ou un roi. « Plût à Dieu, — s'écrie un des docteurs de la synagogue, le rédacteur même du Talmud de Jérusalem, — plût à Dieu que l'homme priât toute la journée, car la prière, même répétée, n'est jamais perdue. » Le principe, une fois admis, il faut en tirer toutes les conséquences. Les formules de bénédiction et de prière, une fois consacrées par la tradition ou par la loi, on recherchera dans quelles circonstances, à quelles heures, à quels jours, à quelles minutes on les récitera; par conséquent on fixera, avec les plus minutieuses précautions, la limite qui sépare le jour de la nuit, les jours voués au repos sabbatique des jours abandonnés au travail. On définira avec le même soin les différents états dans lesquels il est permis ou défendu, dans lesquels l'homme est digne ou indigne de bénir Dieu et de l'invoquer, c'est-à-dire les différents états de pureté et d'impureté légale. De là la nécessité d'un traité, nous allions dire d'une science des bénédictions. Le traité que nous avons sous les yeux débute par cette question : « A partir de quel moment doit-on réciter le *Schema* du soir? » Le *Schema* est un passage du *Deutéronome* qui contient le symbole de la foi israélite et qu'on récite en forme de prière matin et soir. Il commence par ces mots : « Écoute Israël, l'Éternel, notre Dieu, est le Dieu unique. »

Que nous voilà loin des prophètes et même des simples moralistes tels que Jésus, fils de Sirach?

On se figure aisément ce qu'il y a de subtilité et de sécheresse dans les discussions qui peuvent s'engager sur de pareils sujets. Oui, mais il y a aussi le sentiment religieux, l'indomptable foi qui les provoque, le culte idolâtre de la parole de Dieu. Ainsi, pour en citer tout de suite un exemple, quelle piété dans ce précepte de la *Mischna* : « Eût-on même un serpent enroulé autour du talon, on ne doit pas interrompre sa prière. » Il ne faut donc pas s'étonner si à cette puérile scolastique se mêlent à chaque instant des sentences et des maximes de la plus grande beauté, de curieuses ou de touchantes légendes, des observations plus ou moins exactes sur la nature, parce qu'elle aussi, comme la loi, est l'œuvre de la divine sagesse, et quelquefois, mais plus rarement, des lueurs de poésie. En voici quelques-unes que nous recueillons au hasard.

C'est, comme nous venons de le dire, un point important de savoir à quels signes on reconnaîtra l'instant précis où finit le jour et où commence la nuit. Il y a d'abord l'apparition des étoiles. Si l'on n'en voit qu'une, il fait encore jour; si l'on en aperçoit deux, il y a doute; la nuit est venue certainement dès qu'on en peut compter trois. Mais voici d'autres signes dont l'observation se rattache à un sentiment plus vif de la nature. Aussi longtemps qu'à l'occident le ciel est rouge, il fait encore jour. S'il commence à s'assombrir, c'est *l'entre-deux*, c'est-à-dire le crépuscule. Si la lumière s'affaiblit au point que l'atmosphère supérieure ressemble à l'inférieure, c'est la nuit : « Lorsque, en pleine lune, le soleil commence à se coucher tandis que la lune apparaît à l'horizon, c'est le crépuscule. » Un peu plus loin, le crépuscule est comparé à l'instant fugitif pendant lequel une goutte de sang peut demeurer suspendue sur le tranchant d'une épée. Le temps nécessaire pour que cette goutte de sang se divise nous représente la transition du jour à la nuit. Ce temps est si difficile à mesurer ou à définir, que les plus grands savants n'y parviennent pas. Il n'y a que le prophète Élie à qui il soit réservé de nous tirer un jour de notre ignorance. « Quand le prophète Élie sera revenu dans ce monde et nous aura expliqué ce qu'est le crépuscule, personne ne contestera. »

La prière dite *Amida* doit se réciter debout et les pieds joints l'un contre l'autre, afin que les fidèles ressemblent aux anges, dont les membres inférieurs, selon la description qu'en font les prophètes, sont privés de jointures.

Pourquoi, demande un docteur, un fil bleu doit-il être mêlé aux franges qui ornent les extrémités du voile de la prière? Pour nous faire penser au firmament qui, lui-même, élève notre esprit vers le trône de gloire, comparé par l'Écriture à un ouvrage de saphir.

Il n'y a pas de pratiques si étroites que les docteurs du Talmud ne sachent ennoblir quelquefois par une généreuse austérité. Rabbi Méir permettait de composer, le jour du sabbat, un élixir formé d'huile et de vin pour en enduire le corps d'un malade. Lui-même, se trouvant retenu dans son lit par la maladie le jour du Seigneur, se refusa à laisser faire ce mélange pour son propre usage. Ses disciples lui représentant que ses actes n'étaient point d'accord avec ses paroles : « Il suffit, répondit-il, que quelques-uns se soient montrés plus sévères que moi pour que je m'interdise à moi-même ce que je permets aux autres. » C'est précisément le contraire du probabilisme, qui a si justement encouru la réprobation de Pascal.

Mais toutes les observances prescrites par la

loi et jusqu'aux sacrifices qu'on offrait à Dieu dans le temple de Jérusalem n'étaient rien ou peu de chose à leurs yeux devant la justice et la science. Ils racontent que David n'avait rien désiré avec plus d'ardeur que de construire la maison de l'Éternel. C'était sa passion, c'était la pensée de toute sa vie, et elle lui attirait souvent les railleries de ses ennemis. Ils se rendaient sous ses fenêtres et disaient ironiquement : « David, à quelle époque le temple sera-t-il construit? Quand irons-nous dans la maison du Seigneur? » David supportait ces injures, non seulement avec patience, mais avec joie, espérant qu'on verrait bientôt sa grande œuvre accomplie. Cependant le Très-Saint lui dit un jour : « David, le nombre de tes années sera complet, je n'en retrancherai rien; mais ce n'est pas toi qui construiras ma maison, c'est ton fils Salomon, parce que les sacrifices qu'on y offrira me sont moins agréables que tes œuvres; je veux parler de ton respect pour la justice et l'équité. » Puis on rappelle en manière de conclusion ou de moralité cette maxime des Proverbes : « La pratique de la justice est devant l'Éternel préférable à tous les sacrifices[1]. »

1. *Traité des Berakhoth*, p. 31; *Proverbes*, ch. XXI, v. 3.

Puisque nous venons de prononcer le nom de David, citons encore cette poétique tradition d'après laquelle le roi prophète aurait fait suspendre chaque nuit, sous ses fenêtres une harpe éolienne. Aux premiers sons que le vent du nord faisait sortir de cet instrument, il se réveillait, et, comme piqué d'émulation, il chantait à la gloire de l'Éternel une de ces hymnes enflammées que nous répétons après lui.

Les docteurs du Talmud ne donnent pas un rang moins élevé à la science qu'à la justice, parce qu'ils supposent que, pour faire le bien, il faut le connaître, et que, le connaissant, il est impossible de ne pas le faire. On agitait un jour, dans une des écoles les plus renommées, la question de savoir à laquelle des deux il fallait donner la préférence, à la science ou à l'action. Rabbi Tarphon, peut-être le même personnage que, sous le nom de Tryphon, nous voyons mis en scène dans un des écrits de saint Justin le martyr; Rabbi Tarphon se déclarait pour l'action, Akiba pour la science. Tous finirent par reconnaître que le premier rang appartenait à la science, parce que la science conduit à l'action. Ce principe, ils l'appliquaient à la religion comme à la morale, à la piété comme à la justice. « Un ignorant, disaient-ils, ne saurait être pieux. » Aussi plaçaient-ils la science même au-dessus de la prophétie, et ils pensaient qu'une des principales causes de la destruction de Jérusalem, c'est qu'on avait négligé l'instruction de la jeunesse. L'école, d'après une autre de leurs maximes, ne doit être fermée pour aucun motif, fût-ce même pour rebâtir le temple de Jérusalem, et du souffle des enfants qui récitent leur leçon dépend le salut du monde[1].

Ces idées, fréquemment exprimées dans la Mischna aussi bien que dans le Talmud, se retrouvent dans le *Traité des bénédictions* sous une forme particulière. Deux docteurs entraient un jour dans un cimetière à la suite d'un convoi funèbre. L'un deux, en s'appuyant sur ce verset de l'*Ecclésiaste :* « Les vivants savent qu'ils mourront, les morts ne savent rien[2], » ayant soutenu que les morts étaient absolument privés de connaissance, son compagnon lui répondit : « Tu sais bien lire l'Écriture, mais non l'interpréter. Les vivants qui savent qu'ils mourront, ce sont les

---

1. Voyez introduction de M. Schwab, p. xx.
2. *Eccles.* ch. ix, v. 5.

sages qui, même après leur mort, sont considérés comme vivants. Et les morts qui ne savent rien, ce sont les impies qui, durant leur vie, sont déjà considérés comme morts. » Ce récit fait involontairement penser à un passage de l'Évangile. Un disciple de Jésus lui demandant la permission d'aller ensevelir son père, Jésus lui répondit : « Suis-moi, et laisse les morts ensevelir leurs morts[1]. » Ici également, les morts sont les incrédules et les impies; les vivants, ceux qui ont ouvert les yeux à la vérité. Maïmonide et Spinosa ont entendu les paroles de l'*Ecclésiaste* dans un autre sens. Pour eux, ceux qui ne conserveront aucun sentiment après la mort, ceux qui mourront tout entiers, corps et âme, ce sont les hommes du commun, restés étrangers aux hautes spéculations de la pensée ; au contraire, ceux qui auront connu la vérité philosophique, qui auront atteint la pure région des idées éternelles et universelles posséderont le don de l'immortalité!

Voici un autre point de ressemblance entre le Talmud de Jérusalem et l'Évangile. C'est une parabole qui, sans avoir tout à fait la même conclu-

1. Math. VIII, 22.

sion, nous a été transmise à peu près dans les mêmes termes que celle qu'on lit dans un des derniers chapitres de saint Mathieu. Il s'agit de prouver qu'un pieux et savant docteur, enlevé à la fleur de l'âge, ne perdra rien par cette mort prématurée des récompenses qui attendent au ciel les vrais serviteurs de Dieu. « A quoi nous fait penser, dit le Talmud, la fin de Rabbi Boun bar Rabbi Hiya (c'est le nom du jeune docteur)? A un roi qui aurait engagé à son service beaucoup d'ouvriers, dont l'un deux montrerait plus d'ardeur au travail que les autres. Voyant cela, que fait le roi? Il emmène cet ouvrier et se promène avec lui en long et en large. Le soir, les travailleurs arrivent pour se faire payer, et le roi paye également la journée complète à celui avec lequel il s'était promené. A cette vue, les autres se plaignent en disant : Nous nous sommes fatigués au travail durant la journée entière, et celui qui n'a supporté que deux heures de peine reçoit le même salaire que nous? C'est que, répondit le roi, celui-ci a fait plus en deux heures que vous dans toute une journée. De même Rabbi Boun, quoiqu'il n'ait étudié la loi que jusqu'à l'âge de vingt-huit ans, la connaissait mieux qu'un savant ou un homme pieux qui l'aurait étudiée jusqu'à l'âge de cent ans. »

Dans la parabole évangélique, c'est à l'ouvrier de la onzième heure qu'on paye le même salaire qu'à ceux qui sont venus dès le matin. Ce qu'on veut récompenser en lui, ce n'est pas, comme dans le Talmud, la supériorité du travail c'est la bonne volonté. Mais ce qu'on veut établir par-dessus tout, c'est la liberté du maître de la vigne, c'est le principe de la grâce, en vertu duquel les derniers seront les premiers, et les premiers seront les derniers[1]. Mais les formes de langage, le tour d'imagination, les figures employées de part et d'autre et les personnages mis en scène se ressemblent parfaitement; ce qui prouve qu'ils sont pris dans le génie même de la race hébraïque et l'imitation n'est d'aucun côté.

Nous venons de nous assurer que le Talmud n'est pas mystique, la grâce l'occupe moins que la justice; mais il est souvent allégorique. Ainsi par exemple, dans le *Traité des Berakhoth*, c'est par l'allégorie qu'il explique un passage assez obscur du cantique de Salomon. Il s'agit du verset : « Mon bien-aimé est descendu au jardin, au par-

---

1. Math. ch. xx, v. 1-17.

terre des plantes aromatiques, pour paître son troupeau dans les jardins[1]. » Après avoir fait remarquer qu'il n'est d'abord question que d'un seul jardin, et que tout à coup, à quelques mots de distance, on en mentionne plusieurs, voici à quelle interprétation s'arrêtent les docteurs du Talmud de Jérusalem. Le bien-aimé, c'est l'Éternel ; le jardin où il est descendu, c'est l'Univers ; le parterre des plantes aromatiques, c'est Israël ; les jardins où le bien-aimé fait paître son troupeau, ce sont les autres nations de la terre, et les roses cueillies par la main du bien-aimé, ce sont les justes, ce sont les sages que Dieu enlève aux peuples étrangers pour les faire passer dans celui qu'il s'est choisi. Pour donner ensuite plus de relief à ces traits épars, le Talmud les réunit dans une seule image, il en compose un seul tableau. Un roi a un fils qu'il aime avec passion, et il fait construire pour lui un jardin délicieux. Tant que le fils fait la volonté de son père, le père prend plaisir à rechercher dans toutes les parties du monde les plantes les plus belles et les plus rares pour les transporter dans le jardin de son

---

[1]. *Cantique des Cant.* ch. VI, v. 2.

fils. Mais, si le fils, par sa conduite, vient à irriter son père, celui-ci arrache toutes les plantes que lui-même avait rassemblées et cultivées avec amour. De même, quand Israël irrite le Seigneur par sa désobéissance, ce ne sont pas seulement les justes des autres nations qui l'abandonnent, on lui enlève même ceux qui sont nés dans son sein.

L'allégorie se trouve ici expliquée elle-même ou complétée par une parabole. Dans l'une et l'autre on remarquera cette idée, que le peuple élu n'aura rempli sa mission et justifié la prédilection que Dieu a pour lui que le jour où il aura uni à ses propres vertus et à sa propre sagesse celles qui existent chez les autres peuples. Cette idée se retrouve dans les livres de la Kabbale, où elle a revêtu un caractère à la fois moral et spéculatif, où elle est devenue le principe d'une sorte d'éclectisme religieux. « La religion du vrai Dieu, disent les kabbalistes, doit attirer à elle ce qu'il y a de saint dans toutes les autres croyances. »

Nous voilà bien loin de ce culte servile de la lettre qu'on reproche si généralement aux docteurs de la synagogue. Quand les auteurs du Talmud semblent tomber dans ce défaut, c'est de leur part un parti pris, un procédé ou un expédient pour atteindre un but plus élevé, pour placer sous la protection d'un texte de l'Écriture un précepte qu'ils croient utile ou juste. Le traité que nous avons sous les yeux nous en fournit un exemple remarquable entre tous. Le Talmud est rempli de maximes qui témoignent du plus grand respect pour la femme, qui nous donnent la plus haute idée du rôle qu'elle remplit dans la famille. Nous nous bornerons à reproduire ici ces paroles que nous avons déjà citées en rendant compte du livre de M. Derenbourg : « Honore ton prochain comme toi-même et ta femme plus que toi-même. La mort d'une femme de bien est pour celui qui l'a perdue un malheur égal à la ruine de Jérusalem. » Mais précisément parce qu'ils ne voulaient pas que le strict accomplissement de la loi fût pour la mère de famille et la maîtresse de maison une occasion de négliger ses devoirs, les docteurs de la synagogue l'ont dispensée de toutes les pratiques religieuses qui doivent être accomplies dans un temps déterminé, comme la récitation des trois prières de chaque jour, ou l'obligation d'entendre le son de la corne du bélier (du *schofar*) au premier jour de l'an, ou la bénédiction des feuilles de palmier pendant la fête des tabernacles, etc., etc. Mais il fallait que cette dispense fût justifiée, au moins autorisée par un texte du *Pentateuque*. Ils ont trouvé ce verset du *Deutéronome*[1] : « Vous enseignerez nos préceptes à vos fils », et ils en concluent qu'en ne parlant que des fils, Dieu a voulu soustraire à un certain nombre de ses commandements les filles et les femmes[2].

C'est dans la partie purement juridique et disciplinaire, celle qu'on appelle la *halacha*, que se trouvent les interprétations et les discussions de cette espèce. Les allégories et les paraboles entrent dans la composition de ce qu'on appelle l'*agada*. Mais l'agada renferme aussi des légendes qui, tenant en quelque sorte le milieu entre la poésie et l'histoire, entre les traditions purement hébraïques et des idées ou des croyances venues d'une autre source, offrent presque toujours un sujet d'études intéressantes. En voici une tirée du *Traité des Bérakhoth*, qui est particulièrement digne d'attention. Nous n'en retranchons que quelques détails inintelligibles et absolument étrangers au sujet.

1. Ch. vi, v. 19.
2. P. 35.

Un jour un Israélite, pendant qu'il cultivait son champ, entendit sa vache pousser des cris plaintifs. Un Arabe qui passait par là lui dit : « Fils de Juda, fils de Juda, laisse là ta vache et ta charrue, car le moment de ta ruine est proche. » La vache mugit une seconde fois et l'Arabe reprit : « Fils de Juda, fils de Juda, reprends ta vache et ta charrue, car le roi Messie vient de naître. — Comment s'appelle-t-il ? — Menahem (c'est-à-dire le *Consolateur*). — Comment se nomme son père ? — Ézéchias (Un roi de Juda, descendant de David. — Et d'où est-il ? — De la ville royale de Bethléhem en Judée. » L'Hébreu se rend alors à Bethléhem, portant avec lui une grande quantité de vêtements d'enfants. Toutes les mères accourent à lui pour lui en demander ou lui en acheter, à l'exception de la mère de Menahem. Comme les autres femmes l'appellent et l'engagent à les imiter : « Oh ! répond-elle, je voudrais voir étranglés les ennemis d'Israël ; car, au jour de la naissance du Messie, j'apprends la ruine prochaine du temple de Jérusalem. » Deux jours, après le voyageur revient et demande à la mère de Menahem des nouvelles de son fils. « Je ne sais, répond-elle, ce qu'il est devenu ; depuis deux jours des vents d'orage et de tempêtes se sont déchaînés qui me l'ont enlevé des mains. » La légende s'arrête là : ce qui suit rentre évidemment dans la discussion. Un des docteurs, après avoir entendu le récit que nous venons de rapporter, croit devoir cependant défendre la croyance au Messie, mais un Messie futur, en s'appuyant sur le fameux verset d'Isaïe : « Un rameau sortira de la souche de Jessé. »

Cette légende se compose évidemment de deux parties très différentes. La première paraît être une simple réminiscence et comme une amplification populaire des termes dans lesquels l'Évangile de saint Marc raconte la naissance de Jésus[1]. Des bergers passent la nuit à garder leurs troupeaux ; un ange apparaît, qui leur annonce que le Messie est né dans la ville de David, la ville royale de Bethléhem, et que ce Messie est le Sauveur. Ils partent aussitôt pour la ville sainte et ne tardent pas à être convaincus qu'on leur a dit la vérité. Dans le récit talmudique les bergers sont remplacés par un laboureur, l'ange par un Arabe, peut-être sous l'influence d'un vague souvenir des Mages. Le Sauveur devient le Consolateur, et la vache, à laquelle un instant après on substitue un

---

1. Marc. ch. II. v. 7-19.

bœuf, ne fait-elle point penser à la crèche et à la tradition populaire d'après laquelle l'enfant divin aurait reçu le jour entre un bœuf et un âne? Mais comment la naissance du Jésus, du Messie chrétien, a-t-elle pu trouver place dans le Talmud? C'est pour y être tournée en dérision et présentée comme un malheur, comme un malheur passager que Dieu fera cesser quand il se sera réconcilié avec son peuple. A ces sentiments répond la seconde partie de la légende. C'est la propre mère de Menahem qui est chargée de les exprimer avec une énergie sauvage. Sans demander précisément la mort de son enfant, elle souhaite celle des ennemis d'Israël, parce que la naissance de ce prétendu Messie assure leur triomphe en préparant la ruine de Jérusalem. Lorsque ensuite elle vient dire, non seulement sans regret, mais avec un sentiment de satisfaction, que son fils lui a été enlevé au milieu d'un cataclysme, il est difficile de ne pas croire que ce n'est pas seulement du Christ qu'elle veut parler, mais du christianisme.

Cette légende porte en elle la marque de son origine et la date de sa naissance. Quand même elle ne ferait point partie du Talmud de Jérusalem, on verrait qu'elle n'a pu se former que sur le sol de la Palestine, à l'époque où ceux de ses habitants qui étaient restés fidèles à la foi de leurs pères subissaient la persécution des empereurs chrétiens de Byzance. On sait que les persécuteurs n'ont point manqué parmi eux et que parmi leurs édits figure fréquemment celui qui interdit l'étude de la *Deutérose*, c'est-à-dire de la loi orale.

On reconnaît encore le style et le caractère légendaire dans le récit de la mort d'Akiba. Ce docteur, un des plus vénérés et des plus illustres parmi ceux qui ont attaché leurs noms à la Mischna, ayant pris parti pour Barcokébas, fut condamné par Adrien au dernier supplice. Voici comment son martyre est raconté dans le Talmud de Jérusalem [1].

Akiba était sur le point de subir sa condamnation devant l'impie Turnus Rufus, lorsque arriva l'instant de réciter le *schema*. Il prononça les saintes paroles, et, pendant qu'elles sortaient de ses lèvres, un éclair de joie illumina son visage. « Vieillard, vieillard, lui cria le proconsul, la magie t'a-t-elle enseigné le secret de

---

1. *Traité des Berakhoth*, p. 172 de la traduction de M. Schwab.

conjurer la douleur, ou bien est-ce pour me braver que tu souris au milieu des tortures? — Calme-toi, répondit Akiba, la magie ne m'a enseigné aucun secret et je ne songe pas à te braver. Mais toute ma vie, quand je récitais ce verset: « Tu aimeras l'Éternel, ton Dieu, de tout ton cœur, de toute ton âme et de toutes tes facultés », je me suis demandé avec tristesse si je pourrais jamais mettre en pratique les trois manières d'adorer Dieu que prescrit notre loi. J'ai prouvé que j'aimais l'Éternel de tout mon cœur et de toutes mes facultés. Mais je n'ai pas encore pu lui prouver mon amour en lui rendant mon âme. Je lui donne aujourd'hui ce témoignage dans l'instant même où c'est l'usage de réciter les paroles qui nous en font un devoir. Voilà la cause de ma joie. » En achevant ces mots, il expira [1].

Le Talmud n'est pas seulement un recueil de traditions, de discussions, d'allégories, de paraboles et de récits légendaires, il contient aussi des observations de mœurs et des peintures de caractères qui attestent une grande sagacité, en même

---

1. Nous croyons avoir rendu exactement le fond et jusqu'aux moindres détails de la légende, nous n'avons pas eu l'intention d'en traduire littéralement les termes. Rien de plus rude et de plus embarrassé que le style du Talmud.

temps qu'elles fournissent un élément précieux à l'histoire. On n'a qu'à lire, pour s'en convaincre, le passage des Berakhoth où sont énumérées et définies les différentes espèces de pharisaïsme. On y trouvera aussi la preuve qu'il y a une différence entre les pharisiens et les interprètes de la loi orale. Il existe, selon le Talmud de Jérusalem, sept types de pharisiens, ou, pour conserver la simplicité de l'expression originale, sept pharisiens : celui qui accepte la loi comme un fardeau ; celui qui agit par intérêt ; celui qui se frappe la tête contre les murailles pour éviter la vue d'une femme ; celui qui agit par ostentation ; celui qui prie qu'on lui indique une bonne action à faire ; celui qui ne cède qu'à la crainte ; celui qui est inspiré par l'amour. Le premier ressemble à un homme qui chargerait les commandements divins sur ses épaules pour les porter plus loin (c'est-à-dire pour s'en débarrasser). Le deuxième a l'air de dire : Prêtez-moi de l'argent si vous voulez que j'accomplisse ce précepte. Le troisième se dit à lui-même : Je vais remplir une des prescriptions de la loi, puis je me donnerai le plaisir d'en violer une autre, et les deux actions se balanceront. Arrivant au septième, à celui dont l'amour

seul dirige toutes les actions, le Talmud dit :
« Celui-ci est le meilleur de tous, il ressemble à
notre patriarche Abraham, dont la foi a vaincu
et, en quelque sorte, converti les mauvais penchants. Il a fait avec l'instinct du mal comme un
pacte pour ne plus pécher. » C'est immédiatement à la suite de ces réflexions que l'on trouve,
en guise de preuve, le récit de la mort d'Akiba.

Sans avoir aucun soupçon du vrai système du
monde, qu'entrevoyaient les Kabbalistes, sans
connaître même le système de Ptolémée, auquel
on ne s'aperçoit pas qu'ils fassent jamais la moindre allusion, les auteurs du Talmud se font une
assez grande idée de l'immensité de l'univers. Ils
pensent qu'il ne faudrait pas moins de cinq cents
ans pour parcourir la distance de la terre au
ciel, qui est étendu immédiatement au-dessus de
nous. Ils supposent le même intervalle entre un
ciel et un autre, et entre les deux extrémités
opposées du même ciel, quand on le traverse dans
son épaisseur. Cependant, ajoutent-ils, Dieu est
si près de nous, qu'il suffit de l'invoquer à voix
basse dans un coin pour qu'aussitôt notre prière
arrive jusqu'à lui. Pour en donner une preuve
(car toujours il leur faut une preuve tirée de

quelque texte de l'Ecriture), ils citent ce verset du livre de Samuel[1] : « Hanna se parlait à elle-même, ses lèvres seules remuaient, mais on n'entendait pas sa voix. »

Le Talmud n'admet pas seulement la prière à voix basse, le silence lui-même lui paraît quelquefois le plus bel hommage qu'on puisse rendre à la majesté divine. Après avoir montré combien les épithètes que nous donnons à Dieu dans nos hymnes et dans nos prières sont souvent indignes de lui, et de quelle témérité on se rend coupable quand on veut énumérer tous ses attributs, un des docteurs conclut en ces termes : « La meilleure des adorations consiste à garder le silence[2] ».

Mais les auteurs du Talmud ne se piquent pas trop d'être conséquents. En même temps qu'ils s'efforcent de mettre la majesté divine au-dessus des louanges de l'homme, avec quelle facilité et quelle profusion ils la font intervenir dans les moindres événements de l'histoire sainte! Ainsi, quand Moïse dit dans l'*Exode*[3] que Jéhovah l'a fait échapper à l'épée de Pharaon, il est impos-

---

1. Liv. I, ch. i, v. 13.
2. P. 152.
3. *Exode*, ch. xviii, v. 4.

sible, d'après eux, de ne pas voir dans ces paroles, une allusion à un miracle; car « un homme, selon la réflexion naïve de l'un d'entre eux, peut-il échapper au pouvoir d'un roi »? Toute la question est de savoir en quoi consiste ce miracle. Il y en a un qui pense que, Moïse ayant été condamné par Pharaon à avoir la tête tranchée, l'épée rebondit contre son cou, et, en rebondissant, tua le bourreau. Un autre suppose qu'un ange descendit du ciel, et, prenant la forme de Moïse, se livra aux gardes de Pharaon pendant que le futur législateur des Hébreux se mettait en sûreté. Il y en a un troisième qui voit la chose autrement; Dieu aurait rendu sourds, ou muets, ou aveugles, tous les gens du roi qui avaient reçu l'ordre d'arrêter Moïse, Moïse ayant pris la fuite, et le roi demandant à ses serviteurs ce qu'il était devenu, tous furent également incapables de lui répondre. Chacune de ces fantaisies invoque naturellement en sa faveur un verset de la Bible qui s'y ajuste avec plus ou moins de peine.

Qu'on nous permette de citer encore, avant de finir, un passage d'un tout autre caractère. On y verra que le sentiment artistique de la beauté, quoique répudié par la plupart d'entre eux comme une atteinte à la piété et aux bonnes mœurs, n'était pas tout à fait étranger à ces austères casuistes. On racontait, devant les docteurs réunis dans la maison d'étude (*beth hamidrasch*), que Rabbi Gamaliel, rencontrant un jour une païenne d'une beauté remarquable, prononça en son honneur la formule de bénédiction. — Est-ce possible ! s'écrièrent les docteurs, n'avons-nous pas appris de nos maîtres qu'on ne doit pas attribuer aux païens le don de la grâce ? Aussi, reprit le narrateur, ne l'a-t-il pas admirée pour sa beauté personnelle ; mais il a dit : « Béni soit l'Éternel pour les belles choses qu'il a faites dans cet univers. » Il se serait exprimé de la même manière à la vue d'un beau chameau, d'un beau cheval ou d'un bel âne. Mais quoi donc ! reprennent les autres, Rabbi Gamaliel avait-il l'habitude de regarder les femmes ? — Il faut croire qu'il a rencontré celle-ci au détour d'un chemin tortueux, subitement, sans s'y attendre, et qu'il n'a pu ainsi s'empêcher de la regarder.

Les idées et les faits que nous avons essayé de mettre en lumière et les exemples que nous avons choisis suffiront peut-être pour faire comprendre l'intérêt qui s'attache aujourd'hui à une traduction complète du Talmud. Le Talmud n'est pas l'œuvre d'un homme, d'une école ou d'une secte particulière, mais celle d'une race et d'une religion; c'est l'œuvre collective du judaïsme et du peuple juif pendant sept ou huit siècles de leur existence, cinq siècles au moins, si l'on s'en tient au Talmud de Jérusalem. Ils y ont mis leur esprit, leur vie, leur foi, leurs espérances, leur piété et leurs superstitions, leur ignorance et leurs lumières, leurs haines et leurs prédilections. C'est un monument historique et religieux, qui, bien que d'un ordre inférieur, fait suite à la Bible. Nous exhortons donc, de toutes nos forces, M. Schwab à poursuivre son entreprise. Qu'il ne se décourage point pour avoir fait au début quelques faux pas. Convaincu comme il l'est des difficultés de sa tâche, il ne lui en coûtera ni de reconnaître ni de corriger ses fautes; et, puisqu'il lui faut, pour l'accomplir, un certain nombre d'auxiliaires, nous l'engageons à les choisir surtout parmi ses critiques. Ce sera le moyen de les désarmer tout à la fois à son profit et au profit du public. Mais, en même temps qu'il se rendra plus familière la langue des anciens docteurs de la Palestine, nous lui conseillons de se servir avec plus de scrupule de notre propre langue. En entrant avec courage dans cette voie et en y persévérant, il procurera, à l'érudition française l'honneur d'avoir rendu à l'esprit investigateur de notre temps un service qu'il n'a pu obtenir de l'étranger.

LÉGISLATION CIVILE DU TALMUD

TRAITÉ KETHOUBOTH

I

Nous avons, dans le chapitre précédent, à propos de la traduction du traité des Bénédictions (Berakhoth), par M. Moïse Schwab, donné une idée générale de la composition du Talmud ; nous ne parlerons aujourd'hui que d'une portion très restreinte de ce vaste recueil, laquelle n'est elle-même qu'une partie de la législation civile, celle qui est relative aux douaires. C'est du moins ainsi qu'on pourrait rendre approximativement le sens du mot *Kethouboth*.

Ce curieux fragment de la vieille jurisprudence des Juifs vient d'être, pour la première fois, traduit en français par M. le docteur Rabbinowicz, et à cette traduction se trouvent jointes une savante introduction de M. Lévy, grand rabbin de Bordeaux, et des notes intéressantes de M. Boissonade, deux fois couronné par l'Académie des sciences morales et politiques, et parti depuis pour le Japon avec une mission de la plus haute importance.

Avant de rendre compte de l'ouvrage, il n'est pas sans intérêt de dire quelques mots du traducteur. « Le Talmud, à l'en croire, n'est bien compris que de ceux qui, comme les Juifs polonais, sacrifient leur enfance et leur jeunesse à l'étude assidue et exclusive du Talmud, et arrivent à l'âge de vingt à vingt-cinq ans sans savoir un mot d'aucune autre langue que l'hébreu et la langue talmudique, dans laquelle du reste, ils peuvent étudier toutes les sciences ».

Cela était vrai jusqu'au commencement de ce siècle, non seulement des Juifs polonais, mais des Juifs allemands. Quand Mendelssohn traduisit, dans la langue de son pays, le Pentateuque et les Psaumes, il fut obligé, pour rendre la nouvelle version accessible à ses coreligionnaires, de la faire imprimer avec des caractères hébreux ; et, après lui, ses disciples, continuateurs de son œuvre, afin de répandre quelques notions scientifiques dans cette population restée étrangère à la civilisation générale, n'imaginèrent rien de mieux qu'une revue hébraïque publiée, pendant de longues années, sous le nom de *Maassef*.

En Pologne, l'isolement a duré plus longtemps, et il est loin d'avoir cessé, même aujourd'hui. M. Rabbinowicz en est une preuve vivante. Arrivé à Paris il y a vingt ou vingt-cinq ans, il apportait avec lui une grammaire hébraïque très remarquable, qu'il avait écrite en allemand, mais parlait très mal le français, si même il le parlait. Au bout de quelques mois il le possédait assez bien, ainsi que les langues classiques de l'antiquité, pour suivre les cours de la Faculté de médecine. Il les suivit avec un tel succès, qu'après en avoir atteint le terme régulier, il fut reçu interne des hôpitaux. Ses connaissances médicales lui permirent de publier une traduction du *Traité des poisons* de Maïmonide, sans lui faire abandonner les études philologiques de sa jeunesse. Il a composé, coup sur coup, pour faire suite à sa Grammaire hébraïque, une *Grammaire latine, raisonnée et simplifiée*, et une *Grammaire grecque*, rédigée sur le modèle de la Grammaire latine.

Mais par un effet de sa première éducation, c'est vers le Talmud que se sont toujours tournés de préférence son cœur et son esprit. Il se sentait là dans son élément, puisqu'il y avait vécu tout entier jusqu'au moment où il atteignit l'âge d'homme. « En Pologne, dit-il, on rencontre un grand nombre de personnes qui parcourent, à des époques fixes, tous les traités talmudiques, en commençant par le premier traité *Berakhoth* et en finissant par le dernier du Talmud de Babylone, qui a pour titre *Traité Nidah*, et en célébrant l'heureux achèvement de l'étude de tous les traités talmudiques par une fête appelée *Siyom* : ce que mon grand-oncle Benjamin Mazurski faisait tous les deux ans, et ce que j'ai fait, pour ma part, deux fois quand j'étais en Pologne. Il y a, en outre, des sociétés, dont j'étais membre, qui célèbrent tous les ans cette fête en achevant l'étude de la Mischna entière ».

Voilà assurément une excellente préparation à la tâche que M. Rabbinowicz a entreprise et dont nous ne voyons aujourd'hui que le commencement. Rien ne manque aux garanties de savoir qu'il nous présente du côté du texte et des commentaires. En est-il de même de la traduction, œuvre d'un étranger à qui notre langue est peu familière et qui possède encore à un moindre degré la langue du droit ? M. Rabbinowicz a été au devant de cette question en soumettant son travail au savant jurisconsulte qui l'a enrichi de ses notes. M. Boissonade a poussé le scrupule jusqu'à revoir les épreuves, pour arrêter au passage toute expression incorrecte, non pas au point de vue du style, qui laisse naturellement beaucoup à désirer, mais au point de vue de la jurisprudence.

On se tromperait beaucoup, si l'on se représentait le traité de Kethouboth comme un traité régulier de jurisprudence ou de législation dans lequel les propositions se suivent selon les règles de la logique, et provoquent dans un ordre semblable les explications et les commentaires des jurisconsultes. Il n'en est pas ainsi. Sans doute les douaires en forment le sujet principal, c'est la question par laquelle il débute et à laquelle il revient souvent ; mais, à l'occasion du douaire, on arrive à parler de la condition de la femme au foyer domestique, de ses droits et de ses devoirs, de l'éducation des enfants, des héritages et de la propriété, du serment, de la prescription, de la charité. Sans nous astreindre à une méthode plus rigoureuse que celle qui règne dans l'ouvrage, nous nous arrêterons à ce qui pourra faire ressortir l'esprit de la législation talmudique et donner une idée de la société et des mœurs qu'elle abritait sous son autorité.

Voici d'abord d'admirables paroles, beaucoup trop rares chez les légistes de l'antiquité et du moyen âge, qui consacrent jusque chez l'enfant la liberté de conscience. Rabbi Joseph dit : « Un enfant né dans une religion étrangère, qui a été converti à la loi d'Israel, a le droit de déclarer sa conversion nulle et de sortir du judaïsme lorsqu'il est devenu majeur. » D'après le commentaire de Raschi, qui vivait, comme on sait, en France, et rédigeait ses nombreux écrits à Troyes en Champagne, vers la fin du xie siècle, cette conversion pourrait être répudiée quand même elle se serait accomplie avec le consentement du père, et ne devrait encourir aucun châtiment alors qu'on aurait en main les moyens de la punir.

D'un autre côté, rien n'était négligé pour l'instruction religieuse des enfants nés de parents israélites. Un célèbre docteur, Rabbi Hiya, se faisait copiste et colporteur pour répandre la connaissance de la loi dans les plus humbles villages. Il avait même institué, pour atteindre ce résultat, un véritable enseignement mutuel. « On raconte de Rabbi Hiya, dit la Ghemara, que, pour propager l'instruction en Israël, il fabriquait lui-même du parchemin, y écrivait les cinq livres de Moïse en plusieurs exemplaires, et allait dans les bourgs qui n'avaient point d'instituteurs pour les enfants (nous dirions qui manquaient d'instituteurs primaires). Là, il donnait à chaque enfant un exemplaire d'un des cinq livres dont se compose la loi, de manière qu'un groupe de cinq enfants possédât un exemplaire complet du Pentateuque et que tous les cinq pussent l'apprendre en entier, en se l'enseignant mutuellement. » Le même système était mis en usage à l'égard de six enfants pour les six livres de la Mischna.

Ce zèle ardent pour l'instruction de la jeunesse est resté dans les mœurs israélites jusque dans ces derniers temps, c'est-à-dire jusqu'au moment où chez les nations civilisées, tous les cultes se rencontrèrent dans les écoles de l'État. En France, en Allemagne, en Italie, et jusque dans les pays musulmans, il était extrêmement rare de rencontrer, au milieu des populations juives, un homme ou une femme absolument illettrés. M. Rabbinowicz nous apprend qu'il en est encore ainsi chez ses coreligionnaires de la Pologne. « L'instruction, dit-il, est très répandue parmi eux, comme parmi tous les Juifs. Elle y est gratuite et universelle, quoique non obligatoire par une loi quelconque faite par les hommes ; mais elle est obligatoire par la loi divine, c'est-à-dire par la tradition religieuse vingt fois séculaire et par les mœurs... La communauté la plus petite et la plus pauvre de la Pologne a une école communale pour les indigents, une bibliothèque pour les adultes, et une maison communale appelée *beth hamidrasch*, qui est consacrée aux prières et aux études talmudiques ».

Dans l'esprit des docteurs de l'ancienne loi, l'éducation physique des enfants ne se séparait point de leur éducation intellectuelle et religieuse. De même que notre code civil, le Talmud imposait au père l'obligation de nourrir ses fils et ses filles tant qu'ils étaient mineurs. Du pauvre, on tâchait d'obtenir l'accomplissement de ce devoir par la voie de la persuasion, en lui faisant honte d'attendre leur subsistance de la charité publique. De la part du riche, on le faisait respecter, s'il le fallait, par la contrainte.

Parmi les devoirs de la femme, se trouve compris celui de nourrir son enfant, quelles que soient d'ailleurs sa position et sa fortune. Si elle s'y refuse, le mari peut l'y contraindre, et ce droit, il le conserve sur elle, même après l'avoir répudiée, si l'enfant, reconnaissant sa mère, n'accepte point d'autre nourrice. A une veuve qui a un enfant à la mamelle, il est défendu de se marier et de se fiancer tant que son enfant n'a pas atteint l'âge de vingt-quatre mois, et, selon d'autres plus indulgents, l'âge de dix-huit mois. On craint qu'une nouvelle grossesse, ou simplement les exigences du second mari, ne l'obligent à sevrer son nourrisson avant le temps.

Il est interdit à une nourrice de se charger de deux nourrissons à la fois, l'un des deux fût-il son propre enfant, et on lui recommande de s'abstenir de tout aliment nuisible à sa santé ou à la qualité et à la conservation de son lait. Une femme qui allaite un enfant a droit à une augmentation de nourriture et à une diminution de travail.

Ni l'éducation physique ni l'éducation morale n'épuisaient les devoirs du père de famille à l'égard de ses enfants ; car nous lisons dans un autre traité du Talmud, celui du Sabbat, que le père qui n'enseigne point à ses enfants un métier honorable les élève pour le vol et le brigandage. L'exemple était donné par les plus illustres docteurs, car il en est peu parmi eux qui n'aient exercé quelque profession manuelle.

C'est une question intéressante de savoir si la législation civile des Juifs est aussi favorable à la femme qu'à l'enfant, et à la jeune fille qu'à l'enfant mâle. Sans doute, la position que fait à la femme israélite la loi écrite, c'est-à-dire la loi contenue dans le Pentateuque, laisse infiniment à désirer. Sans la faire descendre au même degré d'abaissement que les autres législations de l'Orient, elle laissait cependant subsister ces deux institutions sous l'empire desquelles l'autorité maritale dégénère facilement en tyrannie : la polygamie et la répudiation. Ajoutons que le père, s'il n'avait pas le droit de vendre sa fille, avait du moins, sous certaines conditions protectrices de sa vie et de sa pudeur, celui d'aliéner sa liberté pour six ans, et que les filles étaient formellement exclues de l'héritage paternel. Ces rigueurs du code mosaïque sont incontestables ; mais les mœurs, les croyances et le génie de la race les avaient déjà singulièrement adoucies, même avant la fin des temps bibliques. Le portrait qu'a tracé l'auteur quel qu'il soit, ou l'un des auteurs, des *Proverbes*, est resté dans toutes les mémoires. Ce n'est pas celui d'une esclave enfermée dans un harem, et vouée aux caprices d'un maître, mais de la maîtresse de maison telle que la comprennent encore aujourd'hui les nations les plus religieuses et les plus civilisées. Un des derniers prophètes, le prophète Malachie, s'élève avec indignation contre les maris qui répudient « la femme de leur jeunesse ». De la polygamie, il n'est plus question chez cet auteur sacré, non plus que dans les Proverbes attribués à Salomon, ou dans l'*Ecclésiastique* et le livre *de la Sagesse*. La législation du Talmud est en partie la consécration, en partie le complément de ce progrès depuis longtemps accompli dans les idées, dans les sentiments et dans la pratique de la vie.

Remarquons d'abord un fait que la Ghemara de Kethouboth constate sans y insister, comme une vérité reconnue : c'est que les seconds mariages sont rares. C'est dire, en d'autres termes, que le divorce est rare, puisque la dissolution du lien conjugal par ce moyen conférait le droit de contracter une nouvelle union. C'est dire aussi que les veuves restaient habituellement fidèles à la mémoire de l'époux qu'elles avaient perdu, par conséquent qu'elles n'avaient pas eu trop à se plaindre de lui, et que les femmes mariées, en général, étaient traitées avec assez de douceur.

On ne peut être que confirmé dans cette opinion quand on lit dans la Mischna l'énumération des occupations réservées à la femme mariée. Voici les travaux que la femme doit faire pour le mari : elle doit moudre le blé, cuire le pain, blanchir le linge, faire la cuisine, donner le sein à son enfant, faire le lit du mari et travailler à la laine. Si elle a une servante à sa disposition, elle n'est pas obligée de moudre le blé, ni de cuire le pain, ni de blanchir le linge. Si elle a deux servantes, elle n'est pas même obligée de faire la cuisine. Si elle en a trois, elle n'a pas besoin de faire le lit ni de travailler à la laine. Si elle en a quatre, elle n'a plus besoin de rien faire. Rabbi Éliézer dit : « Quand même elle aurait cent servantes à sa disposition, le mari peut exiger d'elle qu'elle travaille à la laine, car l'oisiveté amène de mauvaises pensées ». Rabban Simon, fils de Gamaliel, dit : « Si le mari s'est engagé par un vœu à ne laisser faire à sa femme aucun travail, il est obligé, par cela même, de la répudier, parce que l'oisiveté peut avoir pour effet l'aliénation mentale. »

Si l'on considère que moudre le blé, en Orient, avec les petits moulins qui y sont ou qui y étaient en usage, n'est pas plus difficile ni plus fatigant que moudre le café chez nous, on restera convaincu que le Talmud n'exige rien de plus de la femme que ce qu'on lui demande aujourd'hui, ou ce qu'elle fait volontairement dans l'immense majorité des ménages, surtout à la campagne. Sa tâche, d'ailleurs, est allégée à mesure que sa fortune augmente. Il n'y a que l'oisiveté complète qu'on ne lui passe pas, et cela dans son intérêt, beaucoup plus que dans l'intérêt du mari, l'oisiveté étant regardée comme la mère des vices ou comme une des causes de la folie.

Pour compléter le sens du passage que nous venons de citer, il faut y ajouter une maxime fréquemment invoquée par le Talmud : « La femme monte avec son mari et elle ne descend pas avec lui ». Cette maxime, la Ghemara elle-même la définit en ces termes : « Si la position de la famille du mari est supérieure à celle de la famille de la femme, la femme s'élève avec le mari. Si, au contraire, la famille du mari est d'une condition plus basse, le mari ne peut pas la forcer de déroger à ses habitudes et de descendre avec lui. »

On aura déjà remarqué que ces opinions et ces dispositions ne sont applicables qu'aux ménages où règne une seule femme, et qu'elles supposent la polygamie abolie de fait, sinon de droit. C'est donc en se conformant au pur esprit du Talmud, qu'un synode réuni au xe siècle, à Mayence, sous la présidence du rabbin Gerson, a pu interdire la polygamie à tous les Israélites d'Occident, sous peine d'excommunication, et retirer au mari le droit de répudier sa femme par un acte de son autorité privée. Même chez les Israélites d'Orient, encouragés à faire le contraire par l'exemple et la législation des peuples musulmans, le mariage s'est épuré au point qu'on n'y rencontre plus depuis longtemps que des cas extrêmement rares de bigamie.

Si nous abordons maintenant le sujet particulier qui a donné son nom au traité tout entier, nous y trouverons, en faveur de la femme, des mesures de protection et de prévoyance qui font le plus grand honneur au code talmudique, surtout si l'on tient compte du temps et des lieux où il s'est formé.

La Kethoubah (c'est le singulier de Kethouboth), dont le nom n'a pas de synonyme exact dans notre langue juridique, a pour but d'assurer la subsistance de la veuve. Elle peut être comparée, comme l'observe justement M. Boissonade, à la *donatio ante nuptias* des Romains du Bas-Empire et au *douaire* de notre ancien droit coutumier, sans leur ressembler tout à fait. Tandis que la donation anténuptiale et les douaires étaient essentiellement variables, suivant la fortune et les conventions particulières des époux, la Kethoubah a un *minimum* fixe, auquel le mari peut ajouter, quand sa fortune le lui permet et qu'il y est poussé par son affection, mais dont il lui est défendu de rien retrancher. Ce *minimum*, d'après l'estimation assez plausible de M. Rabbinowicz, représente ce qui est nécessaire à une femme pour vivre convenablement. Il est, pour une femme mariée en premières noces, le double de ce qu'il est pour une veuve remariée[1], parce que celle-ci est déjà pourvue par son premier mari.

1. 1.200 zouzes dans le premier cas et 100 dans le second.

Mais, à défaut de témoins (car ils peuvent avoir disparu par la mort ou l'émigration), et en l'absence des documents écrits qui sont en usage chez les peuples modernes, qu'est-ce qui prouvera que la veuve a été mariée en premières ou en secondes noces? C'est devant cette question que la Ghemara affirme le fait que nous avons déjà signalé, à savoir : que les seconds mariages sont rares. Mais elle ajoute aussitôt que les premiers ont plus de publicité, et qu'il est difficile d'admettre qu'une femme, placée dans cette condition, ne puisse pas faire la preuve de ses droits.

Cette espèce de douaire irréductible, qui doit être assurée à la veuve par la Kethoubah, lui appartient de droit, alors même que la Kethoubah, en dépit du sens étymologique du mot[1], n'est point écrite. Dans ce cas, on prélève sur l'héritage et sur la vente des immeubles les 200 zouzes qui sont dus à la femme mariée en premières noces, et les 100 qui sont attribués à la veuve remariée. S'il y a une hypothèque insuffisante pour fournir cette somme, on prend ce qui manque sur les biens restés libres, « car, dit la mischna, c'est un droit établi par la loi ».

---

1. Kethoubah veut dire un acte écrit.

Ce droit, le Talmud le reconnaît à la femme mariée, même si elle a été répudiée par son mari sans motif légitime, c'est-à-dire sans avoir enfreint les lois essentielles de la piété, de l'humanité et de la pudeur. Si c'est, au contraire, son mari qui manque à ces lois, ou si son mari veut l'obliger à les violer elle-même, ou bien encore s'il veut l'empêcher de fréquenter la maison de son père, de pratiquer l'aumône, de consoler les affligés, elle est autorisée à exiger de lui des lettres de divorce, et le divorce accompli dans ces conditions la met en possession de sa kethoubah. Le divorce peut aussi être demandé par la femme, avec la jouissance des mêmes avantages, si elle découvre dans son mari des infirmités graves qu'il lui a cachées avant le mariage, ou s'il lui a fait mystère d'une profession honteuse ou vile, dans laquelle consistent tous ses moyens d'existence.

Ce serait une erreur de croire que, d'après la législation du Talmud, la Kethoubah soit le seul mode de possession accessible à la femme mariée. Elle peut avoir des propriétés personnelles acquises par donation ou par testament, avant le mariage, et dont elle peut disposer de la même manière ou par aliénation, même lorsqu'elle est en puissance de mari. Il en est autrement des biens acquis par elle après le mariage. Pour ceux-ci, « tout le monde est d'accord, dit la Mischna, que, si elle les a vendus ou donnés, le mari peut les reprendre aux acheteurs ou aux donataires ». Comme on adressait un jour à Rabban Gamaliel cette question, où se montre dans tout son orgueil la tyrannie maritale : Pourquoi le mari, à qui appartient la femme, n'aurait-il pas de droit sur ses biens ? ou, d'après une autre version : Si la personne de la femme appartient au mari, pourquoi ses biens ne lui appartiendraient-ils pas ? La réponse de Rabban Gamaliel est d'un tel laconisme, qu'on aurait quelque peine à la comprendre, si nous nous bornions à la rapporter textuellement, mais en voici le sens, garanti par le commentaire de la Ghemara : Nous avons honte de la sujétion à laquelle la femme se trouve réduite pour les biens qu'elle peut acquérir après le mariage, et cette sujétion vous voulez l'étendre aux biens qui lui appartenaient auparavant.

De plus, la somme d'argent qui lui est garantie par la Kethoubah passe, après sa mort, à titre d'héritage, à ses enfants mâles, et cette disposition doit être respectée, même si elle n'est pas écrite, « parce que, dit encore la Mischna, c'est un droit établi par la loi ».

Par le droit écrit, par la loi de Moïse, les filles étaient déclarées, d'une manière absolue, incapables d'hériter; mais le Talmud remédie à cette incapacité par trois moyens : les testaments, les donations entre vifs et l'obligation imposée, non seulement au père, mais à ses héritiers, de fournir à l'entretien et à la dotation des filles. Il contient un texte qui peut se traduire ainsi : « On peut prendre aux héritiers, soit sur leurs biens immeubles, soit sur leur mobilier, ce qui est nécessaire à la nourriture de la veuve et des filles. » Voici une Mischna qui s'exprime en termes encore plus formels : « Un homme meurt et il laisse des fils et des filles. Si l'héritage est considérable, les fils sont les héritiers, et les filles n'ont droit qu'à la nourriture. Mais, si l'héritage est insuffisant, les filles sont nourries, et les fils n'ont rien, quand même ils seraient obligés de mendier. »

Quant à l'obligation pour les héritiers de doter les filles orphelines, voici la règle que prescrit, à ce sujet, un des docteurs les plus anciens et les plus respectés : « Quand un homme meurt sans avoir rien décidé pour la dot de ses filles, on prend sur son héritage de quoi leur constituer une dot égale à celle qu'il aurait donnée de son vivant, et on la prend sur son mobilier à défaut de biens immeubles. » Ne reconnaît-on pas là un véritable droit de succession *ab intestat* consacré au profit de ceux des enfants que le droit biblique exclut de tout héritage ?

Voici un autre exemple de la liberté que prennent les auteurs du Talmud avec le texte des lois de Moïse quand il s'agit de la protection due à la femme par toute société civilisée : « Celui qui a séduit une fille doit payer, outre l'amende fixée par la Bible, deux autres indemnités : l'une pour la honte qu'il lui a fait subir, l'autre pour le dommage matériel qu'il lui a causé, si elle voulait se marier. » La Bible laisse au séducteur la faculté d'échapper à la peine en épousant sa victime, avec le consentement du père outragé ; mais le Talmud exige, en outre, le consentement de la jeune fille. La loi romaine et même la loi française se montrent moins sévères en pareil cas.

Parmi les dispositions tutélaires que la faiblesse de la femme a inspirées aux docteurs de l'ancienne loi, il en est encore quelques-unes qui méritent d'être connues ; nous citerons d'abord cette Mischna :

« Si la veuve dit aux héritiers : Je ne veux pas m'en aller de la maison de mon mari, les héritiers ne peuvent pas lui répondre : Va chez ton père ou dans ta famille et nous te nourrirons là ; mais ils sont obligés de la garder, de la nourrir et de lui donner un logement honorable selon son rang. » La Ghemara veut qu'on lui donne, en outre, le même nombre de domestiques qu'elle entretenait à son service du vivant de son mari, et les objets de luxe dont elle avait l'habitude.

Moins rigoureux que notre Code civil, qui prescrit à la femme de suivre son mari partout où il lui plaît de fixer son domicile, le Talmud dit : On a divisé la Palestine en trois parties : la Judée, la Galilée, la Pérée. Si un homme choisit sa femme dans une de ces trois divisions, il ne peut pas la forcer à aller avec lui dans une autre. En restant dans la même division, il peut emmener sa femme d'une ville dans une autre ; mais d'une petite ville, il ne peut la forcer à aller avec lui dans une grande ville, ou d'une grande ville dans une petite. Si elle est d'un endroit agréable à habiter, il ne peut la forcer à aller avec lui dans un endroit déplaisant. Tous peuvent conduire en Palestine, mais non pas en faire sortir ;

de même tous peuvent conduire à Jérusalem, mais non pas en faire sortir. »

C'est l'autorité maritale subordonnée à l'amour de la patrie, ou plutôt, puisqu'il n'y avait plus de patrie, à l'amour du sol natal et au culte des souvenirs. Ce sentiment se manifeste avec une naïveté touchante dans le texte suivant : « Il vaut mieux demeurer en Palestine, dans une ville où la plus grande partie des habitants n'est point israélite, que de vivre hors de la Palestine dans une ville où les Israélites forment, au contraire, la majorité. »

Il est rare qu'à leurs discussions théologiques ou juridiques, les auteurs du Talmud ne mêlent pas quelques préceptes ou quelques exemples de charité. Le traité de Kethoubath en contient de fort beaux, que nous n'avons pas le courage, quoiqu'ils ne tiennent en aucune façon au sujet, de passer entièrement sous silence.

On raconte de Hillel l'Ancien qu'il avait acheté un cheval pour l'usage d'un pauvre issu de grande famille, et qu'il payait un coureur pour le précéder dans ses courses, selon l'usage des personnages importants du pays. Un jour que le coureur vint à manquer, il en remplit lui-même l'office jusqu'à une distance de trois milles.

On lit un peu plus loin : « Si le pauvre refuse de recevoir l'aumône, on la lui fait d'abord à titre de prêt, en lui demandant même un gage pour flatter son amour-propre, et, s'il n'a pas de gage à offrir, on s'empresse de l'en dispenser. »

Mar Oukba était dans l'habitude de jeter tous les jours quelques pièces de monnaie derrière la porte d'un pauvre, son voisin. Un jour, le pauvre, voulant connaître son bienfaiteur, se mit en embuscade. Mar Oukba, se voyant sur le point d'être découvert, se retira en toute hâte, et, dans sa précipitation, tomba sur un brasier qui lui fit une cruelle brûlure. Au lieu de se plaindre, « mieux vaut, dit-il, se laisser brûler qu'humilier son prochain. »

Un autre docteur, appelé Rabbi Hanima, envoyait tous les vendredis une petite somme d'argent à un pauvre de sa connaissance, pour lui aider à célébrer dignement le Sabbat. Rabbi Hanima ayant appris par sa femme que ce prétendu pauvre vivait dans l'aisance et était plus en position de faire la charité que de la recevoir : « Rendons grâce aux imposteurs, s'écria le rabbi ; sans eux nous tomberions tous les jours dans le péché, puisque nous n'aurions plus d'excuse pour refuser l'aumône à ceux qui nous la demandent. »

Dans l'opinion de Rabbi Josué, fils de Karha, celui qui se soustrait aux devoirs de la charité commet un péché égal à celui de l'idolâtrie.

Si maintenant nous revenons à la législation civile du Talmud pour en saisir l'esprit et la physionomie générale, nous nous convaincrons sans peine que ni l'unité, ni les perfectionnements successifs, ni les principes ne lui font défaut. Elle ne trouve pas, comme la législation romaine, le moyen de se corriger ou de se compléter dans les édits prétoriens et le pouvoir législatif des empereurs; mais elle a d'autres ressources qui ne le cèdent point à celles-là. Elle a la puissance de la tradition ou de la loi orale et celle de l'interprétation. Grâce à la première, qu'une légende facilement acceptée à cause de son utilité incontestable, fait remonter jusqu'à Moïse, le code biblique se trouve étendu d'une multitude de dispositions secondaires qui le modifient profondément ou qui suppléent à son silence. Grâce à la seconde, qui s'exerce également sur la loi écrite et sur la loi orale, le progrès continue à travers les âges et ne s'arrête pas même à la clôture de la Ghemara, puisque à la Ghemara succède une série indéfinie de jurisconsultes et de docteurs, occupés à résumer ou à expliquer, avec une autorité incontestée, le travail de leurs devanciers.

De cette manière, l'œuvre de la législation, confondue avec celle de la jurisprudence, n'était jamais interrompue et se modifiait, se complétait, s'amendait, se perfectionnait, suivant les exigences des temps, suivant les besoins matériels et moraux des populations, avec une autorité presque égale à celle qu'on reconnaissait au texte du Pentateuque.

A défaut d'une tradition proprement dite dont l'antiquité légendaire remontait jusqu'à la révolution du Sinaï *(héla'ha Moschè Missinaï)*, les procédés d'interprétation par lesquels on rattachait les dispositions nouvelles aux textes bibliques étaient souvent fort étranges, sinon absolument arbitraires. On prenait avec la loi écrite, des libertés qui démentent l'expression populaire : « interpréter judaïquement la loi. » Mais les principes auxquels obéissaient les auteurs du Talmud étaient toujours les mêmes. On pourrait les convertir en *regulæ juris* comme celles que contient le Digeste.

En général, on peut dire qu'ils s'efforçaient de faire pénétrer de plus en plus dans le vieux droit hébraïque les principes d'humanité, d'équité, de justice universelle et d'intérêt public, qui sont les principes mêmes de la civilisation et les fondements de la société humaine. On a vu jusqu'où va leur sollicitude pour la femme et pour l'enfant. Ils sont animés du même sentiment à l'égard du mineur. Ainsi la prescription, appelée *Hazakah*, n'avait pas d'effet contre lui et ne pouvait lui être opposée même après sa majorité. L'intérêt public, celui qui s'attache à la conservation du crédit, ne les touchait pas moins, comme le prouve l'exemple suivant.

D'après la loi de Moïse, toutes les dettes se trouvaient abolies au commencement de l'année sabbatique *(Schemitah)*. Cela pouvait être excellent pour les temps reculés où le peuple hébreu était un peuple agriculteur, dont le territoire était partagé à peu près également entre tous les chefs de famille. Mais, à l'époque de la Mischna, les mœurs et les conditions d'existence avaient changé. Avec la perspective d'une abolition périodique des dettes, personne n'aurait trouvé à emprunter. Alors Hillel imagina l'expédient du *Prosboul* (Πρὸς βουλῆν). Le créancier, à l'avènement de l'année sabbatique, se présentait devant le Sanhédrin, déclarait renoncer à sa créance, et le Sanhédrin, la faisant passer à son propre nom, lui remettait un titre qui constatait sa transformation.

Nous pourrions citer plusieurs dispositions analogues; mais qu'il nous suffise de remarquer qu'aucune législation n'est immuable; car il faut, comme dit Montesquieu, que les affaires de la vie aillent. Sous une forme ou sous une autre, la vie, c'est-à-dire le mouvement, le progrès, pénétrera toujours dans les lois d'une société vivante. Le jour où ce mouvement aura cessé, la société elle-même aura disparu, absorbée par une autre, ou plus forte ou plus intelligente.

II

Déjà, en 1873, M. Rabbinowicz a publié, sous le titre de *Législation civile des Talmud*, un volume de peu d'étendue, qui ne contient qu'une partie du traité de *Kethoubot* ou des douaires. Depuis, il s'est imposé une tâche beaucoup plus vaste, et qui, certainement, lui fera honneur si, comme nous n'en doutons pas, il la conduit à bonne fin. C'est la législation civile du Talmud tout entière qu'il entreprend de nous faire connaître par une traduction française des divers traités talmudiques qui s'y rapportent, et par des notes et un commentaire destinés à expliquer la traduction elle-même quand les difficultés du texte ne permettent pas de lui donner la clarté désirable. Cette œuvre ne comprendra pas moins de cinq volumes. C'est le second et le troisième qu'il vient de faire paraître. Ils comprennent ce que les talmudistes appellent dans leur langage symbolique « la première porte » ou « la porte antérieure » *(Baba kama)*, et « la porte du milieu, la porte moyenne » *(Baba metzia)*. Ils seront suivis prochainement de « la dernière porte » *(Baba bathra)*. En attendant l'introduction générale qui doit faire la matière du tome Ier, le traducteur nous offre, en tête de chacun des deux traités récemment mis au jour, une introduction particulière, propre à nous en faire saisir l'esprit et le caractère distinctif. Ceux que rebuteront les discussions souvent subtiles et les détails souvent arides de la jurisprudence rabbinique liront avec intérêt ces deux morceaux, où les lois sont ramenées à leurs causes et à leurs principes. Laissant là les applications qui en ont été faites à une société très différente de la nôtre, nous nous bornerons à signaler quelques-unes des idées générales, quelques-uns des principes qui ont inspiré ces lois.

Ce qu'on remarque tout d'abord dans la législation talmudique, c'est la vive sollicitude qu'elle témoigne pour les écoles, non seulement pour les académies théologiques où se conserve et se développe la tradition, non moins révérée que les textes des livres saints, mais pour les écoles destinées à l'enfance, ou ce que nous appelons l'instruction primaire. Toutes les villes, grandes ou petites, et même les plus humbles villages, devaient être pourvus d'écoles publiques, entretenues par la commune, où les parents étaient obligés par la loi d'envoyer leurs enfants dès l'âge de six à sept ans. Ces établissements devaient exister en assez grand nombre pour que chacun d'eux ne contînt pas plus de vingt-cinq enfants. La plus grande douceur y était mise en pratique et la concurrence était permise entre les écoles libres et les écoles publiques. Aux écoles publiques, fréquentées pendant le jour, se joignaient les cours d'adultes, qui s'ouvraient le soir, et les réunions studieuses des sabbats et jours de fêtes, quelque chose d'analogue à nos conférences.

Une autre catégorie de lois talmudiques sur laquelle se porte l'attention, ce sont les lois pénales, très souvent mêlées aux lois civiles. En matière de pénalité, les docteurs de la synagogue sont d'une extrême indulgence. Nous avons déjà cité cette maxime, professée par quelques-uns d'entre eux, qu'un tribunal qui prononce une sentence de mort une fois dans sept ans, et même une fois dans soixante-dix ans, est un tribunal de meurtriers. C'était une opinion isolée, qui ne tendait à rien moins qu'à l'abolition de la peine capitale. Mais tous sont d'accord pour substituer à la peine du talion une compensation pécuniaire, ou ce qu'on appelle aujourd'hui des dommages-intérêts.

Rien de plus curieux que la façon dont ils justifient, par le texte même de la Bible, cette répudiation formelle de la vieille loi biblique. On lit dans l'Exode[1] : « Si des hommes se querellent et que l'un d'eux frappe l'autre d'une pierre ou du poing sans qu'il en résulte la mort du blessé, mais seulement la nécessité de garder le lit et de s'appuyer sur un bâton quand après s'être levé, il commencera à marcher, celui qui l'aura frappé sera absous ; seulement il sera obligé de le dédommager de l'interruption de son travail et de le faire guérir. » Remarquant qu'il s'agit ici de blessures causées volontairement, quoique sans préméditation, et que l'auteur de cet acte de violence n'encourt aucune autre peine que l'obligation de réparer le dommage souffert par sa victime, les auteurs du Talmud ont appliqué cette règle à toutes les blessures sans distinction. Seulement ils ont accru, par diverses raisons et sous différents titres, les dommages

1. Ch. XXI, v. 19 et 20.

intérêts, de manière à en faire tout à la fois une pénalité et une réparation. « Si un homme, dit le traité, en blesse un autre, il est condamné à cinq compensations pécuniaires (c'est-à-dire à cinq espèces de dommages-intérêts) ; l'une, pour le dommage causé ; la seconde, pour la douleur ; la troisième, pour les frais de guérison ; la quatrième, pour l'incapacité du travail ; la cinquième, pour la honte (c'est-à-dire pour le désagrément d'être défiguré) ». On voit qu'avec un peu de bonne volonté, d'habiles jurisconsultes viennent toujours à bout d'une loi tyrannique ou déraisonnable.

A la considérer avec attention, la contradiction qui existe entre ces dispositions du Talmud et le fameux texte de l'Exode : « Dent pour dent, œil pour œil », n'est cependant pas aussi profonde qu'on pourrait le croire. Il y a dans le Pentateuque deux principes de législation absolument opposés et qui cependant se touchent de si près dans l'application, qu'ils semblent se remplacer l'un l'autre. Nous voulons parler du principe de la pénalité et de celui de la réparation. Pour le mal que, selon les lumières de son temps, le législateur a jugé sans remède, c'est le premier qui intervient ; mais, toutes les fois que le mal est réparable, c'est au second que l'on a recours. Ainsi, un maître qui a frappé son esclave au point de le faire mourir sous les coups encourt la peine capitale, ou, selon les expressions de l'Écriture, la vie de son esclave sera « vengée sur lui ». Mais, si l'esclave survit aux violences qu'il a subies, le maître est absous et l'esclave reste sous sa dépendance. « C'est son argent », dit encore l'Écriture dans son énergique langage. Si, au lieu de les frapper avec cette cruauté qui met leur vie en danger, le maître s'est borné à crever un œil ou à casser une dent « à son serviteur ou à sa servante », ceux-ci se trouvent par là même mis en liberté. Pourquoi cela ? Parce qu'on ne restitue pas un œil à celui qui l'a perdu, comme on peut restituer la santé à un malade ; et le législateur a la même opinion d'une dent cassée. C'est parce que le vol est chose réparable qu'il n'est, dans le Pentateuque, l'objet d'aucune répression véritablement pénale. Le voleur est simplement condamné à la restitution de l'objet dérobé et des dommages-intérêts d'une valeur égale à celle de ce même objet.

Ayant à choisir, pour la répression des mutilations et des blessures, entre les deux principes également consacrés par la loi, les auteurs du Talmud se sont prononcés pour celui de la réparation. Ils ont pensé avec raison que si, pour un grand nombre de lésions physiques, il n'existe point de remède direct, elles trouvent cependant un remède indirect dans une somme d'argent, dans un certain accroissement de fortune qui permettait à la personne blessée ou mutilée de remplacer le travail par l'aisance acquise et d'y chercher une consolation à la douleur elle-même. Le principe de la pénalité, comme nous l'avons déjà remarqué, n'était pas abandonné pour cela ; mais, par l'étendue de la compensation accordée à la victime, il se confondait avec le principe de la réparation.

Au principe judiciaire des dommages-intérêts vient se joindre, par une affinité naturelle, celui de la responsabilité civile[1], également reconnu et consacré par les auteurs du Talmud. On le trouve déjà en germe dans le Pentateuque. D'après l'Exode[2], celui qui a creusé une fosse, et qui l'a laissée ouverte, est responsable des accidents dont

---

1. C'est ce que M. Rabbinowicz appelle, bien à tort, selon nous, le principe de solidarité.
2. Ch. xxi, v. 33, 34, 35, 36 ; ch. xxii, v. 4 et 5.

il se rend indirectement la cause. Il en est de même du propriétaire d'un taureau ombrageux ou de toute autre bête qu'il a lâchée dans le champ du voisin. Enfin, les ravages causés par le feu doivent être réparés aux dépens de celui qui l'a allumé. Mais les dispositions adoptées par les auteurs du Talmud sont plus variées et plus précises. Par exemple, pour les dommages qui sont la suite d'un incendie, ils distinguent, ce que le texte biblique ne fait pas, entre l'imprudence et la malveillance, et se montrent, en les punissant toutes deux, beaucoup plus sévères pour la seconde que pour la première. Parmi les accidents dont on est civilement responsable, ils ne comptent pas seulement ceux qui sont occasionnés par une fosse imprudemment laissée ouverte, mais ceux que produit la chute d'un objet placé sans précaution sur la terrasse ou sur les fenêtres élevées d'une maison. Grâce à leurs divisions et à leurs subdivisions, souvent un peu subtiles, aucun des moyens que nous avons de nuire indirectement à notre prochain ne leur échappe, et la réparation qu'ils exigent est toujours proportionnée à la gravité du mal et au danger de l'impunité.

C'est avec la même sollicitude qu'ils veillent à la restitution des objets perdus sur la voie publique. Déjà le Pentateuque[1] en fait une obligation impérieuse qu'il applique surtout au bétail employé par l'agriculture : « Si tu vois le bœuf de ton frère ou son agneau égaré, n'en détourne pas les regards, mais ramène-les à ton frère. Si ton frère ne demeure point près de toi ou que tu ne le connaisses pas, tu recueilleras l'animal dans ta maison et il restera auprès de toi jusqu'à ce que ton frère le recherche, et tu le lui rendras. » Mais les auteurs du Talmud, en généralisant cette obligation, prescrivent en même temps la manière de la remplir. Ils exigent que celui qui a trouvé un objet perdu l'annonce ou le fasse annoncer à trois reprises, pendant les trois grandes fêtes que tout Israélite, aux termes de la loi, est obligé de célébrer à Jérusalem. Celui qui a trouvé sur son chemin un animal égaré est tenu de le recueillir et de le nourrir avec soin, au moins pendant une année, jusqu'à ce que le propriétaire vienne le réclamer et lui rembourse l'équivalent de ses dépenses. L'année écoulée, la bête pouvait être vendue ; mais en tout temps le produit de la

---

1. *Deutéronome*, ch. XXII, v. 1-5.

vente devait être remis au propriétaire dès que celui ci se faisait connaître.

On répète souvent que tous les devoirs, soit de charité, soit de justice, que la Bible et le Talmud prescrivent aux Israélites ne sont obligatoires qu'envers leurs compatriotes et coreligionnaires. C'est une grave erreur. D'après un texte talmudique cité par M. Rabbinowicz, un Israélite est tenu, quand la vérité l'exige, de déposer contre un Israélite en faveur d'un païen, devant un tribunal païen. D'un autre côté, le témoignage d'un païen est reçu contre un Israélite devant un tribunal israélite. Il est impossible de pousser plus loin l'impartialité et de se faire une idée plus haute de la conscience des témoins et de celle des juges. Dans un autre passage on va jusqu'à soutenir qu'un Israélite est plus coupable quand il fait tort à un païen que lorsqu'il fait tort à un de ses coreligionnaires, car, dans le premier cas, il aggrave sa faute en compromettant l'honneur de sa croyance, ou, selon l'expression originale, en profanant le nom de Dieu *(Khiloul haschem)*.

Mais de toutes les règles de droit civil contenues dans le Talmud, il n'y en a pas qui soit moins connue et qui soit plus digne de l'être que celle qui concerne l'usure, ou, pour parler plus exactement le prêt à intérêt, aucune différence n'étant admise, à cette époque et dans ce milieu, entre l'intérêt légal et l'intérêt usuraire. Pour comprendre la loi talmudique, il est nécessaire de remonter à celle du Pentateuque.

Il y a dans le Pentateuque trois passages qui renferment l'interdiction absolue ou restreinte du prêt à intérêt. On lit dans l'Exode[1] : « Si tu prêtes de l'argent à quelqu'un de mon peuple, à un pauvre qui demeure avec toi, tu ne te comporteras pas avec lui comme un exacteur, tu ne lui imposeras pas d'intérêt ». Le Lévitique[2] tient à peu près le même langage en lui donnant plus d'extension : « Si ton frère décline, et que sa main fléchisse, soutiens-le. Que l'étranger et le domicilié vivent aussi avec toi. Ne prends pas de lui d'intérêt ni de surcroît ; crains ton Dieu et que ton frère vive avec toi. » Enfin, le Deutéronome, en reproduisant la même prohibition d'une manière encore plus impérative s'il est possible, la limite aux Hébreux et en exclut l'étranger ; non pas l'étranger mêlé aux habitants du pays *(gher)*,

---

1. Ch. xxii, v. 24.
2. Th. xxv, v. 35 et 36.

mais celui qui vit hors des frontières de la Palestine *(nochri)* : « Tu ne prendras pas d'intérêts de ton frère, soit intérêts d'argent, soit intérêts de comestibles, ni l'intérêt d'aucune chose qu'on prête à intérêt. De l'étranger tu prendras de l'intérêt, mais tu ne prendras pas d'intérêt de ton frère, afin que Jéhovah ton Dieu te bénisse en toute chose où tu mettras la main, sur la terre où tu viendras pour la posséder. »

Il est clair que, dans le premier passage, il n'est question que du prêt d'Hébreu à Hébreu. Dans le second, on s'occupe aussi de l'étranger, mais de l'étranger qui a pris domicile parmi les Hébreux, et c'est pour ordonner qu'on pratique envers lui le même désintéressement qu'envers un frère, c'est-à-dire envers un compatriote et un coreligionnaire, deux qualités inséparables dans l'esprit du législateur. Enfin, dans le Deutéronome on mentionne l'étranger proprement dit, *nochri*, celui qui n'a pas son domicile dans le pays et qui n'y paraît qu'en passant, qui ne l'habite que par intervalles. C'est à celui-là qu'il est permis, non pas comme on l'a dit, de prêter à usure, mais, en un sens général, de prêter à intérêt. C'est à ce troisième passage que les auteurs du Talmud, dans le traité qui porte le nom de *Porte-moyenne*, *Baba-Metzia*, ont donné une signification tout à fait inattendue. Ils remarquent que le mot que nous traduisons par prêter à intérêt (*taschich*), n'a pas seulement la forme active, mais celle que les grammairiens appellent la forme *énergique* (le *hiphil* des grammairiens hébreux), et qu'il signifie laisser prêter, laisser exercer l'usure, accorder à cette opération un concours volontaire. Or comment laisse-t-on pratiquer le prêt à intérêts ou l'usure? Comment en devient-on le coopérateur ou le complice? C'est en payant les intérêts du prêt qu'on nous a fait et en acceptant un prêt sous cette condition. Les paroles du Deutéronome que nous avons citées doivent donc être entendues de cette façon : « Non seulement tu ne prêteras pas à intérêt à ton frère, mais, s'il te fait l'offre d'un prêt de cette nature, tu n'accepteras pas, tu exprimeras la résolution de ne point payer les intérêts; car, en payant les intérêts, tu te rends complice d'un acte absolument défendu par la loi divine, tu es cause que cet acte se produit. Il en est autrement quand il s'agit d'un étranger, d'un étranger et d'un païen. A celui-là tu peux payer des intérêts quand tu as besoin de son argent et qu'il t'offre de te le prêter. Il n'est pas soumis à la loi de Moïse, et tu n'as pas à craindre de l'aider à la violer. »

Il résulte de là que, s'il est permis, selon la jurisprudence talmudique, d'emprunter d'un païen à titre onéreux, il est défendu de lui prêter sous la même condition, même s'il est étranger, s'il n'a pas son domicile au milieu de nous. « Si un Israélite, dit un docteur du nom de Houna, reçoit des intérêts des mains d'un païen, le ciel le punira comme s'il avait commis la même violation de la loi à l'égard d'un frère. La seule chose que les auteurs du Talmud trouvent licite à l'égard d'un païen, c'est de tirer profit d'un capital qu'on lui a confié pour l'employer à des opérations commerciales ; parce qu'alors ce ne sont plus des intérêts que l'on perçoit, ce sont des bénéfices qu'on partage en compensation des risques qu'on a courus. On n'est pas un prêteur, on est un associé.

Rien n'égale l'horreur des auteurs du Talmud pour l'usure et les usuriers. Les usuriers, pour eux, sont des voleurs de grand chemin, *gazlanim*, et pratiquer l'usure, signer un contrat de prêt à intérêt, c'est renier le Dieu d'Israël. L'écrivain qui a rédigé un tel contrat, les témoins qui en attestent l'authenticité, celui qui se porte caution pour le débiteur, sont aussi coupables à leurs yeux que les deux parties principales, c'est-à-dire le prêteur et l'emprunteur. La condamnation qu'ils prononcent contre ce genre de transaction est poussée si loin, qu'elle enveloppe le loyer qu'on paye pour un objet prêté. Le propriétaire, à les en croire, n'a droit qu'à une indemnité pour les avaries subies par sa propriété pendant la durée de la location. L'usure est criminelle à leurs yeux, même quand elle ne s'exerce qu'en paroles. Ainsi il ne faut pas adresser à un créancier et le créancier ne doit pas accepter des compliments qu'on ne lui ferait pas si on ne lui devait rien.

De même que l'usure, les jeux de hasard et les spéculations, les conventions qui ressemblent à un jeu, sont proscrits par les docteurs de la synagogue. Ceux qui se livrent à ces jeux sont frappés d'incapacité civile, et leurs conventions aléatoires sont déclarées nulles et de nul effet.

On voit qu'à l'époque où ces dispositions ont été adoptées, les Israélites n'étaient encore qu'un peuple de laboureurs et d'artisans. Le commerce passait à leurs yeux pour une profession païenne et étrangère.

C'est ce qui nous explique en grande partie la situation privilégiée que la législation talmudique accorde à l'ouvrier. Nous en trouvons un exemple, entre beaucoup d'autres, dans les dispositions qui se rapportent au serment judiciaire. En général, le Talmud ne défère le serment qu'au défendeur, et encore y apporte-t-il toute sorte de restrictions, afin sans doute de diminuer, autant que possible, le nombre des parjures ; afin que, selon les expressions de l'Écriture, le nom de l'Éternel ne soit pas proféré en vain. C'est à celui qu'on accuse, sans preuve, de s'être approprié injustement un dépôt, à affirmer sous la foi du serment qu'il n'a rien reçu. La même obligation existe pour celui de qui, en l'absence de plusieurs témoins ou d'un engagement écrit, on réclame une somme d'argent. Le serment une fois prêté, et nous ferons observer en passant qu'il était étranger aux formalités qui lui ont été imposées plus tard, par un sentiment d'injurieuse défiance, sous le nom dérisoire de serment *more judaïco* ; le serment une fois prêté, le débiteur supposé ou réel était libéré. Les rôles étaient renversés quand le demandeur était un ouvrier et le défendeur un patron. S'il arrivait qu'un ouvrier réclamât son salaire et que le patron affirmât le lui avoir payé, ce n'est pas au patron, c'est à l'ouvrier que le serment était déféré. On sait que, d'après la loi du Pentateuque, conservée par le Talmud au moins en théorie, l'année sabbatique amenait l'abolition de toutes les dettes. C'était comme une prescription périodique, facile à prévoir et dont on devait certainement tenir compte dans les transactions de la vie économique. Mais le salaire dû à l'ouvrier ou les dettes qu'il revendiquait à ce titre étaient imprescriptibles.

C'est sans doute aussi dans le même sentiment de sollicitude pour l'ouvrier, et en général pour le pauvre, obligé de vivre du travail de ses mains, qu'il faut chercher la raison des lois du Talmud qui concernent la saisie judiciaire et le prêt sur gages. La saisie judiciaire ne pouvait avoir lieu qu'en vertu d'un jugement et par une autorisation expresse du tribunal. Et, même quand cette condition était remplie, la saisie ne pouvait atteindre que des ojbets placés sur la voie publique. Ni le créancier, ni ses agents, ni cette classe d'officiers judiciaires qui ressemblait à nos huissiers, ne pouvaient pénétrer dans l'intérieur de la maison. Le domicile privé était inviolable. Quant aux gages, il n'était pas permis de les prendre sur les meubles et les ustensiles de première nécessité. Ni le lit sur lequel on couchait, ni le meuble sur lequel on mangeait, ni les vêtements à l'usage de la femme et des enfants, ne pouvaient en tenir lieu. Le créancier qui s'en était emparé était tenu de les restituer. Il y a même une tradition, non admise, il est vrai, dans le recueil officiel de la Mischna, d'après laquelle le créancier était obligé de laisser à son débiteur de la nourriture pour trois cents jours, des vêtements pour une année, un lit, un matelas, des sandales, et, si le débiteur était un ouvrier, deux outils de chacun des genres de ceux que réclamait son état. Voilà, dans un pays où le prêt à intérêt n'était point permis, une législation peu encourageante pour les prêteurs, et, par cela même, plus nuisible qu'utile aux emprunteurs. Quant aux transactions commerciales, elle devait avoir pour résultat de les supprimer tout à fait.

Nous ne pousserons pas plus loin cette appréciation et cette analyse de quelques-unes des lois civiles du Talmud ; elles suffiront, à ce qu'il nous semble, pour appeler sur les deux volumes publiés par M. Rabbinowicz l'intérêt et l'attention des savants qui s'occupent de l'histoire du droit et de la législation comparée. Le moraliste et le philosophe y trouveront plus d'un sujet d'utiles méditations. Tous ceux qui les auront lues se joindront à nous pour encourager M. Rabbinowicz à persévérer jusqu'à l'achèvement de son œuvre.

M. Schwab poursuit courageusement la tâche difficile qu'il s'est imposée de traduire tout entier le Talmud de Jérusalem, beaucoup moins connu que celui de Babylone. Le tome premier de cette traduction a vu le jour en 1872, et nous en avons rendu compte. C'est le second qui vient de paraître. Des quatre traités qu'il a réunis dans celui-ci, un seul a été traduit dans une langue européenne, c'est le premier, dont il a paru, en 1781, une version allemande.

Quant à la matière de ces traités, deux d'entre eux (*Péa* et *Demaï*) se rapportent à ce qu'on pourrait appeler la taxe des pauvres chez les Juifs. Elle comprend les différentes espèces de contributions que le propriétaire de la terre doit payer en nature au pauvre, au lévite, à l'étranger, à la veuve et à l'orphelin. Le troisième de ces traités (*Qilaïm*) contient l'explication et les applications diverses des défenses du Lévitique qui concernent les mélanges : la défense d'atteler ensemble deux bêtes de somme d'espèces différentes; la défense d'ensemencer un champ avec des grains qui ne sont pas de la même espèce; la défense de porter des vêtements composés de matières différentes, telles que la laine et le lin ou la soie et la laine. Enfin le quatrième traité (*Schebüth*) est consacré à l'année sabbatique, à celle qui termine chaque période de sept ans, ou ce qu'on appelle une semaine d'années. Il y est question du repos que, selon les idées du temps sur l'agriculture, il faut laisser à la terre pour lui conserver sa fécondité. Nous allons recueillir un peu au hasard dans ces étranges compositions quelques traits caractéristiques de l'esprit qui les a inspirées.

Voici d'abord un bel exemple de piété filiale, cité au milieu d'une discussion relative à la façon dont il faut observer le précepte biblique d'honorer son père et sa mère. On demandait un jour à Rabbi Éliézer jusqu'où va l'obligation d'honorer ses parents. « C'est à moi, s'écria-t-il, que vous faites une pareille question? Adressez-vous plutôt à Dama, fils de Netina. Étant président du tribunal, il fut un jour frappé au visage par sa mère d'un coup de sandale, en présence de tous ses collègues ; et, comme la sandale était tombée à terre, il la ramassa, et la rendit à sa mère, afin de lui épargner la peine de se baisser. » Plusieurs autres exemples, non moins touchants, viennent se joindre à celui-là, et l'un des docteurs soutient que le devoir en question passe avant les devoirs purement religieux, et que, pour le remplir dignement, il n'y a pas de sacrifice qu'il ne faille faire, jusqu'à celui de tendre la main.

Sur ce texte de la Mischna : « la bienfaisance n'a pas de limites », une discussion s'engage pour savoir si la bienfaisance admet un *minimum*, et quelle en est la mesure. D'après les uns, c'est le cinquième du capital dans la première année où il a été acquis, et le cinquième du revenu, pendant les années suivantes. D'après les autres, c'est un tiers, avec la même distinction entre la première année et les années suivantes. Enfin il en est quelques-uns qui se refusent à admettre un *minimum*, et qui, joignant l'action au conseil, ont partagé tous leurs biens entre les pauvres. On nomme parmi eux un personnage célèbre dans l'histoire du judaïsme, le roi Monobaze, un païen converti à la loi de Moïse. Comme sa famille lui reprochait d'avoir dissipé en aumônes les trésors amassés par ses ancêtres, il lui répond presque dans les termes dont se sert l'Évangile : « Mes ancêtres ont amassé des trésors terrestres, moi je veux amasser des trésors dans le ciel. »

On trouve, dans la partie du Talmud de Jérusalem que nous avons sous les yeux, un peu plus que des maximes générales sur la bienfaisance; on y remarque une certaine organisation de ce qu'on appelle aujourd'hui l'assistance publique : une marmite pour les pauvres, qui fait penser à nos fourneaux pour les pauvres; une caisse des pauvres, administrée par les personnages les plus éminents en Israël; enfin, une taxe des pauvres, c'est-à-dire une contribution obligatoire, perçue au nom de la loi, pour alimenter la caisse de l'assistance publique, conjointement avec celle des écoles. La marmite des pauvres ne paraît avoir été réservée qu'aux indigents réduits à vivre au jour le jour, car toute personne ayant des moyens de subsistance pour quinze jours en était exclue. Elle fournissait au pauvre nomade les trois repas qui étaient en usage le jour du sabbat. Les autres jours, on lui fournissait du pain et un gîte pour la nuit. La caisse des pauvres était à l'usage des pauvres sédentaires. Tout habitant de la ville ou du village, de la commune en un mot, qui avait six mois de résidence, était forcé d'y contribuer selon ses moyens. C'était une véritable taxe des pauvres, acquittée en argent, sans préjudice de celle qui pesait sur les fruits et les moissons. Nous avons dit que l'administration et la répartition des fonds provenant de cette taxe étaient confiées aux hommes les plus éminents. La tâche n'était pas facile, à en juger par les paroles que l'on prête à l'un d'entre eux, au célèbre Akiba. Comme il voulut, avant d'entrer en charge, avoir l'avis de sa femme, celle-ci lui fit remarquer qu'il serait en butte aux outrages et aux malédictions des pauvres, s'il ne réussissait pas à les contenter tous. « C'est précisément pour cela, répondit Akiba, que je désire être leur administrateur, car, sans cela, où serait le mérite d'occuper cette fonction? »

Le traité des mélanges *(Kilaïm)* nous offre une

curieuse classification des grains, des plantes et des fruits qui sont propres à l'alimentation de l'homme, des animaux domestiques ou susceptibles de domestication, et des matières textiles employées à la fabrication de nos vêtements. Puisque le mélange des espèces est interdit par la loi, soit par des motifs d'humanité, comme lorsqu'on attelle au même char ou à la même charrue des animaux inégaux en force, soit pour écarter certaines pratiques de l'idolâtrie, il était nécessaire de rechercher quels sont ceux de ces produits de la terre, de ces matières et de ces animaux, qui appartiennent à des espèces différentes, ou qui ne sont que des variétés de la même espèce. Quelques opinions, nous voulons dire quelques hypothèses physiologiques, se mêlent à ces essais de botanique et d'histoire naturelle. Par exemple, on prétend que, dans la génération de l'homme, les parties blanches, telles que le cerveau, les os et les nerfs, viennent de l'homme; les parties rouges, c'est-à-dire le sang, les muscles et la peau, viennent de la femme, et le souffle vivifiant vient de Dieu. La même répartition est faite, pour les animaux des espèces supérieures, entre le mâle et la femelle.

Dans le traité de l'année sabbatique *(Schebüth)*, on ne trouve que des prescriptions agricoles sur la meilleure façon de laisser reposer la terre pendant la dernière année de la période septennale, et sur l'emploi qu'on doit faire de ses produits spontanés à cette époque de jachère. Ce qu'on y remarque de plus intéressant, c'est la légende d'après laquelle Simon ben Jochaï, l'auteur présumé du Zohar, aurait passé treize ans dans une caverne, d'où il serait sorti, possédant le don de faire des miracles. Il n'en fallait pas davantage pour accréditer la supposition qu'il s'y était livré à l'étude d'une science surnaturelle dont la Kabbale, et le principal monument de la Kabbale, le Zohar, serait la plus haute expression.

L'œuvre de M. Schwab ne fait nullement concurrence à celle de M. Rabbinowicz; tout au contraire, elle l'éclaire et la complète. L'une et l'autre, elles feront connaître en France la tradition juive par ses deux monuments les plus considérables et les plus accrédités. Nous les suivrons dans leur développement parallèle, et nous nous ferons un devoir, à mesure qu'elles avanceront, d'en entretenir nos lecteurs.

SENTENCES ET PROVERBES DU TALMUD
ET DU MIDRASCH

Il n'y a pas encore longtemps, beaucoup moins d'un siècle, que le nom du Talmud, dans l'esprit du grand nombre et même dans celui du public lettré, réveillait l'idée d'un abîme insondable où ne pouvait pénétrer qu'un petit nombre d'initiés, résolus à ne pas livrer leur secret aux profanes. Quelques extraits choisis avec soin et isolés avec art par des écrivains fanatiques tels que Wagenseil, Eisenmenger et Chiarini, avaient fait croire à des lecteurs trop confiants que cet abîme de mystères était un abîme de démence et de perversité. Des travaux récents publiés en France et à l'étranger, et dont nous avons eu plusieurs fois l'occasion de rendre compte, ont en grande partie dissipé ces erreurs. Il n'en restera plus rien quand on aura traduit dans notre langue, ou dans une autre langue répandue en Europe, le texte entier des deux Talmuds, celui de Jérusalem et celui de Babylone, et quelques-uns des *Midraschim* ou paraphases allégoriques, exégétiques ou légendaires qui en complètent le sens et en développent l'esprit. L'œuvre a été commencée, il y a déjà quelques années, par MM. Schwab et Rabbinowicz ; elle se continue activement avec le concours indirect de M. Schuhl.

Rien de plus intéressant pour le moraliste, pour le philosophe et, à certains égards, pour l'historien, que les proverbes d'un peuple, d'une race distincte qui est arrivée à un degré assez élevé de civilisation ou de culture morale et religieuse. C'est sous cette forme rapide, concise, impersonnelle, que se manifeste le mieux sa conscience collective, son esprit général. On a dit que les proverbes étaient la sagesse des nations ; cette définition est inexacte parce qu'elle est incomplète. Les proverbes expriment aussi bien les préjugés d'une nation, ses erreurs, ses passions, ses défauts, que sa raison et sa justice. Voilà pourquoi ils se contredisent très souvent, et notre langue en particulier offre bien des exemples de ces contradictions. Mais les véritables proverbes, ceux qui appartiennent en propre à un peuple, au moins par l'expression sinon par la pensée, sont en petit nombre. Aussi M. Schuhl ne s'est-il pas borné à réunir les proverbes du Talmud ; il y a joint les maximes et les sentences qu'on rencontre çà et là dans les livres talmudiques, indépendamment de celles qui forment la matière d'un des traités de la Mischna, du traité d'*Aboth*, ou recueil des sentences des pères de la synagogue, reproduit en entier dans les dernières pages du volume. Enfin parmi les sentences, et sans les distinguer sous un nom particulier, M. Schuhl a admis des réflexions plus développées, des faisceaux d'idées étroitement liées entre elles ou logiquement déduites les unes des autres, quelque chose d'analogue à ces courtes compositions que nous appelons des *pensées*. En voici deux exemples, choisis entre beaucoup d'autres :

« Il y a trois classes d'hommes dont Dieu lui-même proclame journellement la vertu, ce sont : le jeune homme qui, demeurant dans une grande ville, conserve des mœurs pures ; le pauvre qui, trouvant un objet précieux, le rend à son propriétaire, et le riche qui distribue la dîme de son revenu en secret.

» Il y a six vertus qui assurent à l'homme un bonheur dont il touche l'intérêt en ce monde et dont le capital lui est réservé dans le monde à venir. Ce sont : l'exercice de l'hospitalité, le soin des malades, la ferveur dans la prière, la fréquentation des écoles, l'instruction qu'on fait donner à ses enfants et le devoir qu'on s'impose de juger son prochain avec indulgence[1]. »

Il n'était pas facile de rassembler méthodiquement, dans un ordre qui en fît saisir les rapports, tous ces matériaux formés au hasard, pendant l'espace de huit à dix siècles et dispersés dans ce que les rabbins eux-mêmes ont appelé la *vaste mer* du Talmud. Voici le plan que l'auteur s'est tracé. Il expose d'abord le texte hébreu de chaque sentence et de chaque proverbe. Ce texte est suivi d'une traduction française et d'un commentaire également en français, qui explique les points obscurs ou difficiles de la pensée orientale, et, ce qui n'en est pas le moindre mérite, qui la compare avec des pensées analogues ou identiques,

1. P. 459.

répandues dans la littérature ou consacrées par la tradition des autres peuples. Enfin des notes placées au bas des pages suppléent à l'insuffisance du commentaire lui-même.

Nous dirons plus tard ce que nous pensons de l'exécution ce ce plan. Pour le moment, nous sommes obligés d'en signaler un dernier point. Ces études partielles, textes et commentaires, ne pouvaient se rattacher entre elles, d'une manière utile et intéressante, que par ordre de matières ou par la répartition des maximes, pensées et proverbes, si laborieusement recueillis, entre les principales questions auxquelles s'appliquent la conscience et la raison d'un peuple. On aurait ainsi appris sans effort comment, depuis la clôture de la Bible jusqu'à celle de la Guémara, la race hébraïque, prise en masse, a compris la religion, la morale, la société, la famille, le mariage, les conditions générales de la vie, sans en excepter les conditions économiques. A cet ordre naturel, M. Schuhl a préféré l'ordre alphabétique; ce qui est d'autant plus regrettable qu'à l'ordre alphabétique il a donné pour base l'alphabet hébreu. Pour le lecteur français, qui ne prend connaissance que de la traduction et du commentaire, une telle disposition équivaut au pur hasard.

Nous allons essayer de donner une idée de la substance du livre par quelques exemples choisis dans les diverses catégories qui semblaient s'imposer d'elles-mêmes à un recueil de cette nature. C'est par la religion que nous commençons, parce qu'elle est restée chez les Juifs, au milieu de toutes leurs migrations et tant qu'ils ont été isolés des autres peuples, la règle suprême de la vie, la source première des idées et des sentiments. Mais la religion n'a pas conservé dans leur esprit le même caractère. Déjà en voie de transformation pendant le long espace de temps qu'embrassent les livres bibliques, elle s'est modifiée bien davantage durant les siècles de dispersion; et ces changements, ces transfigurations pourrait-on dire, la portent vers un spiritualisme de plus en plus élevé, de plus en plus indépendant des conditions de nationalité et des pratiques extérieures. Voici un certain nombre de citations qui fourniront la preuve de ce fait :

« Quiconque abjure l'idolâtrie est considéré comme israélite. » « Un non-israélite qui pratique la loi est autant que le grand prêtre. » Ailleurs, on dit qu'il suffit d'être juste pour être admis devant Dieu. Le juste, quelle que soit son origine, est plus que les anges, et le sage est plus que les prophètes. La venue du Messie n'aura pas seulement pour effet de délivrer les descendants d'Israël, elle affranchira toutes les nations, et c'est par là que l'époque messianique se distinguera de l'époque actuelle. Quant au culte que Dieu exige de son peuple et des hommes en général, la prière vaut mieux que les sacrifices et la charité vaut mieux que la prière. « Celui qui pratique la charité a plus de crédit auprès de Dieu que Moïse ». Ce n'est pas le cilice et le jeûne qui nous font absoudre de nos péchés, mais le repentir et les bonnes œuvres. La prière, qui vaut mieux que les sacrifices, est elle-même estimée au-dessous de la pureté du cœur.

On se rappelle avec quelle rigueur l'auteur du Décalogue exigeait l'observation du repos sabbatique. Un homme ayant été surpris ramassant du bois pendant le jour consacré, Moïse le fit impitoyablement mettre à mort. Le Talmud est loin de ces idées. « Le sabbat, dit-il, vous a été donné, vous n'avez pas été donnés au sabbat ». L'Évangile exprime la même pensée avec une légère variante: « Le sabbat a été donné à l'homme, non l'homme au sabbat ». Comme il n'est pas présumable que les juifs aient emprunté cette maxime aux chrétiens dans un temps où la division la plus profonde existait entre eux, il faut supposer que les uns et les autres l'ont puisée dans une tradition plus ancienne. Nous en dirons autant de l'idée que la Mischna et l'Évangile nous donnent du bonheur réservé aux justes dans la vie future. Quand les Sadducéens, pour embarrasser Jésus sur le dogme de la résurrection, répudié par leur secte, lui demandent à qui appartiendra, dans le monde à venir, la femme qui, en vertu du lévirat, a eu successivement sept maris, Jésus leur répond qu'après la résurrection les hommes ne se marieront plus, mais qu'ils vivront comme les anges de Dieu dans le ciel[1]. La Mischna nous offre exactement la même description du royaume des âmes. « Le monde à venir ne ressemble pas à ce bas monde. Dans le monde à venir, il n'y a ni boire, ni manger, ni procréation, ni commerce, ni jalousie, ni haine, ni rivalité, mais les justes, parés de couronnes, contemplent la splendeur de la divinité. » Dans le royaume du ciel, dit l'Évangile, les premiers seront les derniers et

1. *Matth.*, XXII, 30.

les derniers seront les premiers. Les grands de ce monde, selon le Talmud, seront les petits du monde à venir. Comme cela ressemble peu aux promesses bibliques qui, gardant le silence sur l'individu, ne laissent entrevoir au peuple de Dieu d'autre récompense de sa fidélité qu'une prospérité toute matérielle !

On peut dire que Dieu lui-même, dans l'intervalle qui sépare la Bible du Talmud, a en quelque sorte changé de caractère : au lieu du Dieu vengeur, du Dieu jaloux, qui fait retomber les fautes des pères sur les enfants et qui ordonne l'extermination de plusieurs races maudites, nous trouvons un Dieu plein de pitié, qui s'attendrit, nous allions dire qui pleure sur les maux de l'espèce humaine. Nous lisons dans la Mischna de Sanhédrin ce passage vraiment étrange : « Dieu éprouve de la douleur toutes les fois qu'un homme souffre. Quand le sang d'un homme a été versé, fût-ce le sang d'un impie, Dieu se sent blessé. »

Des idées que contient le Talmud sur la religion, nous ne séparons pas l'opinion qu'il exprime sur la science ; car, pour les docteurs de l'ancienne loi il n'y a pas d'autre science que la science religieuse. C'est ainsi qu'ils ont pu dire :

Si votre père et votre maître ont besoin de votre assistance, secourez votre maître avant de secourir votre père : car celui-ci ne vous a donné que la vie de ce monde, tandis que celui-là vous a procuré la vie du monde à venir ». C'est presque le mot d'Alexandre le Grand, quand il prétend qu'il doit plus à Aristote son maître qu'à Philippe son père. Peut-être même la sentence du Talmud n'en est-elle qu'une paraphrase religieuse. Mais les docteurs de la synagogue ne tarissent pas sur ce sujet, et c'est bien leur pensée qu'ils expriment, sous une forme qui leur appartient, dans les maximes suivantes.

La science, comme la charité, vaut mieux que les sacrifices, mais elle ne doit pas être isolée de la charité et des autres vertus. La science sans les bonnes œuvres repose sur des fondements fragiles ; mais elle est elle-même comptée au premier rang des bonnes œuvres dont nous touchons ici-bas les intérêts et dont le capital nous est réservé dans la vie à venir. Si la science est si précieuse, le savant, le savant selon Dieu, ou le sage, comme on l'appelle, ne l'est pas moins. Aussi le sage, pour se conserver à la science, doit-il s'abstenir des jeûnes frequents et des austérités excessives. Le sage est supérieur au roi, car, lorsqu'un roi meurt, le premier venu est apte à le remplacer, mais, lorsqu'un sage vient à mourir, on le remplace difficilement. Tous sont tenus de porter son deuil comme s'ils avaient perdu un parent. C'est la même idée qui a inspiré à Saint-Simon, le fondateur du saint-simonisme, sa fameuse parabole. Il montre que, si la France venait à perdre tout à coup son roi, ses princes du sang, ses plus hauts dignitaires, il en résulterait pour elle un bien moindre dommage que si elle avait perdu ses principaux savants, ses principaux artistes, ses principaux industriels. Les auteurs du Talmud, comme le réformateur français du XIXe siècle, apprécient la science pour son utilité aussi bien que pour elle-même. Ils voient dans l'ignorance la source de presque tous les maux qui affligent l'humanité ; mais ils n'admettent pas que la science soit une source de profit pour celui qui la possède. « La loi, disent-ils, nous ayant été donnée gratuitement, celui qui l'enseigne ne doit accepter aucun salaire. » Ce précepte a été mis en pratique ; car on voit presque tous les auteurs soit de la Mischna, soit de la Guémara, gagner leur subsistance par l'exercice d'un métier souvent très vulgaire. Les apôtres sont dans le même cas, et il n'y a pas lieu de s'étonner de les voir sortir des rangs les plus humbles de la société juive.

Pour obtenir la science, il faut encourager, il faut honorer l'instruction à tous les degrés et dès les premières années de la vie; car, selon le langage figuré du Talmud, « s'il n'y a pas de chevreaux, il n'y aura pas de boucs ». De là cette exhortation pressante adressée aux parents: « On ne doit pas interrompre les enfants dans leurs leçons, même pour rebâtir le temple de Jérusalem ». Dans leur pensée, l'instruction, même sous sa forme la plus humble, est le salut de la religion et de la société. « Le monde, disent-ils, ne subsiste que par le souffle des enfants qui récitent leur leçon à l'école. »

Les réflexions et prescriptions du Talmud qui concernent la morale ne sont pas moins dignes d'attention que celles qui s'appliquent à la religion et à la science. Nous allons signaler, soit par une traduction fidèle, soit par un résumé sommaire, celles qui nous ont paru les plus remarquables.

Un docteur de la synagogue qui a précédé

l'avènement du christianisme, Hillel le Babylonien, résumait toute la loi dans ces mots : « Ce que tu ne veux point qu'on te fasse, ne le fais point aux autres. » Mais cette morale purement négative ne suffit pas aux docteurs qui lui ont succédé. Akiba dit que le plus grand principe de la loi, c'est le précepte d'aimer son prochain comme soi-même. Un autre docteur, Ben-Azaï, soutient que le plus grand principe de la loi est celui-ci : « L'homme a été créé à l'image de Dieu. »

Dans l'amour du prochain le Talmud comprend le devoir d'aimer et de secourir nos ennemis ; non pas ceux que nous haïssons, puisque la haine nous est défendue, mais ceux qui nous haïssent. Déjà dans le Pentateuque se trouve écrite l'obligation de ramener à son ennemi l'agneau égaré qui lui appartient et d'aider son ennemi à décharger son âne ou son bœuf. Le Talmud renchérit sur ce commandement. « Si votre ami, dit-il, vous appelle pour l'aider à décharger sa bête de somme et qu'au même moment votre ennemi vous prie de l'aider à charger la sienne, allez d'abord à votre ennemi, afin de dompter votre passion. »

Ce n'est pas aimer son ennemi ni son prochain en général que de rendre le mal pour le mal et de ne pas savoir endurer un outrage. Le Talmud, en recommandant le pardon des injures, reconnaît en même temps par ces mots la grandeur du sacrifice qu'il nous impose : « Ce qui sauve le monde, c'est la vertu de ceux qui tiennent la bouche fermée pendant qu'on les insulte. » Cette vertu fait partie d'un idéal qui est exprimé de la manière suivante : « Ne pas rendre l'injure qu'on a reçue, supporter l'outrage sans y répondre, faire le bien par amour, accepter les souffrances avec une joyeuse sérénité, c'est ressembler au soleil qui se lève dans sa force. »

Il y a peut-être une certaine contradiction à comparer au soleil celui qui, à force d'humilité, s'anéantit devant lui-même et devant les autres ; mais il faut remarquer que subir une insulte est la plus cruelle des souffrances, et que la souffrance supportée avec résignation est, dans l'opinion des docteurs de la synagogue, la preuve la plus sensible que Dieu nous puisse donner de son amour et de notre salut après la mort. « Dieu, disent-ils, éprouve ceux qu'il aime par la douleur. Celui qui a passé quarante jours sans souffrir doit être inquiet de son bonheur dans la vie à venir. »

Mais, s'il faut regarder comme un si grand mérite de supporter une humiliation reçue sans la rendre, c'est le plus grand des crimes d'humilier les autres. De là cette maxime fréquemment répétée dans le Talmud : « Il vaut mieux se précipiter dans une fournaise ardente que de faire rougir son prochain en public. » « Quiconque fait rougir son prochain en public n'a point de part à la vie à venir. »

Non seulement on ne doit pas faire rougir son prochain en public, il faut se garder de lui imputer un tort ou de le juger défavorablement même dans le secret de sa conscience. « Si tu as vu un homme de bien commettre une faute pendant la nuit, n'y pense plus le jour, peut-être a-t-il fait pénitence ; *peut-être*, ce n'est pas assez dire, il a certainement fait pénitence ».

Il y a dans ce conseil plus que de la bienveillance : c'est une application délicate de la charité, une vertu que le Talmud recommande sous toutes les formes, et qu'avec une grande justesse de sentiment et d'expression il distingue de l'aumône. On y rencontre plusieurs fois cette pensée : « Il y a trois choses par lesquelles la charité est supérieure à l'aumône. L'aumône n'est qu'un sacrifice d'argent ; la charité est un sacrifice qu'on fait de sa personne. L'aumône ne s'applique qu'aux pauvres ; la charité s'applique aux pauvres et aux riches. L'aumône ne s'exerce qu'envers les vivants ; la charité s'exerce envers les vivants et envers les morts. » Saint-Paul n'a-t-il pas dit aussi qu'on peut donner tous ses biens aux pauvres sans avoir la charité ?

Cette place subalterne assignée à l'aumône n'empêche pas les interprètes de la tradition chez les Juifs d'en faire un des devoirs les plus impérieux de la vie et d'exiger qu'elle soit pratiquée dans toutes les conditions, même dans celle où l'on est condamné à la recevoir. « Si vous vous apercevez, disent-ils, que vos moyens d'existence diminuent, donnez aux pauvres; à plus forte raison devez-vous leur donner quand vous êtes dans l'abondance. » « Même le pauvre qui vit d'aumônes doit faire l'aumône. »

Il faut, sans doute, faire l'aumône quand on le peut, et il est rare qu'on ne le puisse pas; mais on ne doit pas se mettre dans le cas de la recevoir. « Plutôt que de tendre la main, dit une de nos maximes, vivez pendant les jours de fête comme pendant les jours de travail. » La concession est énorme de la part des interprètes d'une religion où les jours de fête, et particulièrement le sabbat, étaient observés avec tant de rigueur. Tout métier qui n'est pas criminel vaut mieux, selon eux, que la mendicité. Voici en quels termes ils parlent du travail : « C'est quelque chose de grand que le travail ; il honore ceux qui en vivent ». « Négliger d'enseigner un état à son fils, c'est l'élever pour le vol. » Pour donner à ce précepte toute sa pensée, il faut se rappeler qu'il s'étend aux docteurs mêmes de la loi, puisque leur ministère doit s'exercer par pur dévouement.

Après ces grandes vertus, la piété, l'amour de la vérité et de la science, la charité, le respect de soi-même, les auteurs du Talmud ne pouvaient pas oublier des devoirs plus communs. Pour eux, la parole vaut un serment. « *Oui* est un serment, *non* est un serment ». Ce sont presque les termes de l'Évangile : « Ne jurez en aucune manière. Que votre parole soit : oui, oui ; non, non ; ce qu'on y ajoute est mauvais[1]. » Mais l'histoire

---

1. *Ego autem dico vobis non jurare omnino... Sit autem sermo vester : Est, est; non, non; quod autem his abundantius est, a malo est* (Math. V, 34-37).

nous apprend que longtemps avant le *Sermon de la montagne*, les Esséniens mettaient cette règle en pratique.

L'hospitalité, étant une forme de la charité, est représentée comme le meilleur hommage qu'on puisse rendre à Dieu. La pudeur morale, ou ce que, chez les modernes, on appelle l'honneur, est enseignée dans les mots suivants : « Il vaut mieux rougir devant soi-même que d'avoir à rougir devant les autres. » Pratiquer la justice, c'est s'associer à Dieu dans l'œuvre de la création. La calomnie n'est pas moins criminelle que le meurtre, l'inceste et l'idolâtrie. Honorer les vieillards, rendre les derniers devoirs aux morts, c'est honorer Dieu lui-même. La sociabilité est le complément nécessaire de la moralité. Il faut que, dans nos paroles et dans nos actions, nous soyons pleins de respect, d'aménité et de bonne grâce pour notre prochain. Que notre main droite attire ceux que notre main gauche a repoussés. Les animaux mêmes ne doivent pas avoir à se plaindre de nous. « Il est défendu de prendre aucune nourriture avant d'avoir pourvu à celle de ses bêtes. » C'est transgresser la loi que de faire souffrir un être vivant.

Il y a des vertus sur lesquelles la morale talmudique insiste plus que sur toutes les autres : ce sont les vertus domestiques. Le mariage, la famille, le bonheur qu'ils procurent, les devoirs qu'ils imposent, en sont la plus constante et la plus vive préoccupation. C'est l'état patriarcal conservé et perfectionné dans des temps qui ne ressemblent plus à l'ère biblique. C'est peut-être là qu'il faut chercher le caractère le plus essentiel de la race juive après la destruction de sa nationalité.

Le mariage est d'abord présenté comme une obligation, une des plus inviolables que Dieu ait imposées à son peuple et aux hommes en général. « Tout homme qui ne contribue pas à la propagation de l'espèce peut être assimilé à un meurtrier. » « Quiconque vit dans le célibat n'est pas un homme. Il n'y a pour lui ni joie, ni bénédiction, ni bonheur, ni paix. » D'après le traité d'Aboth, un jeune homme de vingt ans qui est encore célibataire doit être contraint à prendre femme.

Mais, si le mariage est un devoir, il est aussi la voie la plus sûre du bonheur, pourvu qu'on fasse choix d'une femme de bien. Le Talmud ne tarit pas sur l'éloge des femmes, quoiqu'il reconnaisse aussi leurs faiblesses, et il ne parle pas, comme la Bible, de plusieurs femmes pour un seul mari, mais d'une femme unique. « Celui-là est riche qui possède une femme belle par ses œuvres. Il n'y a de véritable bonheur qu'avec la femme de notre jeunesse. Celui qui a perdu la femme de sa jeunesse est dans la même situation que s'il assistait à la ruine du temple de Jérusalem. » La répudiation, déjà blâmée par les derniers prophètes, est formellement condamnée, non pas au nom de la loi, mais au nom de la morale et au nom du sentiment, par les auteurs du Talmud : « L'autel lui-même, selon leurs expressions, pleure sur celui qui a répudié la femme de sa jeunesse. » Au reste, pour ne pas nous arrêter sur chaque détail, voici en quelques mots l'idéal qu'ils se faisaient d'une famille heureuse ou d'un chef de famille qui comprend et qui remplit tous ses devoirs : « Celui qui aime sa femme comme lui-même et qui la respecte plus que lui-même, qui dirige ses enfants dans le droit chemin et qui les marie dans l'âge de la première jeunesse, à celui-là l'Écriture dit : — Tu sauras que la paix règne sous ta tente ». Notre vie entière, d'après plusieurs autres de leurs maximes, dépend de la femme ; c'est d'elle que nous vient notre plus grande joie, et le monde ne sera sauvé que par le mérite des femmes pieuses. On dirait qu'ils ont voulu relever et consoler la femme du rôle que lui fait jouer la Genèse dans l'introduction du mal dans le monde.

Cependant, comme nous l'avons fait remarquer, le Talmud ne manque pas de signaler les défauts qui découlent particulièrement du caractère féminin.

Il reconnaît que les femmes sont plus compatissantes que les hommes et l'emportent souvent sur eux par la finesse et le discernement ; mais il leur reproche d'être légères, frivoles, emportées, soupçonneuses, bavardes, faciles à entraîner au mal, et, quand elles sont méchantes, de ne l'être point à demi. Nous ne croyons pas inutile, à cause de la forme originale dont elles sont revêtues, de reproduire quelques-unes de ces accusations :

« Une femme de soixante ans, aussi bien qu'une petite fille de six ans, accourt au bruit de la timbale. »

« On apaise plus facilement la colère d'un homme que celle d'une femme. »

« La femme est toujours armée. »

« Sur dix mesures de bavardage qui ont été départies au genre humain, les femmes en ont pris neuf. »

« Tous les maux sont préférables à une méchante femme. »

Tout cela n'est rien ou peu de chose en comparaison de ce qui va suivre. On lit dans l'Évangile que regarder une femme avec concupiscence, c'est déjà avoir commis un adultère dans son cœur [1]. Le Talmud contient la même pensée, exprimée presque dans les mêmes termes. Mais il y a des docteurs qui vont beaucoup plus loin. « Toucher, disent-ils, le petit doigt d'une femme, — quelques-uns même se contentent du regard, — c'est être tout près de franchir les dernières limites [2]. » Quelle singulière opinion ces théologiens se sont faite non seulement de la femme, mais de l'homme, et des rapports de sociabilité qui peuvent exister entre eux ! En Orient, ces idées ont passé de la théorie dans les mœurs. Nous en citerons un exemple qui s'est produit sous nos yeux. Une jeune femme des plus honnêtes, des

---

1. Matth. V, 28.
2. N° 764. Nous n'avons pas osé rendre la crudité du texte.

plus réservées, qui cultivait la peinture, ayant aperçu à Paris, chez des amis, un vieux rabbin de Bagdad, revêtu de son costume oriental, eut envie de faire son portrait et le fit prier par une personne respectable de venir, moyennant rétribution, poser dans son atelier. Le vieillard (il était âgé d'au moins soixante-dix ans) y consentit, trouva la jeune femme entourée de sa famille, et laissa tranquillement recueillir ses traits au pastel. Mais un jour, par suite d'un incident passager et imprévu, l'artiste se trouva seule avec son modèle. Aussitôt celui-ci se mit à pousser des cris sauvages et à frapper de toutes ses forces le parquet avec son bâton. On accourt effrayé, on lui demanda la raison de ce tapage, et, comme il ignorait l'usage de notre langue, il traça sur un morceau de papier trois mots hébreux qui voulaient dire : « Il est défendu de laisser ensemble, sans témoins, un homme et une femme ».

Pour ceux qui la jugent avec ce mépris et cette défiance, la femme cesse d'être la reine du foyer ; elle descend au rang d'une servante, dont on n'exige pas d'autre qualité que la soumission. Cette opinion, absolument opposée à celle que nous avons rencontrée précédemment, et qui devait être celle de la classe la plus vulgaire des docteurs, se résume dans la maxime suivante : « La meilleure femme est celle qui obéit à son mari ». Saint Paul n'a pas dit autre chose, et l'article 213 de notre Code civil tient le même langage. C'est sans doute pour assurer au mari cette subordination de la femme que les auteurs du Talmud sont d'avis qu'on la prenne dans une condition inférieure à celle dont on est soi-même. Il faut faire le contraire pour un ami, parce que ses conseils ne seront écoutés que s'il a de l'ascendant sur nous. « Descendez d'un degré, disent-ils, pour choisir une femme; montez d'un degré pour choisir un ami. »

Il n'est pas de sujet, surtout quand on le traite par sentences détachées, qui prête à plus de contradictions. Cependant nous ne pouvons nous empêcher, avant d'en sortir, de citer encore une des pensées qu'il a inspirées. Elle suffira pour racheter les erreurs et les injustices qu'on aura pu trouver dans les pensées précédentes. « Un vieillard est quelque fois la terreur de la maison; une femme d'âge avancé en est le trésor. » Quel hommage rendu à la vieillesse de la femme et quelle grâce mêlée au respect !

Les auteurs du Talmud ne sont pas seulement, comme on vient de s'en assurer, des précepteurs de morale qui tracent à grands traits les règles de la vie ; ce sont aussi des moralistes dans le sens moderne du mot, c'est-à-dire des observateurs du cœur humain. Sans faire fléchir la règle, ils constatent les obstacles que lui opposent nos vices et nos faiblesses, ou nous montrent les différents ressorts et les différents états de notre existence. Nous laisserions notre tâche incomplète, si nous ne faisions connaître quelques-unes des réflexions qu'ils nous ont laissées en ce genre.

« La passion est d'abord un passant, puis un hôte, et à la fin elle est la maîtresse de la maison. »

« Si la passion n'existait pas, on ne bâtirait pas de maisons, on ne se marierait pas, on n'aurait pas d'enfants. » — « Si l'on tuait la passion, le monde périrait avec elle. » M. Schuhl signale avec raison l'analogie qui existe entre ces deux pensées et celle de Schiller : « L'édifice du monde n'est soutenu que par les ressorts de la faim et de l'amour ». Mais elles rappellent aussi un curieux passage des œuvres de Jacob Bœhm. Le mystique allemand, après avoir personnifié la passion dans le diable, ajoute aussitôt : « Le diable, c'est le sel de la nature ; sans lui le monde ne formerait qu'une fade bouillie ».

Pascal, dans son *Discours sur les passions de l'amour*, fait cette remarque : « A mesure que l'on a plus d'esprit, les passions sont plus grandes. » Selon La Rochefoucauld, « il n'appartient qu'aux grands hommes d'avoir de grands défauts ». Les moralistes du Talmud disent la même chose : « Lorsqu'un homme est plus grand que les autres, ses passions aussi sont plus grandes. » De là ce conseil de défiance à l'égard de soi-même et des autres : « Il n'y a pas de garantie contre la passion. » Grande ou petite, la passion est toujours égoïste : « On ne pèche pas pour le profit d'autrui. » Et les deux principales causes du péché, les ministres ordinaires de la passion, sont désignées d'une manière originale dans ces mots : « Le cœur et les yeux sont les courtiers du mal ; » ou bien : « Le cœur et les yeux sont des courtiers de séduction au profit du corps. »

Les différentes passions prises séparément ou les différentes faiblesses du cœur et de l'esprit ne sont pas moins bien caractérisées que les passions en général. « L'orgueil est une forme de l'idolâtrie. » — « L'audace est une royauté sans couronne. » — « La jeunesse est une couronne de roses, la vieillesse une couronne d'épines. » — « Sur dix parts de sommeil qui existent dans le monde, les domestiques en ont pris neuf. » — « Un homme ruiné ne compte pas plus qu'un mort. » — « A la porte de la richesse les amis et les parents sont en grand nombre; à la porte de la pauvreté il n'y a ni amis ni parents. » — « Il n'y a de pauvres que les pauvres esprits. » Ce n'est pas seulement la justesse de l'observation, mais la délicatesse du sentiment qu'on reconnaît dans ce conseil : « Évitez de passer devant un débiteur insolvable. » Voici une maxime d'un caractère tout différent; elle nous montre, par une image des plus expressives, quel cas nous devons faire de l'opinion ou peut-être quelle puissance elle exerce sur nous : « Si un seul homme te dit que tu as des oreilles d'âne, n'y prends pas garde; mais s'il y en a deux qui te le disent, attache-toi une bride. »

Outre les réflexions qui intéressent la morale et la religion, le recueil dont nous nous sommes occupé à rendre compte renferme des conseils d'hygiène et d'économie domestique. Comme tous ceux que nous avons passés en revue, ils sont empruntés au Talmud, image fidèle et complète de la vie israélite pendant le long espace de temps qu'il a mis à se former.

Les auteurs du Talmud n'ont aucune foi dans la médecine, et témoignent une médiocre bienveillance pour les médecins. Il s'agit, bien entendu, de la médecine et des médecins de leur temps et des contrées orientales qu'ils habitaient. « Gardez-vous, disent-ils, d'habiter une ville qui a pour premier magistrat un médecin. » On peut supposer ici la crainte que le médecin, tout entier à ses malades, ne néglige ses fonctions de magistrat. Mais il y a sur lui, ou plutôt contre lui, d'autres apophtegmes dont l'intention ne laisse aucun doute. « Un médecin que vous ne payez pas ne vous rend aucun service. » — « Le médecin que vous appelez de loin (à cause de sa réputation) est un œil aveugle. » Enfin voici qui comble la mesure : « Le meilleur des médecins est digne de l'enfer. » A la médecine, le Talmud préfère l'hygiène : « S'humecter les yeux avec une goutte d'eau froide le matin et se baigner les pieds et les mains dans de l'eau chaude le soir vaut mieux que tous les collyres du monde[1] »

---

1. N° 609. Le mot *collyre* est dans le texte hébreu.

C'est surtout la propreté que le Tamuld recommande. Le vice opposé lui paraît être la source de toutes les maladies qui s'attaquent à l'homme et aux bêtes. Il pousse l'exigence sur ce point jusqu'à déclarer digne de mort le *disciple des sages*, c'est-à-dire le docteur de la loi qui a une tache sur ses vêtements. »

Les règles d'économie domestique prescrites par le Talmud ne sont pas moins primitives que ses règles d'hygiène, et paraissent peut-être plus contestables. Il faut diviser sa fortune en trois parts, dont la première sera placée en biens fonds, la seconde dans le commerce, et la troisième sera conservée en argent comptant. — Il faut dépenser peu pour sa table, un peu plus pour ses vêtements et réserver les dépenses les plus fortes pour sa demeure. Ce conseil revient souvent, et, comme pour le justifier, le Talmud nous dit : « Il y a, pour l'homme, trois sujets d'orgueil : une belle demeure, une belle femme (la demeure avant la femme), et de beaux vêtements. » Dans l'état actuel du monde, il trouve le commerce plus avantageux que le travail de la terre; mais un temps viendra, s'il faut l'en croire, ou tous les hommes se consacreront à l'agriculture

Ce sont des savants, des théologiens ou des moralistes qui rédigent des sentences et des préceptes comme ceux qui viennent de passer sous nos yeux et que nous avons pu réunir en un corps de doctrine. Il n'en est pas ainsi des proverbes qui s'y trouvent mêlés. Ceux-là ont une origine purement populaire. On ne peut les rapporter ni à une date ni à un nom propre; ils sont l'œuvre de tout le monde et semblent avoir toujours existé. Ceux que nous allons citer suffiront à montrer que les pensées de cette nature sont les mêmes chez toutes les races et à toutes les époques; parfois même elles se traduisent par les mêmes expressions.

Pour le proverbe français : « Il faut battre le fer tandis qu'il est chaud, » le Talmud en a deux : « Pendant que le feu brûle, coupe ta citrouille pour la faire cuire »; « Quand le bœuf est par terre, aiguisez vos couteaux ».

Nous représentons le faible aux prises avec le fort sous l'image du pot de terre se heurtant contre le pot de fer. Le Talmud se sert de la même image, en lui donnant plus de développement : « Si la pierre tombe sur la cruche, malheur à la cruche. Si la cruche tombe sur la pierre, malheur à la cruche. De toute façon, c'est la cruche qui souffre. »

Nous disons que les murs ont des oreilles; le Talmud met cette locution proverbiale au singulier et la complète par une locution analogue : « La route a des oreilles, le mur a des oreilles ».

Nous disons : « Manger l'huître et jeter l'écaille »; le Talmud nous offre deux équivalents : « Manger la datte et jeter le noyau; manger la grenade et jeter l'écorce. »

Au lieu de notre proverbe : « L'occasion fait le larron, » le Talmud nous offre celui-ci : « La brèche invite le voleur ».

Nous disons que le silence est d'or et la parole d'argent; le Talmud met moins de différence entre les deux : « Si la parole vaut un séla[1], le silence en vaut deux ».

Au lieu du *charbonnier*, qui, selon nous, est maître chez lui, le Talmud met le *tisserand*.

Le Talmud contient aussi des proverbes que nous n'avons pas, celui-ci, par exemple : « Ce n'est pas la souris qui vole, mais son trou », ce qui signifie qu'il n'y aurait pas de voleurs sans les recéleurs. Un autre proverbe : « Le chien

1. Une pièce de monnaie.

dépaysé reste sept ans sans aboyer », nous donne à entendre qu'il faut être prudent et se garder de parler trop ou trop tôt en pays étranger.

Ce n'est pas sans étonnement qu'on rencontre parmi ces proverbes talmudiques une allusion à un conte que La Fontaine a mis en vers : *Le paysan qui a offensé son seigneur*. Ce paysan, ayant à choisir entre trois châtiments : manger trente aulx sans boire, recevoir trente coups de bâton ou payer cent écus, les subit tous les trois, parce qu'il n'a pas su endurer jusqu'au bout les deux premiers. Sauf une légère variante, autorisée par une version plus ancienne, il est impossible de ne pas reconnaître le fond de ce récit dans les mots suivants : « Il mange des poissons pourris, reçoit des coups de bâton et paye l'amende. » Il y a un autre proverbe où l'on retrouve l'apologue du laboureur et de ses enfants : « Celui qui va visiter son champ tous les jours, y trouve chaque fois une pièce d'argent. »

Nous signalerons enfin quelques expressions proverbiales qui ne sont pas moins remarquables que les proverbes eux-mêmes. En voici d'abord quelques-unes qui font partie du langage des Évangiles : « Médecin, guéris-toi toi-même ; — faire passer un chameau par le trou d'une aiguille; — ôter une paille de son œil; — ôter une poutre de son œil ». En voici d'autres qui ont aussi leur mérite : Vouloir l'impossible ou deux choses contradictoires, c'est « briser le tonneau et conserver le vin. » Celui qui possède des moyens d'instruction dont il ne peut tirer aucun parti, qui assiste à des événements qu'il ne comprend pas, est « comme un aveugle devant une fenêtre ». Avec ceux qui nous servent ou qui sont placés sous notre dépendance, il ne faut pas reculer devant la sévérité quand la persuasion est impuissante. « Si ton crible est bouché, frappe dessus. » Mais nulle autre expression n'est plus touchante et plus belle que celle qui compare la mort du juste, exempte de regrets et de remords à un baiser de Dieu. Chez celui qui meurt de cette façon, « l'âme, disent nos docteurs, se détache du corps, sans plus de résistance que celle d'un cheveu qu'on retire du lait ».

On voit combien est précieuse et variée la matière du volume que nous venons d'analyser. La façon dont elle est mise à la portée du lecteur européen est-elle irréprochable ? Nous sommes loin de le croire. M. Schuhl mérite plus d'un reproche. On ne comprend pas, dans le temps où nous vivons, avec les habitudes actuelles de la science, qu'un pareil volume ne renferme pas de nombreuses observations philologiques. La langue dans laquelle plusieurs de ces proverbes et sentences sont rédigés, — langue étrange et souvent étrangère à l'hébreu, formée de débris d'autres idiomes, — les réclamait particulièrement. La critique, dans un tel travail, avait sa place marquée à côté de la philologie. Il aurait fallu comparer les textes entre eux et choisir, après discussion, les meilleurs. C'est surtout ce qu'il aurait fallu faire pour le texte du traité d'*Aboth*, qu'il était indispensable de placer en regard de la traduction. Le traité d'*Aboth* se trouvant dans tous les rituels, il était superflu de le reproduire, si ce n'était pas pour le soumettre à une savante revision et à des corrections utiles. Enfin, la traduction française, sans être matériellement inexacte, laisse beaucoup à désirer. Elle manque de relief. Elle affaiblit l'image orientale, quand elle ne l'efface pas tout à fait, et elle ne cherche pas l'équivalent de cette concision qui est le caractère propre et comme la marque d'origine des proverbes talmudiques. Malgré ces défauts, le recueil que vient de publier M. Schuhl est un véritable service rendu au public lettré, sinon au public savant. Il est le premier de ce genre qui ait paru dans notre langue; ce qui est déjà un très grand mérite. Mais il en a beaucoup d'autres, parmi lesquels il ne faut pas oublier la comparaison des proverbes hébraïques avec ceux des autres nations anciennes et modernes. Un tel livre ne peut manquer d'être lu avec intérêt et avec profit.

REVUE DES ÉTUDES JUIVES [1]

« Cette Revue, nous disent ceux qui l'ont fondée, est consacrée à des recherches d'érudition et à la publication d'œuvres restées inédites jusqu'à ce jour. » Pour compléter leur pensée, ils ont soin d'ajouter : « Nous ne voulons pas faire œuvre de propagande religieuse et nous ne poursuivons pas un but d'édification. On ne demandera aux écrivains de la Revue ni qui ils sont ni d'où ils viennent : pourvu qu'ils soient sincères et sérieux, ils seront accueillis avec le plus grand empressement. » Tel est l'esprit qui a présidé à la création de ce recueil, et l'on reconnaît avec plaisir que, jusqu'à présent, il y est resté par-

---

1. Publication trimestrielle de la Société des études juives, n°ˢ 1 (juillet-septembre) et 2 (octobre-décembre 1880), 321 pages grand in-8°. Paris, à la Société des études juives, rue Saint-Georges. n° 17.

faitement fidèle. Aussi la liste de ses rédacteurs ne se compose-t-elle pas uniquement de noms israélites; on remarque parmi eux des noms honorablement connus de savants chrétiens ou étrangers au judaïsme. Quant aux sujets qui y sont traités, ils appartiennent à presque toutes les branches de l'érudition : à la philologie, surtout à la philologie biblique et talmudique, à l'histoire, à l'archéologie, à l'histoire littéraire, à l'épigraphie, à l'étude comparée des religions et des controverses religieuses. On y trouve également des notices bibliographiques et des critiques d'ouvrages nouveaux que leur brièveté n'empêche pas d'être utiles et quelquefois très intéressantes. Elles appellent l'attention sur des publications savantes que leur origine étrangère ou leurs titres incompris dérobaient facilement à la connaissance du public français.

Ce qui nous a le plus frappé dans le premier numéro, c'est l'article de M. Joseph Halévy sur Cyrus et le retour de l'exil, celui de M. Isidore Loeb sur le rôle des Juifs de Paris en 1296 et 1297, celui de M. Abraham Cahen sur le concours ouvert en 1787 par la Société royale de Metz et qui avait pour sujet les moyens de rendre les

Juifs plus utiles et plus heureux. S'il n'était absolument nécessaire de faire un choix, non suivant le mérite des travaux, mais en raison de l'attrait qu'ils ont pour nous, nous citerions toute la table des matières, et nous nous garderions d'oublier l'exemple d'exégèse évangélique donné par M. Israël Lévy et ses réflexions sur les Apocalypses dans le Talmud. C'est à l'article de M. Joseph Halévy que nous croyons devoir nous arrêter le plus longtemps.

Se fondant sur deux inscriptions cunéiformes relatives au règne du roi babylonien Nabonide et à la prise de Babylone par Cyrus, le savant orientaliste arrive à plusieurs conclusions qu'il est difficile de concilier avec les récits hébreux. D'abord il faudrait, selon lui, retrancher de l'histoire le règne de Balthasar et l'apparition des mots terribles : *Mané, Thécel, Pharès*. Le dernier roi de Babylone, selon les inscriptions dont nous venons de parler, c'est Nabonide, mort prisonnier à Babylone, huit jours après la prise de la capitale de son empire. Il est vrai que Nabonide a laissé un fils dont le nom babylonien *Belsarouçour* a beaucoup de ressemblance avec Belsaçar, le nom hébreu de Balthasar. Mais Belsarouçour n'est jamais monté sur le trône d'où son père a été renversé.

Hérodote n'est pas moins atteint que la Bible par le document qu'invoque M. Joseph Halévy. Cyrus, pour s'emparer de Babylone n'aurait pas eu besoin d'en faire le siège et ne l'aurait pas surprise au milieu d'une orgie ; mais la grande ville lui aurait spontanément ouvert ses portes ; elle aurait accueilli le roi victorieux, moins comme un ennemi que comme un sauveur; car Cyrus, ce *Messie de Jéhovah*, comme l'appellent les prophètes, aurait été, dans l'empire babylonien, le restaurateur du culte national, fort négligé et ouvertement méprisé par son prédécesseur ; et le culte national, comme on sait, n'était pas autre chose qu'une des formes du polythéisme oriental.

Un autre fait que M. Halévy a cru découvrir dans les inscriptions babyloniennes, c'est que Cyrus et ses aïeux jusqu'à Teispès inclusivement, auraient été, non des rois de Perse, comme l'affirme le père de l'histoire et comme l'admet sans examen l'opinion commune, mais des rois de la Susiane, le même pays que les Sémites désignent sous le nom d'Élam. Or la Suziane ou le royaume de Suse formait un État puissant, d'une haute antiquité, pourvu d'une armée aussi nombreuse que vaillante, et qui 2300 ans avant notre ère avait déjà une première fois conquis la Babylonie. La possession d'un tel empire peut seule nous expliquer la conquête de Babylone par Cyrus. Elle était absolument impossible pour un roi de Perse, pour un prince qui n'avait sous ses ordres qu'un petit peuple pauvre, obscur et à demi nomade.

Sur la religion de Cyrus et sur la politique qu'il a suivie à l'égard des peuples subjugués par ses armes, M. Halévy nous présente des considérations non moins importantes, auxquelles, si l'on ne découvre pas de nouveaux textes ou une nouvelle interprétation des textes connus, il semble difficile de ne pas accorder au moins une grande vraisemblance. Nulle part, à propos de Cyrus, on ne fait intervenir le dogme mazdéen des deux principes, ni le nom d'Ormuzd (Ahura Mazda) ni celui des Amschaspands et des Izeds. Les seules divinités qu'il semble reconnaître, ce sont les divinités babyloniennes, parmi lesquelles Bel et Nébo tiennent le premier rang. Mais il invoque plus particulièrement la protection de

Mardouk, un dieu qui reçoit la qualification de
« vivificateur des morts ». Dans cette expression
faut-il apercevoir, comme le pense M. Halévy, le
dogme de la résurrection, de la résurrection des
corps? Cela paraît difficile. Mais quand même ils
auraient adopté cette croyance, Cyrus et les
Babyloniens n'en auraient pas moins été polythéistes, ou ce que les livres hébreux appellent
des idolâtres. Dès lors, se trouve renversée la supposition d'après laquelle le monothéisme hébreu
serait un emprunt que les tribus exilées auraient
fait à leurs maîtres et à leurs vainqueurs. La
religion de Zoroastre, n'étant pas encore connue
à cette époque dans l'empire de la Perse, n'a pu
exercer aucune influence sur les écrivains de la
Captivité. Ce n'est que beaucoup plus tard qu'un
certain rapprochement s'est établi entre les
croyances juives et les croyances iraniennes ; par
exemple, entre le récit de la création et l'histoire
du premier couple humain tels qu'on les lit dans
la Genèse et tels que nous les présentent les livres
du Mazdéisme. Mais, dans ce rapprochement,
laquelle des deux races, laquelle des deux religions a servi de modèle à l'autre ? Voilà le problème qui resterait encore à résoudre.

Quant au terme mis par Cyrus à l'exil des Juifs, il n'est qu'une application de la politique générale de ce prince à l'égard de tous les peuples violemment transportés par ses prédécesseurs dans son immense empire. A tous les exilés il rend leur patrie. Dans tous les États réunis à sa puissance, il laisse subsister la religion nationale et la dynastie nationale, quand il y en a une. Il se contente d'y maintenir son autorité par ses satrapes et d'y lever les impôts qui lui sont nécessaires. Naturellement, avec leur imagination ardente et leur croyance à une action divine toujours exercée en leur faveur, toujours occupée à les protéger ou à les châtier, les Juifs ont attribué cet acte de délivrance à une inspiration d'en haut, à une impulsion de Jéhovah, et ils ont fait de Cyrus son Messie, son élu, son *oint*, tout en confessant qu'il n'a jamais connu Jéhovah [1].

Par le point de vue nouveau sous lequel se présente à son esprit l'histoire de Cyrus, M. Halévy se croit autorisé à attribuer aux prophéties qui regardent la chute de Babylone, et aux livres

---

1. Voyez les passages cités par M. Halévy, à l'appui de son opinion, p. 23.

bibliques en général, une antiquité beaucoup plus haute que celle qui leur est reconnue par la plupart des critiques. Puisque Babylone s'est livrée volontairement, pacifiquement aux mains de Cyrus, et qu'elle a cru voir en lui un restaurateur de sa vieille gloire et de son antique religion, elle n'a pas connu les calamités sous le poids desquelles les prophètes hébreux nous la montrent écrasée ; elle n'a pas été abandonnée, au moins dans cette occasion, à la dévastation et à la ruine ; elle n'a pas vu ses dieux, Baal et Nébo, emportés en toute hâte par leurs sectateurs. Mais, ces humiliations et cette ruine, les prophètes hébreux les souhaitaient, les prévoyaient pour elle et les décrivaient comme des faits déjà accomplis, au moment où Cyrus se préparait à l'attaquer, quand, déjà maître d'Ecbatane et ayant enrôlé sous ses drapeaux les Mèdes et les Perses, il était sur le point de se précipiter sur elle avec toutes ses forces. Or, cette situation est celle où elle se trouve en 540 avant notre ère ou dans la dixième année du règne de Nabonide. C'est alors que le prophète Isaïe, ou celui qui écrit sous son nom, nous montre le dernier roi de la dynastie babylonienne arrivant dans le séjour des morts, dans les profondeurs du

Schéôl, et essuyant les outrages des ombres de ceux qu'il avait opprimés. Ce n'est donc que dans cette même année 540, et pas plus tard, que ces prophéties ont été écrites, ainsi que les psaumes surtout le psaume 137, qui respirent le même esprit.

Mais si déjà, au milieu du VIe siècle avant notre ère, le monothéisme hébreu avait atteint le degré de développement et de splendeur qu'il nous présente dans Isaïe, dans Jérémie, dans les Psaumes, il devient impossible d'en attribuer à Ezdras le monument le plus important, c'est-à-dire le Pentateuque. Le Pentateuque, par la nature des lois et des récits qu'il contient, par le caractère de la langue dans laquelle il est écrit, appartient évidemment à une époque plus reculée, beaucoup plus reculée que les prophéties et les hymnes dont nous venons de parler. Esdras n'a pu en rédiger même une partie. Il n'a plus l'inspiration des âges bibliques; il nous est présenté comme un *scribe*, non comme un prophète ou comme un historien sacré. Encore moins lui aurait-on accordé le prestige et l'autorité nécessaires à un législateur religieux.

La critique biblique a déjà tant varié dans ses

innombrables conjectures, elle a déjà passé, à propos des faits qu'elle se vantait d'avoir établis avec le plus de certitude, par tant de revirements soudains, que nous n'oserions pas nous porter garant des considérations présentées par M. Halévy en faveur de l'originalité des doctrines religieuses des Hébreux et de l'antiquité relative des monuments qui les contiennent. Mais ces considérations sont présentées avec beaucoup de force, avec une grande richesse d'érudition et avec un caractère marqué de vraisemblance.

Le rôle des Juifs de Paris en 1296 et 1297, que publie M. Isidore Lœb, se recommande de lui-même à l'attention des érudits. Ce n'est pas, comme on pourrait le croire, un tableau de pure statistique; c'est un document qui intéresse, dans une certaine mesure et sous un certain point de vue, l'histoire de la ville de Paris et celle des Juifs en général. Il est tiré d'un manuscrit des Archives nationales qui contient, pour la période écoulée entre 1296 et 1300, le rôle de la taille à laquelle s'étaient soumis les habitants de Paris pour se racheter de l'impôt de la maltôte. C'était une somme de cent mille livres pour chaque année. Les Juifs devaient en supporter leur part, et leur rôle, dans ce document financier, forme un chapitre à part placé à la suite de celui des Lombards. On y voit qu'ils étaient disséminés dans un assez grand nombre de rues dont plusieurs ont disparu, dont les autres ont changé de noms et dont l'une, située dans la Cité, portait le nom de *Juiverie*. Ils occupaient aussi la rue du Franc-Mourier, devenue la rue de Moussy; celle du Renard-Saint-Merry, appelée alors la Court Robert de Paris; celle de l'Attacherie, devenue la rue de la Tacherie. On leur attribue deux cimetières, l'un dans la rue Guerlande, la même que la rue Galande, l'autre dans la rue La Harpe, près de la rue Pierre-Sarrazin. C'est là qu'on a trouvé, il y a peu de temps, des tombes chargées d'inscriptions hébraïques, qui ont été, dans ce recueil, l'objet d'une savante étude.

Tout cela fait supposer une population juive assez nombreuse, et cependant le rôle dont nous parlons ne contient que quatre-vingt-cinq noms, qui n'appartiennent pas tous à des chefs de famille, puisqu'on y reconnaît des noms de femmes mariées et de filles, expressément désignées comme telles. C'est qu'ainsi que le démontre M. Lœb par une liste alphabétique des Juifs domiciliés à Paris, dont la rédaction remonte à l'an 1292, dans l'espace des quatre ans qui s'écoulent entre cette date et celle de 1296, la population israélite a singulièrement diminué dans la capitale de la France, et ce qui en reste s'est renouvelé avec une rapidité qui ne s'explique que par les persécutions et par la misère. Tout porte à croire que la diminution et les substitutions ont dû commencer beaucoup plus tôt et continuer après 1297, une date après laquelle il n'est plus question des Juifs de Paris dans aucun acte officiel. L'édit d'expulsion rendu en 1306 par Philippe le Bel contre les Juifs de son royaume n'a donc pu produire son effet qu'en province; car les Juifs de Paris, comme s'ils avaient pressenti le coup de foudre, s'étaient dispersés d'eux-mêmes.

Il y a aussi une observation à faire sur la langue à laquelle appartiennent les noms propres dont se compose le rôle de 1296 et 1297. Aucun n'indique une origine étrangère, soit allemande, soit espagnole ou portugaise, soit italienne, comme ceux d'un grand nombre d'israélites contemporains, dont les familles sont établies dans notre pays depuis plusieurs générations; ce ne sont pas même des noms empruntés aux villes et aux villages de nos provinces du Midi, tels que Lunel, Carcassonne, Crémieux, Bédarrides ; ce sont tous des noms ou des surnoms français, ou des noms bibliques entrés dans la langue courante. Les hommes s'appellent Copin, Cressant, Cressin, Hayin ou Haguin, Joyon, Mahy, Moreau, Pricion, Simonin, Vivant ou Vive ; les femmes, Annette ou Amiète, Bele (pour Belle), Bélete (pour Bellette), Bele-Assez (pour Belle-Assez), Bonne, Bonnefille, Clarisse, Contesse, Parise, Rose. En admettant que plusieurs de ces noms soient traduits de l'hébreu comme celui de Vivant, traduction de *Haïm* ou *Yéhiel*, ils n'en attestent pas moins dans leur ensemble un long séjour en France et des habitudes de langage toutes françaises.

Les renseignements que nous fournit M. Abraham Cahen sur l'objet et les résultats du concours ouvert en 1787 par la Société royale de Metz ne sont pas tous absolument nouveaux. L'existence de ce concours était connue. On savait quelle était la question proposée : « Est-il des moyens de rendre les Juifs plus utiles et plus heureux en France ? » On n'ignorait pas que sur neuf mémoires présentés, sept concluaient en faveur de l'émancipation des Juifs, ce qui était un signe non douteux de l'esprit du temps et ne pouvait arriver qu'en France. « Si une pareille question, nous disait M. Grætz, le savant auteur de *l'Histoire des Juifs*, avait été, même de nos jours, proposée en Allemagne, sur neuf mémoires il y en aurait eu sept, et peut-être davantage, contre l'émancipation. » Enfin, c'est un fait qui est depuis longtemps de notoriété publique, que le principal lauréat de ce concours fut l'abbé Grégoire, alors curé d'Emberménil, près de Lunéville, et devenu plus tard membre de la Convention et évêque constitutionnel de Blois. Mais nous devons à M. Abraham Cahen de pouvoir nous faire une idée des opinions soutenues par les adversaires aussi bien que par les défenseurs de la cause israélite, et de l'appréciation dont elles furent l'objet de la part du rapporteur de la Société royale, M. Rœderer, conseiller au parlement de Metz et appelé après la Révolution à tant de fonctions importantes, depuis celle de procureur-syndic du département de la Seine jusqu'à celles de conseiller d'État de l'Empire et de pair de France de la monarchie de Juillet. M. Abraham Cahen a eu sous les yeux toutes les pièces du dossier académique, et il nous en donne une analyse substantielle. Après l'abbé Grégoire, les deux concurrents qui approchèrent le plus du but et qui partagèrent avec lui le prix furent un avocat du parlement de Nancy, du nom de Thiéry, et un juif polonais, Zalkind Hourwitz, qui s'est fait un nom par d'autres ouvrages.

L'abbé Grégoire ne fut pas le seul ecclésiastique qui prit parti pour les Juifs ; la même cause a été soutenue par l'abbé de la Louze ou de la Lauze, chevalier de Malte. Des deux écrivains qui se déclarèrent pour le parti contraire, l'un, procureur au parlement de Metz, est d'avis que, « pour rendre les Juifs heureux sans faire tort aux autres Français (nous citons ses propres expressions), il faut les transporter en masse dans les déserts de la Guyane; l'autre, un savant bénédictin de Saint-Avold, après une dissertation très étendue, arrive à cette conclusion que, si l'on veut apporter quelque changement à la situation des Juifs, il faut se borner à en faire une caste de parias comme ceux de l'Inde, qui aurait pour fonctions, réservées à elle seule, de faire la récolte du miel et de la cire dans tout le royaume et de servir de messagers aux divers agents de l'Administration publique.

Le premier article qui tombe sous nos yeux

dans la deuxième livraison de la *Revue des études juives* porte le nom de M. Derenbourg, membre de l'Académie des inscriptions et belles-lettres. Il a pour titre : « Études bibliques, notes détachées sur l'Ecclésiaste », et fait suite à un article précédent, composé de « Notes détachées sur Job ». Il ne faudrait pourtant pas prendre trop à la lettre cette modeste annonce. Ces notes détachées, si elles ne forment pas un système, procèdent d'un esprit très systématique et nous signalent un parti pris, des idées arrêtées à l'égard de certains points de la théologie contenue dans les livres bibliques. M. Derenbourg nie que le peuple hébreu, livré à ses propres inspirations, ait jamais eu un soupçon de l'immortalité de l'âme ou d'un principe quelconque, soit un esprit, soit un souffle, survivant au corps. Ils croyaient cependant à une vie future, mais sous la forme de la résurrection, et la résurrection, n'étant qu'un retour à la vie, nous laissait dans ce monde, c'est-à-dire sur la terre, doués seulement d'une existence plus heureuse que celle que nous avions connue auparavant. C'est la résurrection qu'enseigne formellement le livre de Daniel, et c'est le même dogme, non celui de l'immortalité spirituelle, que nous rencontrons dans l'Évangile, que combattent les Sadducéens quand ils demandent à Jésus quel sera, dans le royaume du Ciel, le mari de la femme qui, selon la loi du lévirat, a épousé successivement les sept frères. L'idée de l'immortalité de l'âme, si nous en croyons M. Derenbourg, n'aurait été qu'une importation grecque, une réminiscence de la doctrine de Platon, accueillie avec faveur à l'époque où le sacerdoce hébreu, où ses prêtres tels que Jason et Ménélas s'étaient complètement abandonnés aux mœurs et à la philosophie de la Grèce. La domination violente et intolérante d'Antiochus Épiphane aurait amené une réaction contre l'influence hellénique, et un de ses effets, ce fut de répudier la foi à l'immortalité pour rendre toute son autorité au dogme national de la résurrection des corps.

Le livre de l'Ecclésiaste interposerait entre ces deux courants contraires la digue du scepticisme ; car l'Ecclésiaste est une œuvre sceptique, rédigée sous une forme populaire, qui ne respecte rien, sinon l'idée de la justice divine. M. Derenbourg suppose qu'il appartient à la première moitié du IIe siècle avant notre ère et qu'il est dirigé à la fois contre deux partis extrêmes : celui des piétistes exaltés ou Hassidéens, et celui des violateurs audacieux de la Loi, qu'inspire uniquement l'esprit de l'étranger. Il a semblé que le doute auquel l'auteur s'abandonne atteignait aussi la vie future : c'est une erreur, le doute de l'Ecclésiaste ne tombe que sur l'immortalité spirituelle entendue à la façon de Platon et des Grecs, jamais sur la résurrection des corps. Du reste, M. Derenbourg se montre très sévère au moins pour la forme de ce petit livre. Il en trouve le style « décousu et diffus », et ne reconnaît un peu de talent que dans les versets qui tiennent lieu d'introduction.

Sans examiner ce qu'il y a d'étrange à voir un critique français ou allemand de nos jours louer et réprimander pour son style un écrivain biblique d'une date inconnue, et qu'il n'est pas tout à fait sûr de comprendre, nous allons au fond des choses et nous demandons ce qu'il faut penser du système de M. Derenbourg. Ce n'est pas assez de dire qu'on n'y trouve que des hypothèses, toutes ces hypothèses sont absolument arbitraires et en formelle contradiction avec les textes. La résurrection se montre assez tard dans la Bible, puisqu'il n'en est pas question avant le livre de Daniel, dont la rédaction, selon les calculs les plus accrédités, ne remonte pas au delà de deux siècles avant l'ère chrétienne. La croyance à l'immortalité, ou du moins à la survivance d'un principe dictinct du corps, s'y trouve partout et appartient déjà aux époques les plus reculées. Que signifie donc cette expression, « être réuni à son peuple », quand elle s'applique à des hommes qui meurent dans la solitude ou qui laissent leur dépouille à une terre étrangère ? Que signifie la défense, tant de fois répétée dans le Pentateuque, d'interroger les morts ? Que signifie l'évocation de l'ombre de Samuel chez la pythonisse d'Endor ? Que signifient ces ombres, ces *réphaïm*, qui, dans les profondeurs souterraines du *Schéôl*, viennent à la rencontre du dernier roi de Babylone, réduit à la même condition qu'elles ? Si, après cela, on jette les yeux sur le texte de l'Ecclésiaste, on verra que l'immortalité de l'âme, mise en question, mais non pas niée, dans un des premiers chapitres[1] est affirmée expressément dans le dernier, et la traduction même qu'en donne M. Derenbourg en fournit une preuve : « Pense à ton Créateur aux jours de ton adolescence avant que

---

[1] Chap. III, 21 : « Qui sait si l'esprit des enfants d'Adam monte en haut et si l'esprit de la bête descend en bas vers la terre ? »

n'arrivent les jours de misère... avant que la poussière ne retourne à la terre d'où elle vient et que le *souffle* ne retourne à Dieu qui l'a donné[1] ». Au mot de *souffle*, qu'il pouvait, en s'appuyant sur de nombreux exemples, remplacer par le mot *esprit*, M. Derenbourg ajoute, entre parenthèses : *de vie*. Mais, quand la Bible veut désigner le souffle de la vie, elle le dit, elle emploie l'expression רוח חיים. D'ailleurs, si ce n'est pas un principe immortel, un principe distinct de la poussière, qu'est-ce que ce souffle de vie qui retourne à Dieu qui l'a donné?

Quant à la résurrection, devant laquelle, dans le système de M. Darenbourg, se serait arrêté le scepticisme de l'auteur de l'Ecclésiaste, nous ne voyons pas qu'elle soit plus épargnée que l'immortalité de l'âme. Il suffit, pour en être convaincu, qu'on lise ces deux versets : « Car il y a le sort des fils de l'homme et le sort de la bête, et c'est le même sort pour tous les deux. Comme meurt celui-là, ainsi meurt celle-ci, et c'est le même sort pour tous, et la supériorité de l'homme sur la bête n'est rien, car tout est vanité. » — « Tout va vers un même lieu, tout est venu de

---

1. F° 179, traduction du chap. XII, v. 1-7.

la poussière et tout retourne à la poussière[1] ».

Ce n'est pas la Bible, mais un point circonscrit du Talmud qui fait le sujet d'un curieux petit article de M. James Darmesteter intitulé : Les six feux dans le Talmud et dans le Boundehesch. « Il y a, dit le Talmud, six feux : il y a un feu qui mange et qui ne boit pas; il y a un feu qui boit et qui ne mange pas; il y a un feu qui mange et qui boit; il y a un feu qui mange le vert et le sec; il y a un feu qui repousse le feu; il y a un feu qui mange le feu[2]. » Le premier de ces feux, c'est le feu ordinaire; le second est celui de la fièvre; le troisième est celui du prophète Elie quand, par sa puissance, « le feu dévore l'eau dans le fossé ». Le quatrième feu, celui qui mange le vert et le sec, est le feu du sacrifice; le cinquième est celui de l'ange Gabriel; le dernier est celui de la gloire divine, appelé par l'Ecriture « le feu dévorant ».

On trouve aussi dans le Yasna, le livre liturgique des Parsis, six feux auxquels on adresse des invocations et des sacrifices. Ces six feux, le Boundehesch, le livre de la Création, les réduit à

1. Chap. III, v. 19 et 20.
2. Yoma, 21b.

cinq et nous en donne la définition. Le premier est celui qui brûle devant Ahura Mazda ou celui que nous appelons Ormuzd. C'est évidemment le feu de la gloire divine dont il est question dans le Talmud. Le second est celui qui brûle dans le corps de l'homme et des animaux : « il boit et il mange », dit le livre parsi, en se servant des mêmes expressions que le Talmud. Le troisième boit et ne mange pas; il est dans les plantes qui vivent par la pluie. Parlant du feu ordinaire, qui tient le quatrième rang, le Boundehesch dit qu'il mange et qu'il ne boit pas. Le cinquième ne boit ni ne mange, c'est le feu de l'éclair. Si le Boundehesch a retranché le sixième feu, il y a, selon M. Darmesteter, un texte parsi qui le rétablit. Ce sixième feu réside dans le nombril des rois. Il n'est certainement pas une invention moins bizarre que le feu du prophète Élie ou de l'ange Gabriel.

Malgré les différences qu'on aperçoit entre les six feux du Talmud et ceux du Yasna et du Boundehesch, ils ont assez de ressemblance pour qu'on ne puisse pas douter que les uns sont une imitation des autres. Mais de quel côté est l'imitation? M. Darmesteter est convaincu que c'est du côté du Talmud, et il nous apporte à l'appui de son opinion des preuves puisées dans sa connaissance du Mazdéisme et des procédés rabbiniques. S'élevant ensuite à des considérations plus générales, M. Darmesteter soutient que, par l'intermédiaire des Juifs babyloniens, l'influence du parsisme s'est fait sentir aux auteurs de la Mischna ou aux Tanaïm, et cette influence elle-même est pour lui un motif de croire que certaines doctrines contenues dans le Boundehesch sont antérieures à l'époque où ce livre a été rédigé, et remontent au IIe siècle de notre ère.

A la suite de l'article de M. James Darmesteter, nous trouvons la savante *Étude* de M. Zadoc Kahn, *sur le livre de Joseph le Zélateur*. Mais d'abord qu'est-ce que le livre de Joseph le Zélateur ? Sous l'empire de la foi ardente du moyen âge, on ne se contentait pas de persécuter les Juifs ou d'essayer de les convertir par la prédication, on se flattait de les amener à abjurer leur foi par des discussions solennelles, des disputations, comme disent les théologiens, où on leur opposait les textes de l'Écriture et même du Talmud en leur laissant la liberté de répondre. Des souverains, des princes laïques ou ecclésiastiques, étaient les juges du camp, et les défenseurs du christianisme étaient souvent, presque toujours, des juifs convertis qui possédaient une connaissance approfondie de la religion répudiée par eux. Plusieurs de ces joutes théologiques sont devenues célèbres. On cite particulièrement celles qui eurent lieu en France, en présence de saint Louis et de sa mère, entre le juif converti Nicolas Donin et quatre rabbins; en Espagne, devant le roi d'Aragon Jacques Ier, entre le célèbre commentateur et kabbaliste Moïse Nachmonide et le prosélyte Paulus Christianus; à Tortose, devant l'antipape Benoît XIII, entre Jérôme de Santa-Fé, connu avant sa conversion sous le nom de Josué Porki, et plusieurs rabbins espagnols, au nombre desquels on distingue Joseph Albo, l'auteur du *Livre des principes (Sepher Ykarim)*.

Indépendamment de ces discussions, que nous appellerons, non pas publiques, mais officielles, il y en avait d'autres d'un caractère familier et privé, que l'autorité ecclésiastique a souvent jugées dangereuses pour la foi, et que le pape Grégoire IX a absolument interdites. Des unes et des autres, en se fondant sur des souvenirs plus ou moins fidèles et probablement sur des notes recueillies avec soin, mais où pourtant, à ce qu'il semble, les arguments de l'adversaire couraient le risque d'être quelque peu amoindris, on a formé des recueils dont plusieurs sont souvent cités dans l'histoire de la controverse religieuse. Un des plus renommés est *le vieux Nizzachon (Nizzachon* veut dire « victoire ») ou *Nizzachon l'Ancien,* qui a été recueilli par Wagenseil dans ses *Tela ignea.* Le *Nizzachon* de rabbi Lipman de Mulhausen, le *Hisouk Emouna (Affermissement de la foi)* d'Isaac Troki sont également connus. Le livre de Joseph le Zélateur (*Yossef hammékané*) est un de ces recueils, et non le moins intéressant pour l'histoire des lettres françaises, car il a été écrit en France; tous les rabbins qui y ont un rôle sont des rabbins français. Il n'a jamais été imprimé, et c'est d'après un manuscrit de la Bibliothèque nationale, bien entendu un manuscrit hébreu, que M. Zadoc Kahn en rend compte dans cette Revue fondée en grande partie par son influence et par son zèle.

Cet ouvrage, dont on ne connaissait jusqu'à présent, même parmi les érudits, que de courts extraits et une analyse sommaire, n'intéresse pas seulement la théologie, il contient quelques détails de mœurs qui ne sont pas indignes de l'histoire, tout au moins d'une histoire des Juifs en France pendant le XIIe et le XIIIe siècle.

Le principal personnage que nous y voyons mis en scène, c'est le père de l'auteur ou du principal auteur, un certain rabbi Nathan, surnommé l'Official, en raison de la charge qu'il remplit auprès de l'archevêque de Sens, et qu'on nous présente comme le prince des orateurs, c'est-à-dire comme le premier des controversistes. Il aurait été admis, si nous en croyons son fils, à de fréquents entretiens avec un pape appelé Grégoire, et qui ne peut être, selon la supposition très fondée de M. Zadoc Kahn, que le pape Grégoire X, venu en France le 20 novembre 1273, pour présider le concile de Lyon. Ce pape, en effet, était très bienveillant pour les Juifs. Par une bulle, renouvelée de celle d'Innocent IV, il déclara les Juifs d'Allemagne innocents du crime qu'on leur imputait de se servir, pour célébrer leur Pâque, du cœur d'un enfant chrétien. Quant à ses conversations avec rabbi Nathan, elles auraient eu pour principal sujet la confession et l'absolution.

Rabbi Nathan, par sa charge d'official, était en relations suivies avec l'archevêque de Sens, ses suffragants et son clergé. On sera d'abord étonné qu'en plein moyen âge, à la fin du xiiie siècle, un juif ait occupé la charge d'official auprès d'un archevêque. Le fait paraît cependant difficile à contester. Tous les récits où il est question de lui nous le montrent vivant dans la plus étroite familiarité avec l'archevêque, l'accompagnant dans ses voyages et assistant aux conseils qu'il tient avec ses suffragants ou avec les principaux ecclésiastiques de sa juridiction. Pourquoi le biographe, le compilateur, qui connaissait le temps où il vivait et qui s'adressait à des contemporains, à des coreligionnaires, leur aurait-il raconté des faits incroyables, impossibles au xiiie siècle, sans laisser voir plus de gêne ni d'étonnement que s'il s'agissait des choses les plus ordinaires ?

Il n'est pas admissible que les fonctions confiées à rabbi Nathan, ou qu'il avait achetées peut-être, car il possédait une très grande fortune, ne fussent applicables qu'à ses coreligionnaires, car ils n'étaient pas nombreux alors dans le diocèse de Sens, et sa charge, ainsi amoindrie, ne lui aurait pas donné les droits, l'importance et les privautés dont nous le voyons jouir. Les paroles qu'on rapporte de lui nous prouvent, d'ailleurs, que c'était un homme de beaucoup de tact, de prudence et de mesure, un véritable homme de cour, mais de cour ecclésiastique. On lui adressait les questions les plus délicates, les plus embarrassantes ; il y répondait avec esprit, sur un ton de bonne humeur, en évitant tout à la fois de compromettre sa croyance et de blesser celle de ses interlocuteurs.

Cette notice fait beaucoup d'honneur à l'esprit critique et à la science de M. Zadoc Kahn. Peut-être cependant a-t-il trop insisté sur les questions de date et de généalogie, et pas assez sur la physionomie des hommes, sur l'état de leurs croyances et de leurs idées. Les recherches érudites sont d'un médiocre prix quand elles n'ajoutent rien à ce que nous savons du monde moral et intellectuel.

Le livre de Joseph le Zélateur nous amène naturellement, on pourrait dire nécessairement, à parler de l'article consacré par M. Lœb à la controverse de 1240 sur le Talmud. En 1238, un Juif converti du nom de Nicolas Donin, de La Rochelle, porte devant le pape Grégoire IX une accusation en règle contre le Talmud. Le pape écrit aussitôt aux souverains et archevêques de France, d'Angleterre, d'Aragon, de Navarre, de Castille, de Léon et de Portugal, pour leur enjoindre de saisir tous les livres juifs, notamment tous les exemplaires du Talmud dont ils pourraient s'emparer, et de les faire porter dans le plus prochain couvent de franciscains ou de frères prêcheurs, pour être soumis à un rigoureux examen.

Cet ordre ne reçut son exécution qu'en France, par l'autorité de saint Louis et par les soins de Guillaume d'Auvergne, évêque de Paris. Le 3 mars, premier samedi du carême de 1240, pendant que les Juifs sont réunis dans leurs synagogues, la razzia de leurs livres a lieu. On en rassemble vingt-quatre charretées, qui, après une condamnation prononcée par un tribunal ecclésiastique, furent solennellement brûlées à Paris en 1242. Mais, avant de procéder à cet acte de vandalisme et au jugement qui le motiva, on voulut entendre les défenseurs des œuvres incriminées mis aux prises avec leur accusateur. Le 12 juin de l'année 1240 et les jours suivants, eut lieu la discussion publique dont nous avons déjà fait mention, entre Donin et quatre rabbins, au nombre desquels nous rencontrons le célèbre Yéhiel de Paris, désigné sous le nom de Vivo par la traduction française de son nom hébreu.

« Il existe, dit M. Lœb, deux relations de

cette conférence[1] : une relation hébraïque et une relation latine. La première a été imprimée, en partie, d'après un manuscrit incomplet de l'ancienne bibliothèque de Strasbourg, dans les *Tela ignea* de Wagenseil. Elle a été en entier éditée en 1873, d'après un manuscrit de la Bibliothèque nationale de Paris, sous le titre de *Vikkouah rabbenou Yéhiel mi Paris* (Controverse de rabbi Yéhiel de Paris). La relation latine se trouve dans le manuscrit latin n° 16.558 de la Bibliothèque nationale, f° 231. Elle est beaucoup moins étendue que l'autre; mais le manuscrit contient encore sur les faits qui nous occupent beaucoup d'autres renseignements, dont nous allons montrer l'importance. »

Il résulte des recherches tout à fait nouvelles auxquelles s'est livré M. Lœb que la relation latine qui a pour titre *Extractiones de Talmud* a été écrite après l'exécution de 1242, par les ordres d'Eudes de Châteauroux, pour signaler aux théologiens chrétiens les erreurs et les blasphèmes contenus dans le Talmud. A la suite des citations extraites de ce livre, et classées dans un ordre méthodique, se trouvent les chefs d'accu-

1. P. 248.

sation au nombre de trente-cinq, qu'on a pu en déduire, avec les réponses de rabbi Yéhiel et la condamnation renouvelée contre les livres talmudiques en 1248.

M. Lœb met sous nos yeux les trente-cinq chefs d'accusation avec le commentaire dont ils sont l'objet, et il en fait sortir des observations intéressantes, tant sur le texte du Talmud, plus tard mutilé par la censure, que sur la manière dont il était alors traduit en latin. Quant au fond, M. Lœb est convaincu que les juges qui ont condamné le Talmud étaient de bonne foi, et il nous explique très savamment la cause de leur sévérité, en rappelant de quelle manière le Talmud a été composé et quel degré d'autorité il faut lui reconnaître.

Ce travail est tout à fait remarquable par les recherches originales qu'il contient, et par l'esprit d'impartialité, d'équité et de solide critique, qu'il respire.

Sans la crainte de donner trop de place ici au compte rendu d'une simple Revue, nous aurions aimé à donner une idée de l'excellente monographie de M. Léon Bardinet, qui a pour titre : Antiquité et organisation des juiveries du Comtat

Venaissin. Nous nous contenterons de la comprendre dans le sentiment d'estime que la lecture de ce savant recueil nous a laissé, et dans les espérances qu'il nous a fait concevoir pour son avenir.

LE CHRISTIANISME ET SES ORIGINES

A PROPOS DU LIVRE D'ERNEST HAVET

Expliquer les origines du christianisme est une tâche ardue et compliquée qui a déjà été abordée souvent, et qui, selon toute apparence, le sera encore plus d'une fois dans l'avenir; elle n'a point effrayé M. Ernest Havet.

Dans les deux volumes publiés en 1871, son but a été d'établir qu'un grand nombre des idées que nous appelons chrétiennes sont contenues dans l'Hellénisme d'où elles ont passé par leur puissance naturelle et le contact inévitable des esprits dans la religion fondée par Jésus de Nazareth, dans les enseignements des apôtres et des Pères de l'Église.

Le troisième volume est destiné à montrer ce que le christianisme a emprunté au judaïsme que lui-même reconnait pour son ancêtre et dont il invoque en sa faveur tous les livres religieux, depuis la Genèse jusqu'au dernier des prophètes ou des hagiographes; nul n'a parlé aussi bien que lui de la Bible et de la race hébraïque. Si vieilles qu'elles soient l'une et l'autre, il semble les avoir découvertes, tant il saisit et peint avec vigueur les traits de caractère qui leur sont propres. Mais cette intuition historique et ce sentiment littéraire ne sont pas les seules qualités de M. Havet. Il démontre, avec une abondance de preuves irrésistible, que le judaïsme, comme toutes les grandes religions de la terre, n'est pas né en un jour sous le souffle de Dieu, ou n'est pas sorti tout entier de la tête d'un homme de génie pour se conserver ensuite intact et immuable pendant une longue suite de siècles, mais que ses idées morales et religieuses, ses dogmes, son culte et ses institutions sont le fruit d'une évolution lente et laborieuse qui se prolonge autant que son existence. Sans sortir des lois naturelles de l'histoire et de la logique des faits, il nous fait voir avec la même clarté que plusieurs sentiments du cœur humain que l'on croit nés avec le christianisme, tels que la charité, la pitié pour toutes les souffrances et toutes les misères, l'amour des faibles, des petits, des proscrits, des opprimés, sont déjà contenus et se manifestent en action dans les livres juifs. Indépendant de toute tradition, soit scientifique, soit religieuse, M. Havet dit ce qu'il pense avec modestie mais avec fermeté, sans provocation et sans réticence, avec une sorte de candeur qui n'est pas le moindre charme de son livre, et qui, sans les convaincre, désarmera, j'en suis sûr, un grand nombre de ses adversaires. On connaît ce mot de saint Augustin : « Aime et fais ce que tu veux[1]. »

Il semble que M. Havet s'inspire d'une maxime analogue : « Aime la vérité, et tout ce que tu penses tu pourras le dire. » Dans la partie philologique de son œuvre, dans la discussion des origines, des textes et des dates, dans les conjectures qu'il fait sur les plus anciennes croyances des Hébreux, M. Havet est moins heureux que dans les considérations d'un ordre plus élevé. Cela n'est pas étonnant : l'instrument nécessaire à ces sortes de recherches lui manquait. M. Havet avoue avec candeur qu'il ne sait pas l'hébreu.

1. *Ama et fac quod vis.*

C'est sans doute une lacune regrettable, mais dont il serait injuste d'exagérer l'importance. Il n'en est pas du judaïsme comme du brahmanisme, du bouddhisme ou de l'antique religion de Zoroastre, accessibles seulement à un petit nombre d'érudits rarement d'accord entre eux.

Le judaïsme, à le prendre dans ses monuments les plus importants, mille fois traduits dans toutes les langues de l'Europe, expliqués, développés par d'innombrables commentaires, est entré avec le christianisme chez tous les peuples civilisés; la version des septante et les écrits de Philon furent les principaux instruments de cette vulgarisation.

Je vais donc jeter un coup d'œil sur les conclusions de M. Havet; c'est ce qui prête le plus aux objections. Comme ce n'est pas la partie la plus agréable de ma tâche, je tiens à ce qu'elle soit remplie la première.

On se rappelle que M. Renan, dans un de ses premiers écrits, a représenté le monothéisme, c'est-à-dire la croyance en un seul Dieu, comme une qualité inhérente à la race hébraïque et à la race sémitique en général. M. Havet, dans tout le cours de son livre, se plaît à soutenir l'opinion contraire. Après avoir établi une différence entre la religion d'Israël telle qu'elle a existé avant la Loi et celle qui a été fixée par la Loi, il continue en ces termes : « Maintenant, ai-je besoin d'ajouter que, ni avant ni après la Loi, Israël n'a jamais été ce qu'on appelle monothéiste ? Le monothéisme est une idée philosophique qui n'est devenue une croyance religieuse qu'à l'époque où la philosophie est entrée dans la religion, c'est-à-dire à l'époque chrétienne. Aucune religion de l'antiquité n'a été monothéiste. » « Non seulement les anciens Israélites adoraient d'autres dieux que Jéhova, mais il paraît qu'ils n'ont pas toujours connu Jéhova et qu'ils n'ont pas toujours eu un dieu particulier. Ils reconnaissaient d'une manière générale les dieux, *Elohim*. »

Si M. Havet s'était borné à dire que l'idée de Dieu, comme toutes celles qui font la base de leur morale et de leur religion, n'est pas toujours restée la même chez les Hébreux, mais qu'elle s'est développée et épurée avec le temps, non seulement nous n'aurions pas d'objections à lui faire, mais nous le trouverions en complet accord avec les faits et avec les textes. Les différents noms que l'Écriture donne à Dieu — et l'on sait quelle est l'importance des noms dans l'antiquité biblique

— répondent évidemment à des états différents de la pensée religieuse, à des conceptions plus ou moins claires de la nature divine. Il y a dans les premiers chapitres de la Genèse deux récits de la création, dont l'un, sans contredit le plus ancien, n'emploie en parlant de Dieu que le nom pluriel *Elohim*; tandis que l'autre l'appelle *Jéhovah*. De plus, l'Exode (VI, 3) nous dit expressément que le nom de Jéhovah, ignoré des patriarches, était remplacé chez eux par celui de *Schaddaï*, qui signifie Tout-Puissant. Quelles conséquences tirerons-nous de cette diversité d'appellations? Que l'auteur du premier récit de la création et avec lui la génération contemporaine et toutes les générations antérieures étaient polythéistes? que le Dieu des patriarches, le Dieu tout-puissant, le Dieu *Schaddaï* est d'une autre nature que le Dieu de Moïse et des prophètes, que le Dieu Jéhovah? Cela serait contraire à la lettre aussi bien qu'à l'esprit du Pentateuque. A part quelques exceptions, cette divinité dont le nom affecte la forme du pluriel, du pluriel de majesté, ainsi que l'appellent les grammairiens, est toujours représentée dans ses actions et dans ses attributs comme un singulier, comme un être unique. Elle nous représente, sans détermination précise, l'idée générale de la puissance divine, et c'est pour cela qu'elle manque rarement d'être associée à Jéhovah dans les parties de la Genèse et des autres livres du Pentateuque où le nom de Jéhovah a prévalu. La forme du pluriel, consacrée à l'un des noms que la Bible donne à Dieu, doit d'autant moins nous étonner que la langue hébraïque l'impose aussi aux noms du ciel, de l'eau, de la vie, du visage et à beaucoup d'autres qui ne semblent pas la comporter. Quant à faire de Jéhovah un dieu différent de celui que les patriarches adoraient sous un autre nom, voici contre cette tentative une protestation que personne n'a le droit de récuser, car elle est tirée d'un des livres auxquels M. Havet lui-même, très parcimonieux de ce genre de privilèges, consent à accorder une antiquité supérieure à celle des prophètes.

Nous lisons dans l'Exode (ch. III, p. 6) que Jéhovah, apparaissant à Moïse à travers le buisson ardent, lui adressa ces paroles : « Je suis le Dieu de tes pères, le Dieu d'Abraham, le Dieu d'Isaac, le Dieu de Jacob. — Quel est ton nom ? » demande le futur législateur des Hébreux. — Je suis celui qui suis », lui répond la divine voix. Et elle ajoute [1] : « Tu diras aux enfants d'Israël : C'est Jéhovah, le Dieu de vos ancêtres, le Dieu d'Abraham, le Dieu d'Isaac, le Dieu de Jacob qui m'envoie vers vous ; tel est mon nom à jamais et mon souvenir de génération en génération. »

Cet admirable dialogue contient deux choses fort importantes : la définition du nom de Jéhovah que les savants d'Allemagne, non sans vraisemblance, prononcent *Jahvé*, et l'identité de Jéhovah avec le Dieu qu'ont connu les patriarches. Jéhovah, sans aucune interprétation forcée, sans aucune supposition préconçue, c'est celui qui est, l'Être véritablement étant, pour me servir d'une expression employée par Platon dans le Timée[2]. Jehovah est Dieu ; voilà pourquoi le nom d'Elohim lui convient, ainsi que le nom de *Schaddaï* ou de Tout-Puissant. Je n'ai pas pu découvrir les raisons pour lesquelles M. Havet fait de Jéhovah le nom d'un dieu chaldéen. Que représente ce dieu chaldéen ou assyrien ? Qu'a-t-il fait ? Quel rôle a-t-il rempli ? Quelles traces a-t-il laissées dans l'histoire religieuse de son peuple ? Qui le connaît ?

---

1. Exode, ch. III, voir p. 14 et 15
2. *To ontos ón.*

Tous les dieux étrangers mentionnés dans la Bible nous apportent en quelque façon leur état civil. Nous savons d'où viennent Baal, Moloch, Astarté, Camosch, Belphegor ; de celui-là nous ignorons jusqu'à son nom qu'aucune inscription ne nous a livré.

M. Havet prétend que le culte de l'Assyrie s'adressait à des dieux taureaux et que Jéhovah, dans l'origine, n'était autre chose qu'un de ces dieux, représenté sous la même force animale que les autres. Il en donne pour preuve le veau d'or, adoré dans le désert par un grand nombre d'Israélites que Moïse venait d'affranchir de la servitude égyptienne, et les deux veaux d'or que Jéroboam offrit dans Samarie devenue la capitale d'un nouveau royaume, au culte des Dix Tribus. Mais les deux faits allégués sont des cas de révolte, des agressions de l'idolâtrie étrangère contre la religion des patriarches et de Moïse, devenue plus tard la religion nationale, dont on veut chercher l'origine hors de la race d'Israël. Et pourquoi la chercher dans l'empire d'Assyrie, avec lequel ni les fugitifs du désert ni les tribus de Jéroboam, n'avaient depuis des siècles aucun rapport ? Il semble qu'on la trouverait plus facilement dans un souvenir du culte égyptien d'Apis, associé avec plus ou moins d'art à celui du dieu qu'avait annoncé Moïse et au nom duquel s'était accomplie sa mission libératrice.

Apis, dans la mythologie égyptienne, c'est la manifestation visible de la cause vivifiante et organisatrice du monde ; l'idée qu'il réveille dans l'esprit est presque identique à celle qu'on traduit par *Elohim*. Aussi n'y a-t-il pas lieu de s'étonner qu'à la vue du veau d'or le peuple s'écrie : « Voilà, Israël, ton Dieu qui t'a fait sortir d'Égypte », et que ces paroles soient répétées plus tard par Jéroboam devant la même idole dont il a inauguré le culte dans les deux principales villes du nouveau royaume. Comme il n'y a qu'un seul Dieu en Israël, dont le veau d'or n'est que le symbole, Aaron a pu dire en convoquant le peuple devant l'autel sacrilège auquel il a prêté son ministère : « C'est demain fête de Jéhovah[1] ».

Tous les actes d'idolâtrie cités par M. Havet sont comme celui-ci, à quelque divinité qu'ils s'adressent, des actes de rébellion, des effets de l'ignorance, une imitation des superstitions étrangères,

---

1. Exode, ch. XXXII.

des cultes proscrits par le législateur et par la tradition patriarcale. Le livre des Juges nous en donne l'explication lorsqu'il dit : « Alors, il n'y avait pas de chef en Israël et chacun faisait ce qui lui semblait bon. » Si Jéhovah, selon M. Havet, finit par se dégager des formes idolâtriques qui le représentaient d'abord et par acquérir le rang d'un dieu plus puissant, plus redoutable et meilleur aussi que tous les autres, il n'a jamais cessé d'être un dieu national, le père et le protecteur d'Israël, qui n'exclut pas l'existence de divinités moins dignes de respect, qui ne présente pas à notre esprit l'idée que nous nous faisons d'un Dieu unique, universel. M. Havet croit que le peuple hébreu a bien pu atteindre au monothéisme du cœur, mais non pas au monothéisme de l'esprit[1]. Les textes qui le combattent sont si nombreux qu'il est impossible de les citer tous, ni même la plus grande partie ; mais en voici quelques-uns dont le sens est si clair qu'il défie toute contestation :

« Écoutez Israël, Jéhovah notre Dieu, Jéhovah est unique[2]. » « Reconnaissez maintenant que

1. Page 204.
2. Et non pas « l'unique Jéhova », comme traduit M. Havet.

moi, moi je suis, et qu'il n'y a pas de Dieu avec moi ; c'est moi qui tue et qui vivifie, qui frappe et qui guéris, et nul n'échappe à ma main[1]. » « Je suis le premier et je suis le dernier, et il n'y a point de Dieu hors de moi. » — « Moi, Jéhovah, je fais tout, moi seul je suspends les cieux, il n'y a que moi qui étende la terre[2]. » — « Les cieux racontent la gloire de Dieu, et le firmament nous dit les œuvres de ses mains. » — « Quoi ! celui qui a fabriqué l'oreille n'entendrait pas, et celui qui a façonné l'œil ne verrait pas ! » — « Jéhovah, mon Dieu, que tu es grand ! Tu es vêtu de splendeur et de gloire. Jéhovah étend les cieux autour de lui comme une tente ; il a assis la terre sur ses fondements pour qu'elle ne soit jamais ébranlée[3]. On lit dans le livre des Rois[4] que le peuple du royaume d'Israël, maintenu depuis longtemps dans l'idolâtrie par Achab et Jézzbel, après avoir assisté au miracle par lequel Élie confondit les prêtres de Baal, s'écria dans un transport de piété : « C'est Jéhovah qui est Dieu ! C'est Jéhovah qui est Dieu ! » Mais tel est, chez M. Ha-

---

1. *Deut.*, v, 4 xxxii, 3?.
2. Isaïe xliv, 24 ; xlvii, 10.
3. Psaumes, passim.
4. 1, *Rois*, ch. xviii, v. 39.

vet, l'amour de la vérité, que lui-même nous signale la plupart de ces passages, et que, ne résistant pas à leur éloquence, il finit, non par se rétracter, mais par transiger avec lui-même. « A force, dit-il, de remplir son imagination de la grandeur de son Dieu, Israël arrive jusqu'au monothéisme, je ne dis pas au monothéisme philosophique, mais à quelque chose qui en approche[1]. » Mais les prophètes hébreux ne sont ni des théologiens ni des philosophes, et c'est cela même qui fait leur originalité et leur puissance. Aux images, aux visions, aux élans de la passion, ils mêlent sans cesse les plus profondes intuitions de la pensée. Ils nous défendent de nous représenter Dieu par aucune chose visible, et ils nous le montrent dans leurs discours, inclinant les cieux pour descendre, assis sur les nuages comme sur un trône, faisant de la terre l'escabeau de ses pieds, remplissant le temple des plis de sa robe, couvrant de sa main, pendant qu'il passe devant lui, caché derrière un rocher, le visage de Moïse, et ne se laissant voir que par derrière. Ils confondent les temps, les lieux, les formes du langage, et l'on

1. P. 275.

s'expose avec eux à de graves mécomptes dès qu'on veut leur imposer les règles de la logique et de la grammaire. Les autres points sur lesquels je suis en dissentiment avec M. Havet et qui seront contestés, j'en suis sûr, par la presque unanimité des critiques contemporains, peuvent se ramener à un seul : ce sont les dates relativement récentes qu'il assigne à toutes les parties de l'Ancien Testament, c'est l'extrême jeunesse dont il dote tous les livres du canon hébreu.

A l'en croire, Moïse n'aurait rien laissé que les Dix Commandements. Des cinq livres qui portent son nom et qui forment le Pentateuque ou la Loi, les quatre premiers auraient été rédigés par Esdras au ve siècle avant notre ère, et le dernier, celui qu'on appelle le Deutéronome ou la seconde Loi *(Mischna tora)*, n'aurait vu le jour qu'à l'époque où la Judée était sous la domination des rois macédoniens, moins de trois siècles avant l'ère chrétienne. Les prophéties d'Isaïe, de Jérémie, d'Ezéchiel, en un mot les grands prophètes, qui ne sont pour lui que des pseudonymes, il les fait descendre jusqu'au temps des Séleucides, jusqu'au règne d'Antiochus Épiphane[1].

1. Entre 174 et 164 av. J.-C.

La composition des Psaumes serait encore plus rapprochée de nous. Selon les calculs de M. Havet, appuyé sur l'autorité de M. Reuss, elle appartiendrait au temps des derniers Asmonéens. Il se demande s'il n'y a pas lieu d'être plus hardi encore et s'il ne faut pas descendre jusqu'à Hérode même, sinon au delà[1]. Enfin c'est encore sous Hérode qu'aurait vécu l'auteur, à nous inconnu, du livre de Daniel, où il croit reconnaître des allusions à Hérode lui-même et à l'Empire romain. C'est, comme on le voit, tout un système, et il serait injuste de ne pas ajouter que ce système, notamment en ce qui concerne les grands prophètes, est défendu d'une manière brillante et avec une richesse d'arguments dont il est difficile de ne pas être surpris, alors même qu'on n'est pas convaincu.

Ne voulant entrer ici dans un examen quelque peu approfondi de ces délicates matières, je me bornerai à un petit nombre de réflexions générales.

Pour quiconque n'a pas entièrement renoncé à l'usage de son bon sens dans la lecture de la Bible, il est absolument hors de doute que le

---

1. Page 250.

Pentateuque, selon les expressions d'un critique contemporain[1], est un monument du travail de longs siècles. On y trouve à chaque instant la trace de la diversité que suppose une œuvre sortie d'un si laborieux enfantement : diversité de temps, de tradition, de documents mis en usage. Déjà, au XIIe siècle, le rabbin Ibn Esra avait signalé douze passages qui ne pouvaient avoir été rédigés qu'à une époque de beaucoup postérieure à celle de Moïse. C'est ce qu'il appelait *le secret des douze*. Est-ce à dire que Moïse, à l'exception des Dix Commandements, n'a eu aucune part, je ne dirai pas à la rédaction dernière des Cinq Livres, mais à la formation de la loi qui porte son nom ? Et en quoi donc consisterait la mission qu'il a remplie près de son peuple, et, on peut le dire, près de tous les peuples civilisés ? Qu'est-ce qui nous expliquerait ce culte sans exemple qu'il a inspiré, tout en gardant les proportions de la nature humaine ? On croyait qu'il conversait avec Jéhovah face à face, comme un ami avec son ami. Il faut donc qu'on ait entendu quelquefois les échos de ces conversations. Je me rappelle que

---

[1] Noëldeke, *Histoire de l'Ancien Testament*, page 45 de la traduction française, par MM. Hartwig, Derenbourg et Jules Soury, 1 vol. in-8°. Paris, 1873.

M. Lerminier disait un jour du haut de sa chaire du Collège de France: « Moïse a fait un peuple, il n'avait pas le temps de faire des livres. » On peut répondre à cela : Si Moïse a fait un peuple, c'est comme législateur, et c'est bien le moins qu'un législateur fasse des lois.

Quant à la supposition qui, sans nier l'existence de quelques rares documents d'une origine plus ancienne, attribue à Esdras la rédaction, la création même des quatre premiers livres du Pentateuque, elle me paraît de tout point inadmissible. Qui est Esdras pour qu'on lui fasse honneur d'un tel rôle? Le livre qui porte son nom et qui, lui-même, porte la marque d'une antiquité plus haute que celle que lui reconnaît M. Havet, est signé un *scribe*, en hébreu *Sopher*. Le *Sopher* n'avait rien de commun avec le prophète, il n'en avait ni l'inspiration ni le prestige. C'était un savant, un légiste comme nous dirions aujourd'hui, tout au plus un théologien. Il passait sa vie à étudier la loi, à la commenter, à l'enseigner et à l'écrire ; elle était écrite tout entière dans sa mémoire. Par conséquent, la loi existait au moment où Esdras quittait la Babylonie pour la rappeler au souvenir de ses frères restés livrés à eux-mêmes sur le sol de la Judée. D'un autre côté, comment ce peuple dégénéré et déchu se serait-il relevé à la parole d'Esdras, aurait-il accueilli docilement cette loi qu'il lui apportait toute pleine des plus dures obligations, s'il n'en avait jamais entendu parler, s'il n'était pas sûr qu'elle existait depuis bien des siècles et qu'elle avait régné sur ses ancêtres? Comment se figurer aussi que les savants, que les lettrés demeurés à Babylone eussent gardé le silence devant cette supercherie. Si Esdras, au lieu d'être le restaurateur de la loi, en avait été l'auteur, ne l'aurait-il pas faite plus conforme à la situation où il trouvait ses malheureux compatriotes? Les aurait-il forcés à répudier les femmes étrangères qu'ils avaient épousées? Aurait-il institué le jubilé et l'année sabbatique dans un pays dont l'agriculture était ruinée et où la propriété, au lieu d'être remise en question tous les demi-siècles, avait besoin de se raffermir? S'il avait été non un légiste, mais un législateur, aurait-il converti en prescriptions immuables cette multitude de détails liturgiques que le temps seul avait consacrés et que le temps devait détruire? C'est un fait aujourd'hui reconnu presque sans contradiction que le Deutéronome est plus moderne que les quatre autres livres du Pentateuque. Il respire une piété plus tendre et plus exaltée; la morale en est plus pure, le dogme plus décidé et plus libre de tout contact avec le polythéisme et le culte de la nature. Mais ce n'est pas une raison de retarder la naissance du livre jusqu'au temps des Séleucides. Le souffle puissant qui y court, la poésie enthousiaste qui en remplit les derniers chapitres, l'énergie des malédictions et des menaces contre l'infidélité, la primitive simplicité du récit, le langage majestueux des lois, tout cela nous fait remonter bien au delà d'une époque d'asservissement, d'imitation et de décadence. Il serait d'ailleurs superflu d'insister sur ce point, car l'opinion qu'il exprime sur l'âge du Deutéronome, M. Havet lui-même la qualifie de paradoxe en se contentant de la soumettre à l'examen des érudits[1].

En exagérant encore cette hypothèse pour l'appliquer aux grands prophètes et au livre des Psaumes, M. Havet soulève contre lui les mêmes objections. Que l'on compare la parole enflammée d'Isaïe, les visions étranges d'Ezéchiel, les chants passionnés du psalmiste, ses éclats de colère ou

1. Page 157.

de tendresse à la langue ferme et sentencieuse de la Mischna qui s'est formée au temps des Asmonéens, ou au style prosaïque soit de l'Ecclésiaste, soit du livre d'Esther, qui appartiennent à une époque un peu plus reculée, et l'on verra s'il est possible de regarder ces diverses productions du génie hébraïque comme contemporaines les unes des autres. Si l'on répugne à rapprocher entre elles des compositions de genres si différents, que l'on songe au livre de Daniel ! Ce livre est moins moderne que ne le suppose M. Havet. Il est difficile d'y trouver des allusions à Hérode et à l'Empire romain. Par la langue et par les événements qu'il nous présente sous un voile transparent, il appartient au règne d'Antiochus Epiphane. Eh bien ! la synagogue ne l'a jamais admis au nombre des prophètes et c'est à grand'peine si elle le compte parmi les hagiographes. Selon le Talmud, il a été rédigé par une assemblée de docteurs postérieure aux temps bibliques. Il est impossible de soutenir qu'une telle œuvre, dont la moitié est écrite en araméen et qui a subi l'invasion de la langue grecque, ne soit pas séparée par un intervalle considérable, par plusieurs siècles certainement, des prophètes et des psaumes. Dans les diverses parties

de la Bible qu'on désigne sous ces deux noms,
on distingue des compositions de plusieurs époques. Dans les psaumes, en particulier, il en
est qu'on peut faire descendre jusqu'au temps
des Maccabées, mais il en est d'autres qui
remontent jusqu'au VIIIe et même jusqu'au IXe siècle
avant notre ère. C'est par une interprétation
hardie, démentie par l'inspiration et par la
langue, que M. Havet a pu reconnaître la Syrie
des Séleucides et l'Égypte des Ptolémées dans
l'Égypte et l'Assur d'Isaïe. Quand le prophète
annonce qu'un autel sera élevé à Jéhovah sur le
sol égyptien, on ne saurait en conclure qu'il a
voulu parler du temple d'Héliopolis, construit par
Onias sous le règne de Philométor, environ
150 ans avant Jésus-Christ. Il faut dire, au contraire, parce que c'est plus conforme au génie
hébraïque, que la prophétie d'Isaïe a suggéré à
Onias l'idée du temple qui porte son nom. Bien
d'autres prophéties se sont accomplies de cette
façon.

Mais en voilà assez sur la généalogie et ce qu'on
pourrait appeler l'état civil de la Bible. Il est temps
que nous sachions ce que M. Havet pense de la
Bible elle-même et quelle part il lui fait dans

l'œuvre du christianisme. C'est là qu'il faut le suivre pour le connaître.

C'est une opinion presque générale, en dehors du cercle extrêmement restreint de la libre critique, que le judaïsme est tout entier dans le Pentateuque, et que l'esprit du Pentateuque forme un contraste complet avec celui de l'Église. On se plaît à opposer le Dieu des Juifs, jaloux, vindicatif, implacable, au Père céleste, plein de miséricorde et de mansuétude, que Jésus nous a appris à adorer. On mesure avec orgueil la distance qui existe entre la morale de l'Ancien Testament et celle du Nouveau. On se représente le premier comme une loi purement charnelle, tout au plus comme une loi transitoire, destinée à un seul peuple ; le second, comme une loi spirituelle et universelle, appelée à régénérer le genre humain par la sainteté et par la charité. M. Havet ne laisse rien subsister de cette double erreur. Il montre que depuis le moment où revêtant une forme saisissable, il entre dans l'histoire, jusqu'à celui où le nombre des livres saints se trouve décidément arrêté, le judaïsme n'a cessé de se développer, de se transfigurer et d'admettre dans son sein, tout en gardant son originalité, la plus haute conception de la nature divine, les idées les plus pures de la perfection proposée à l'homme, les idées de sacrifice et de charité adoptées plus tard par la religion chrétienne. Il montre que dans le Pentateuque même, œuvre de plusieurs mains et de plusieurs siècles, où sont cités sans mystère des monuments plus anciens, la marche ascendante de l'esprit religieux des Hébreux n'est pas moins sensible, et qu'il y a un immense intervalle, comme nous l'avons déjà dit, entre les quatre premiers livres attribués à Moïse et celui qui passé pour être le dernier.

Il y a dans les quatre premiers livres du Pentateuque des traits de rudesse qui nous reportent aux temps les plus reculés et appartiennent à une race à peine sortie de l'enfance. Les mœurs tant vantées des patriarches ne sont pas toujours un modèle de pureté et de douceur. Leurs croyances ne sont pas dégagées de tout alliage mythologique, comme le prouvent, entre beaucoup d'autres exemples, les idoles que Rebecca a dérobées à son père et le récit du sacrifice d'Abraham. Parmi les lois qu'on attribue à Moïse et qui, selon toute vraisemblance, sont plus anciennes que lui, il y en a plus d'une que l'humanité et la justice condamnent absolument. Telle est la loi du talion : Dent pour dent, œil pour œil, plaie pour plaie ! Et cette autre loi imparfaitement expliquée par les commentateurs et dont M. Havet est justement frappé : « Tout anathème[1] qui aura été prononcé contre un homme ne pourra être racheté ; qu'il meure ! » Je me hâte d'ajouter que le talion, dont l'histoire du peuple juif ne nous offre d'ailleurs aucune application, a été interprété par la tradition dans le sens d'une compensation pécuniaire, et que de l'anathème prononcé contre une personne innocente, il n'y a pas d'autre exemple que le sacrifice resté problématique de la fille de Jephté. Ce n'en est pas moins un sujet de surprise que de telles lois aient trouvé place dans un code religieux qui passe pour avoir été rédigé sous l'inspiration de Dieu. On y peut joindre celle qui condamne à être lapidé par le peuple tout entier quiconque s'est rendu coupable de blasphème.

Cependant, il ne faut pas oublier que les livres

---

[1]. En hébreu, 'herem, le mot qui est resté dans la langue théologique pour désigner l'anathème. M. Cahen se rapproche du sens en le traduisant par *interdiction;* M. Havet s'en éloigne en employant le mot *vœu*.

dont nous parlons contiennent aussi un grand nombre de règles de pitié et d'humanité envers le pauvre, le faible, l'esclave, l'étranger et prescrivent des ménagements même envers les animaux. Ils condamnent la haine, la vengeance, le ressentiment. Ils ordonnent qu'on ramène à son ennemi son agneau ou son bœuf égaré, qu'on lui aide à décharger son âne succombant sous le fardeau, qu'on aime l'Égyptien malgré la servitude dont Israël a souffert dans son pays, et, enfin, ce qui est la plus haute expression de la justice et de la charité, qu'on aime son prochain comme soi-même[1]. Je ne crois pas qu'on soit autorisé à dire que le prochain ici ne désigne que l'israélite et que l'amour qui nous est prescrit envers lui se borne à ne pas le traiter en ennemi. Puisqu'il nous est prescrit d'aimer même l'Egyptien, c'est-à-dire l'oppresseur de nos pères, ou comme on dirait chez une nation voisine, l'ennemi héréditaire, pourquoi l'étranger avec lequel nous sommes en rapport et qui ne nous a fait aucun mal ne serait-il pas compris dans le même devoir ? Puisqu'il nous est prescrit de travailler fraternellement avec notre ennemi pour le tirer de la peine, com-

___
1. Levitique, 1XIX, 8.

ment l'amour du prochain en général, c'est-à-dire de tous ceux qui vivent près de nous, ne renfermerait-il rien de plus que l'absence de la haine? Puis, voici un passage qui met fin à tous les doutes : « Que l'étranger qui demeure au milieu de vous soit à vos yeux comme l'un d'entre vous qui est né dans le pays ; vous l'aimerez comme vous-même, car vous avez été étranger sur la terre d'Égypte[1] ».

On lit dans ces mêmes livres des expressions de tendresse qui, d'abord restreintes aux rapports de Jéhovah avec Israël, sont entrées plus tard dans la langue courante du christianisme et ont été appliquées aux rapports de Dieu avec l'humanité, unie elle-même avec le Verbe. Jéhovah n'est pas seulement l'Être invisible dont le premier article du Décalogue interdit toute représentation ; il n'est pas seulement « le Dieu des esprits qui animent toute chair[2] », il est le père de son peuple, Israël est son fils aîné, dont il a fait son pontife, son représentant sur la terre[3].

Mais il est vrai que ces croyances et ces lois

1. Lévitique, XIX, 34.
2. Nombre, XVI, 21.
3. Exode, IV, 23 ; XIX, 6. « Vous serez pour moi un peuple de prêtres ».

prennent un caractère plus impérieux, plus exalté aussi dans le Deutéronome. Là, toute forme religieuse étrangère au monothéisme est absolument proscrite. Jéhovah seul est Dieu, il n'y en a pas d'autres avec lui. Il rappelle que sur le mont Sinaï sa parole s'est fait entendre, mais qu'il ne s'est manifesté sous aucune forme. S'il est jaloux de son peuple, c'est par amour, comme un père l'est de son enfant. Si on l'abandonne pour un non-dieu, il se choisira aussi un peuple d'emprunt qui lui restera indifférent, « un non-peuple ». Ce n'est pas assez qu'on lui obéisse, il veut qu'on lui rende amour pour amour.

« Tu aimeras Jéhovah, ton Dieu, de tout ton cœur, de toute ton âme, de toutes tes forces[1] ». Plus de créature humaine vouée à la mort ou frappée d'anathème pour apaiser un Dieu vindicatif et irrité, le plus sûr moyen de lui plaire et d'exécuter ses commandements, ce sera d'aimer son prochain. « Il n'y aura pas de nécessiteux parmi vous; »[2] une parole qui serait regardée aujourd'hui comme une maxime socialiste et révolutionnaire. Si ton frère, tombé dans la pau-

---

1. *Deuteronome.* VI, 4, 13.
2. *Ibid.*, XV, 4.

vreté a besoin de ton secours pour se relever, prête-lui sans intérêt. Il faut avoir pitié de l'esclave. La terre d'Israël sera un lieu d'asile pour l'esclave fugitif. On aura pitié même des criminels mis à mort au nom de la loi ; il est prescrit de leur donner la sépulture. Ajoutons que la législation du Deutéronome ne connaît pas la question, cette cruauté injustifiable qui a si longtemps déshonoré la justice chez les anciens et chez les modernes.

Le progrès est plus évident encore et éclate en quelque façon sur une plus grande surface quand on passe du Deutéronome aux grands prophètes, plus jeunes, selon moi, que l'auteur du cinquième livre du Pentateuque, sans descendre aussi bas que le suppose M. Havet. Dans les prophètes, par exemple dans Isaïe, Jéhovah est décidément le Dieu du genre humain. On dit à Jérusalem : « Ton rédempteur, le Saint d'Israël, sera appelé le Dieu de toute la terre. » Et Jéhovah, prenant lui-même la parole, annonce que sa maison sera appelée la maison de prières de tous les peuples. Ce n'est plus aux descendants d'une même race, aux enfants d'un même pays, aux héritiers de la même tradition qu'on recommande de vivre en frères ;

on prêche la fraternité des peuples dont nous sommes encore si loin, dix-huit siècles après la prédication de l'Évangile; on ne se borne pas à la prêcher, on annonce son avènement plus ou moins prochain, on prédit la fin de la guerre et la fin de la tyrannie. Dieu seul jugera et gouvernera les nations. Toutes auront une égale part à son amour, même celles qui l'ont autrefois outragé dans son peuple de prédilection. Jéhovah Sabaoth (on remarquera, en passant, qu'il ne peut être question ici du Dieu des armées), Jéhovah Sabaoth les a toutes bénies par ces paroles : « Que béni soit l'Égyptien, mon peuple, et Assur, l'œuvre de mes mains, et Israël, mon héritage[1]. »

A quelque époque que ces mots aient été écrits ou prononcés, ils ne perdent rien de leur originale grandeur. Il est impossible, après les avoir lus, de soutenir que le judaïsme, pendant le règne de l'Ancienne Alliance, n'a connu d'autre dieu qu'un dieu national et est resté étranger à la fraternité du genre humain, si même il n'a été pénétré de haine pour l'étranger. M. Havet va nous prouver par des citations non moins décisives, qu'on n'a pas plus le droit de lui repro-

1. Isaïe, XIX, 25.

cher le culte servile de la lettre et le caractère charnel de sa loi.

Le même prophète dont je viens de parler, je veux dire les prophéties qui portent le même nom, accuse les grands d'Israël, ou ce qu'on appellerait aujourd'hui la haute société, de faire passer la dévotion avant la piété et les pratiques extérieures avant la pratique de la justice et de la charité. Tout le monde connaît ces deux vers que Racine met dans la bouche du grand-prêtre Joad :

> Quel fruit me revient-il de tous vos sacrifices ?
> Ai-je besoin du sang des boucs et des génisses ?

Ils sont le résumé fidèle de deux chapitres d'Isaïe[1]. Le prophète, parlant au nom de Jéhovah, lui fait dire qu'il rejette les hommages qui lui sont rendus par des mains souillées et des cœurs endurcis. Au lieu des sacrifices dont on charge ses autels, au lieu des fêtes et des jeûnes qu'on observe avec éclat, au lieu des prières et des génuflexions qu'on prodigue dans son temple, il demande qu'on ait les mains pures de sang et de rapine, qu'on relève celui qui est à terre, qu'on fasse justice à la veuve et à l'orphelin, qu'on porte secours à l'opprimé, qu'on donne du pain

---

1. Le chapitre L, 11-18 et le chapitre LVIII tout entier.

à celui qui a faim et des vêtements à celui qui est nu.

Il y a, dans l'un des chapitres que je viens d'abréger, un passage remarquable entre tous, qui nous montre à quel point, dans l'esprit des prophètes, les vertus sociales comme on dirait aujourd'hui, c'est-à-dire la justice, l'humanité, la charité, sont élevées au-dessus des vertus ascétiques et des pratiques dévotes. Je ne puis résister au plaisir de le traduire :

« Quel est le jeûne que je préfère ? Est-ce un jour où l'homme se mortifie ? où il courbe la tête comme un roseau et s'étend sur un cilice et sur la cendre ? Est-ce là ce que vous appelez un jeûne et un jour agréable à Jéhovah ? Voici le jeûne que je préfère : c'est de dénouer les nœuds de la tyrannie, de faire tomber les liens de celui qui est asservi, de rendre les opprimés à la liberté, de briser tous les jougs, de partager votre pain avec l'affamé, d'amener dans votre maison les pauvres qui n'ont pas d'asile, de couvrir celui que vous verrez nu, de ne pas vous dérober à vos proches[1]. »

Pour se rendre compte de l'indépendance toute

1. LVIII, 6 et 7.

laïque dont ces paroles sont pénétrées, il suffit de se rappeler que les prophètes n'étaient pas des prêtres, mais des tribuns inspirés, des moralistes orateurs et poètes qui sortaient de toutes les tribus, de toutes les classes de la société israélite. Ils ne se mettaient pas seulement à l'aise avec les prescriptions innombrables du culte extérieur, il leur arrive quelquefois, dans un élan de passion pour la vérité et pour la justice, de contredire ouvertement des enseignements de la Loi qui peuvent passer pour des dogmes. Ainsi, le texte des Dix Commandements, tel qu'il nous est conservé non seulement dans l'Exode[1], mais dans le Deutéronome[2], affirme que Jéhovah est un Dieu jaloux qui punit la faute des pères sur les enfants jusqu'à la troisième et à la quatrième génération, et qui fait grâce jusqu'à la millième génération à ses amis et aux fidèles observateurs de ses commandements. Eh bien ! cette double solidarité, ou pour me servir d'une expression de Joseph de Maistre, cette double reversibilité est répudiée dans les termes les moins équivoques par Jérémie et par Ezéchiel. « Or, en ce temps-

---

1. Chapitre xx.
2. Chapitre v.

là, dit Jérémie, on ne dira plus : les pères ont mangé du verjus, et les enfants en ont les dents agacées; mais chacun mourra pour son propre crime; celui qui aura mangé du verjus, celui-là aura les dents agacées[1]. » Ezéchiel[2] se sert de la même métaphore pour exprimer la même pensée; mais il ne se borne pas à nier la reversibilité du mal, il se prononce également contre celle du bien. Lorsqu'un juste, fait-il dire à Jéhovah lui-même, a donné le jour à un fils violent qui verse le sang, qui souille la femme de son prochain, qui opprime le faible, qui s'enrichit par la rapine et le vol, qui lève les yeux vers les idoles, qui prête à intérêt, ce fils ne vivra pas, « qu'il meure, que son sang retombe sur lui[3]! » « Le fils, ajoute-t-il, ne porte pas la faute du père, et le père ne porte pas la faute du fils. La justice du juste sera sur lui, et la méchanceté du méchant sera sur lui. » Mais on ouvre au méchant la voie du repentir. Qu'il revienne de ses péchés, qu'il pratique la justice et la charité, alors il vivra et ne mourra pas, et ses péchés seront oubliés. « Car je ne veux point la mort du méchant,

1. Jérémie, XXXI, 29, 30.
2. Chapitre XVIII, 2, 4.
3. *Ibid.*, 10, 14.

dit Jéhovah, qu'il revienne de ses voies et qu'il vive ! »

Devant cette affirmation absolue du libre arbitre et de la responsabilité personnelle de l'homme, on est naturellement conduit à se demander quelle place tient le dogme de la chute dans l'Ancien Testament. Comment, ni Jérémie, ni Ezéchiel, ni aucun prophète venu avant ou après eux ne s'est-il rappelé nos premiers parents expulsés du Paradis terrestre après avoir encouru, par leur désobéissance, la malédiction de Dieu ? M. Havet remarque, avec raison, que ce récit de la Genèse ne reparaît plus dans la Bible. « Il n'y est pas reparlé une seule fois, dit-il[1], du Paradis, perdu par la faute de la femme et celle de l'homme et par les suggestions du serpent ; cette croyance, qui est devenue fondamentale dans le christianisme, paraît n'avoir eu aucune importance dans la religion des anciens Juifs. » Rien n'est plus vrai. Si quelquefois, chez les prophètes, il est question du jardin d'Eden et si l'on présente métaphoriquement la loi comme l'arbre de la vie, jamais il n'est fait allusion au serpent, à l'arbre de la science, et à la défense de cueillir

---

1. Page 61.

ses fruits. Faut-il en conclure que cette partie de la Genèse n'a été rédigée qu'après l'exil de Babylone, d'après la même tradition, qui, dans le Zend-Avesta, a inspiré le Boun-Dehesch? Cela est possible, j'irai jusqu'à dire que cela est probable; on ne pourrait le démontrer. Mais qu'elle soit d'origine étrangère et que pour cela même elle soit restée sans influence sur l'esprit et sur la vie du peuple hébreu, voilà ce qui paraît incontestable.

Dans les dogmes secondaires de l'Ancienne Alliance, l'œuvre du temps, le travail de transfiguration ne sont pas moins manifestes que dans les croyances fondamentales. Les anges n'y jouent d'abord qu'un rôle effacé ou ne sont que des figures sous lesquelles, dans des circonstances passagères, Dieu se rend visible aux hommes Peu à peu ils acquièrent une existence distincte, ils deviennent les ministres de Dieu sans attributs bien définis, et enfin ils sont rangés par classes, par catégories, par légions, ils forment une hiérarchie, une armée céleste où chacun a sa fonction invariable. Les uns, comme les séraphins de la vision d'Isaïe, chantent les louanges du Très-Haut. D'autres vont porter ses messages aux serviteurs qu'il s'est choisis sur la terre. D'autres sont préposés à la garde des différents peuples. Ils portent des noms en harmonie avec leurs ministères respectifs : Michaël, c'est le grand prince; Raphaël, c'est l'ange de la guérison. Daniel nous parle du prince de la Perse et de celui de la Grèce. Plus tard, sous le règne de la tradition, ils administrent, si l'on peut ainsi parler, par délégation divine, toutes les parties de l'univers.

Le démon aussi à son histoire. Dans la Genèse il nous apparaît sous la forme symbolique du serpent. Mais ce symbole, encore une fois, est d'origine étrangère, il nous rappelle la couleuvre dont Ahriman, dans le Zend-Avesta, revêtit la forme pour séduire nos premiers parents. C'est le livre de Job qui nous le présente pour la première fois dons son costume biblique. Alors il s'appelle Satan, c'est-à-dire l'adversaire, le contradicteur. Ce n'est pas de Dieu qu'il est l'adversaire, car il se présente devant lui pour lui rendre hommage avec les autres anges du ciel avec les autres *Enfants de Dieu*, et il obéit docilement à ses ordres.

Il est l'adversaire, le contradicteur de l'homme, non pas du genre humain pris en masse, mais de tout homme en particulier à qui l'on attribue quelque vertu. Il semble avoir la charge d'accusateur public et de juge d'instruction avec le pouvoir d'éprouver les accusés. C'est ainsi qu'on lui donne la permission de faire souffrir Job pour éprouver sa piété. Plus tard, à la suite du rapprochement qui s'établit entre la Judée et la Perse, il devient un plus grand personnage, non pas précisément l'égal, mais l'ennemi de Dieu, son adversaire personnel, et par suite l'ennemi du genre humain. Il n'a pas concouru, comme Ahriman a concouru avec Ormuzd, à créer le monde ; il se borne à le corrompre et à lui infiltrer son venin qui est le péché.

Voulant cependant lui donner une origine conforme à sa puissance, on en a fait, par une fausse interprétation d'une métaphore d'Isaïe, un archange rebelle. On a placé sous ses ordres une armée de serviteurs aussi nombreuse que celle des anges, et à laquelle la mythologie de la Perse a fourni un fort contingent. Ainsi le fameux Asmodée est le même personnage qu'un démon féminin du Zend-Avesta, dont le nom est Aschma-Dewa.

La croyance au Messie ne s'est pas non plus

formée en un jour et n'a pas été dans l'origine ce qu'elle est devenue, je ne dirai pas sous l'empire de la tradition et de la dispute des écoles, mais vers la fin des temps bibliques. Le nom hébreu dont nous avons fait *Messie (Meschiah)*, et dont le grec *Christos* est la traduction exacte, signifie simplement un homme dont le front, en signe d'élection, a reçu l'huile sainte, l'onction sainte. Il est synonyme de roi, et il ne s'applique pas seulement aux rois de Juda et d'Israël, mais aux rois païens qui exécutent la volonté de Dieu. Isaïe le donne à Cyrus. Qu'y a-t-il donc d'étonnant à ce que plusieurs passages des prophètes, dans lesquels on fait allusion à un futur libérateur, ne puissent s'entendre que d'un prince de la dynastie nationale de David? Qui donc, si ce n'est un homme, un prince terrestre, se chargera, selon les expressions d'Isaïe[1], de rassembler les restes dispersés d'Israël, de réconcilier la maison d'Ephraïm avec celle de Juda et de les conduire toutes deux contre les ennemis du dehors, contre les Philistins, et contre les enfants d'Edom et de Moab? Mais il y a d'autres passages, plus nombreux peut-être, où il ne peut être question que

---

1. Ch. xl, 12, 13, 14.

d'une révolution universelle dont Dieu seul sera l'auteur. Cette révolution, c'est la paix établie sur toute la terre et le genre humain converti au culte de Jéhovah.

A la régénération du genre humain se joindra celle de la nature entière. De nouveaux cieux et de nouvelles terres seront créés qui feront oublier les anciens. Le loup habitera avec l'agneau; le lion se nourrira de foin comme le bœuf; le nouveau-né sera sûr d'arriver à l'âge adulte, et l'adulte à l'âge de cent ans[1].

Entre ces deux termes extrêmes de la foi messianique : la restauration du royaume d'Israël par la main d'un homme et la conversion miraculeuse du genre humain accompagnée du renouvellement de la nature, vient se placer l'idée d'un Messie humilié, méconnu, abreuvé de toutes les douleurs et de tous les mépris, qui souffre pour les autres, qui expie leurs injustices, qui se laisse frapper pour les guérir, qui est condamné et châtié pour les sauver. On comprendra facilement que le chapitre d'Isaïe[2] qui contient cet émouvant tableau ait donné lieu aux interprétations les

1. *Ibid*, LXV, 17, 20, 25.
2. Le LIIIe selon le canon hébreu.

plus diverses. Les théologiens chrétiens y ont reconnu un récit anticipé, une vision prophétique, de la Passion de Jésus-Christ.

Les théologiens juifs n'y ont vu et continuent à n'y voir qu'une peinture historique des souffrances, des humiliations et des persécutions endurées pour le salut du monde par le peuple d'Israël personnifié dans un seul homme, selon le génie et les habitudes des écrivains bibliques[1].

M. Havet se déclare pour cette dernière opinion, et il faut convenir que c'est la plus conforme au sens naturel du texte et aux principes de la libre critique. A quelque parti qu'on s'arrête on sera forcé de convenir que l'idée d'un Messie éprouvé par la souffrance, d'un Rédempteur qui donne sa vie pour racheter ceux qui sont dans l'erreur et qui font le mal; que cette idée a été juive avant d'être chrétienne, qu'elle a passé, après avoir subi une modification plus ou moins profonde, de l'Ancien Testament dans le Nouveau. Dans l'Ancien Testament lui-même on la voit sortir d'une idée antérieure qui en est le germe, sinon l'équivalent.

1. On a publié récemment la traduction latine et le texte hébreu de cinquante-cinq commentaires de ce fameux chapitre qui tous aboutissent à la même conclusion.
The fifty chapter of Isaiah according to the jewish interpreters, Oxford and London 2 vol, in-8°, 1877.

Déjà la Loi a présenté le peuple d'Israël comme appelé à remplir un sacerdoce collectif, comme un « peuple de prêtres » ; pourquoi les prophètes n'en auraient-ils pas fait un Messie collectif, une victime prédestinée à racheter les autres peuples encore plongés dans l'ignorance et l'impiété ?

Bien d'autres idées que le christianisme s'est assimilées, et qu'il a ensuite, sous son nom, répandues dans le monde avec sa merveilleuse puissance de propagande, ont leur origine, sinon dans les livres hébreux de l'Ancienne Alliance, du moins chez les écrivains juifs d'une époque antérieure à la rédaction des Évangiles.

Le plus important de ces écrivains, c'est Philon, que les historiens de la philosophie, pour le distinguer de plusieurs autres philosophes du même nom, ont pris l'habitude d'appeler Philon le Juif. C'est ce qui permet à M. Havet d'exprimer ce jugement, aussi piquant dans la forme qu'exact au fond : « Philon le Juif est le premier des Pères de l'Église[1]. »

En effet, la plupart des Pères de l'Église qui ont écrit en grec, particulièrement Origène et Clément d'Alexandrie, se sont inspirés de

1. P. 388.

Philon. On trouve dans ses nombreux ouvrages non seulement l'idée du Verbe qu'on rencontre déjà dans le livre plus ancien de la Sagesse[1] et même dans les Proverbes[2], mais l'idée de la Trinité, de la grâce, de la foi et surtout de la charité universelle, de la fraternité du genre humain. Chez lui, l'amour divin n'est plus une passion uniquement inspirée par le Dieu d'Israël et qui se confond avec le patriotisme, c'est l'âme qui se confond avec l'infini et se perd dans l'extase. Il a connu et pratiqué avant saint Paul l'usage de l'allégorie dans l'interprétation des Écritures, ou le sens spirituel que l'apôtre des Gentils ne cesse d'opposer au sens littéral. Comme saint Paul aussi il regarde la circoncision de la chair comme un symbole de la circoncision du cœur ou du retranchement des passions; mais la circoncision du cœur est déjà enseignée dans le Deutéronome[3] et dans les prophéties de Jérémie[4]. Il n'est pas jusqu'à la métaphore de l'olivier sauvage greffé sur l'olivier franc, qu'on ne trouve avec le même sens et presque avec les mêmes expressions dans

1. XVIII, 15.
2. Ch. VIII.
3. X, 16.
4. IV, 4.

les écrits du philosophe juif d'Alexandrie. Le rachat des impies et des méchants par le sacrifice du juste n'est point pour Philon un fait exceptionnel, c'est l'état permanent du monde. « Le sage, dit-il, est la rédemption de l'homme privé de sagesse. » La Mischna dit avec plus de précision : « Le juste est le sacrifice de l'univers. »

LES SECONDS CHRÉTIENS : SAINT PAUL [1]

Les disciples immédiats de Jésus et les premiers chrétiens professaient pour l'ancienne loi le plus grand respect. Ils continuaient de la pratiquer dans toutes ses prescriptions, ne se nourrissant que des aliments qu'elle permet, évitant avec soin ceux qu'elle proscrit comme impurs, et n'admettant pas que la circoncision fût abolie par le baptême. Enfants d'Abraham, ils ne différaient guère de leurs concitoyens et de leurs coreligionnaires que sur un point : ils reconnaissaient dans Jésus le Messie, ils honoraient en lui le dernier et le plus grand des prophètes ; mais, en raison de cette croyance même, ils prenaient à la lettre

[1]. *Les Seconds Chrétiens : Saint Paul,* par Hippolyte Rodrigues ; 1 vol. in-8°, orné de trois cartes semi-muettes des voyages de Paul, chez Calmann Lévy, Paris, 1876.

ces paroles placées dans sa bouche par les Évangiles : « Je ne suis pas venu abolir la loi ; je suis venu, au contraire, pour l'accomplir. » — « La terre et le ciel passeront avant qu'un *iota* de cette loi soit changé. » Se rappelant qu'il avait dit aussi qu'il n'était venu que pour sauver les brebis perdues de la maison d'Israël, et qu'on ne devait pas ôter le pain aux enfants de la maison pour le jeter aux chiens[1], ils comprenaient difficilement que ce libérateur promis à leur nation fût occupé de préférence du salut des autres peuples. Ils formaient moins une nouvelle Église qu'une secte de l'ancienne alliance. Voilà pourquoi on les désigne communément aujourd'hui sous le nom de judéo-chrétiens.

C'est saint Paul qui réveilla le christianisme naissant du sommeil de l'enfance ; c'est lui qui proposa d'en faire une religion purement spirituelle, susceptible de devenir une religion universelle. C'est lui qui, brisant les vieilles clôtures et renonçant au privilège de l'élection héréditaire, appela aux bienfaits de l'œuvre messianique, au partage de la manne céleste, les Grecs et les Barbares, les Gentils de toutes les races et de tous

---

1. Math., ch. xv, v. 24 et 26.

les pays. Il ne se borna point à les appeler de ses vœux, il alla les conquérir par ses prédications, au prix de son repos et au péril de sa vie.

Ame ardente, intelligence hardie et profonde, initié dans l'école de Gamaliel à tous les secrets de la tradition, rompu à toutes les finesses de la dialectique pharisienne, Saül, devenu plus tard saint Paul, n'était pas l'homme des moyens termes. Après avoir persécuté les chrétiens avec acharnement, comme des impies et des rebelles, il se tourna brusquement de leur côté en les gourmandant de leur timidité et de leur prudence. Sa vaste science, lui revenant à la mémoire, lui avait montré le parti qu'on pouvait tirer de l'ancienne alliance pour former la nouvelle, et le laissait convaincu que le point de vue auquel les apôtres voulaient s'arrêter ne convenait ni à l'une ni à l'autre. N'est-ce point cette lumière de son esprit qui est venue l'éclairer tout à coup sur le chemin de Damas, bientôt suivie de trois jours de ténèbres, c'est-à-dire trois jours d'hésitation entre la voie qu'il venait d'abandonner et celle qui s'ouvrait devant lui ?

Sans me prononcer sur la valeur absolue de la doctrine de saint Paul, je crois qu'il est impossible de n'en pas reconnaître la grandeur, l'élévation, l'unité puissante. Et cependant, aussi bien que la doctrine de saint Pierre, s'il est vrai que saint Pierre ait une doctrine à part, aussi bien que les préceptes de morale et les croyances théologiques contenues dans les Évangiles, elle peut être considérée comme un développement légitime de l'antique religion de Moïse et des prophètes ; elle peut invoquer en sa faveur la double autorité de l'Écriture et de la tradition.

Pour ce qui est de l'Écriture, ne contient-elle pas un passage, souvent cité dans les *Épîtres*, qui enseigne formellement la justification par la foi et la supériorité de la foi sur les œuvres? On lit dans la Genèse : « Abraham ayant cru ce que Dieu lui avait dit, sa foi en la parole de Dieu lui fut imputée à justice[1]. » C'est aussi dans l'Écriture, dans un des livres du Pentateuque[2] qu'on voit la circoncision du cœur mise au-dessus de la circoncision de la chair. De là à l'abolition de la circoncision il n'y a pas loin. Enfin la croyance d'où dérive l'histoire sainte tout entière, l'élection du peuple hébreu, ne devait-elle pas donner

---

1. *Genèse*, chap. xv, v. 6.
2. *Deutér.*, chap. xv, v. 16.

l'idée de l'élection par la grâce ? La première s'est exercée sur le sang, la seconde était appelée à régénérer l'esprit. Or, ici, comme dans le précepte de la circoncision, c'est l'esprit que l'apôtre des Gentils a voulu substituer au sang et à la chair.

La tradition se prête encore plus docilement que l'Écriture aux vues systématiques de saint Paul. Seulement, il faut se rappeler qu'il y avait chez le peuple juif, et qu'on retrouve encore aujourd'hui chez ses descendants incorporés dans les autres nations, deux traditions bien différentes : l'une purement mystique ou spéculative, l'autre qu'on peut appeler usuelle, parce qu'elle sert à diriger et à compléter la pratique extérieure de la loi et qu'elle repose sur des usages plutôt que sur des doctrines. La première, à une époque assez éloignée de son origine, a donné naissance aux livres de la Kabbale ; la seconde a produit la Mischna et la Guémara, c'est-à-dire le Talmud. Toutes deux ont été fondées et se sont développées dans la secte des Pharisiens, à laquelle appartenait saint Paul, et du sein de laquelle il pouvait croire qu'il n'était jamais entièrement sorti ; car si, en déclarant inutiles au salut les œuvres de la loi, il a formellement rejeté la tradition usuelle, il s'est attaché avec d'autant plus de force à la tradition mystique et spéculative. Voici en peu de mots quels sont les points importants de cette tradition, qui sont aussi des points caractéristiques de la doctrine de saint Paul.

Tous les textes de l'Ecriture, aussi bien ceux qui contiennent des récits que ceux qui renferment des croyances ou des préceptes, sont susceptibles de deux interprétations : l'une spirituelle et l'autre littérale. L'interprétation littérale, pour employer les expressions mêmes des livres kabbalistiques, n'est que le corps, et, moins encore, le vêtement de la loi ; l'interprétation spirituelle en est l'âme. Ne reconnaît-on pas ici la maxime de saint Paul : La lettre tue et l'esprit vivifie ? Cette maxime ne nous rend-elle pas compte de la façon allégorique dont il comprend les deux femmes et les deux fils du patriarche Abraham? Le fils de la servante est pour lui le symbole de la loi, le symbole de la chair et de la lettre; le fils de la femme libre est le symbole de l'esprit et de la foi [1]. D'autres interprètes du mosaïsme, Philon, les Esséniens, les thérapeutes,

---

1. *Ad. Gal.*, ch. IV, v. 22-31.

l'auteur de l'*Ecclésiastique*, se sont servis de l'interprétation spirituelle; mais c'est chez les Pharisiens, auteurs et conservateurs de la Kabbale, qu'elle a produit tous ses fruits, qu'elle a servi de base à tout un système, et c'est de là certainement qu'elle a passé à l'apôtre des Gentils.

De même qu'il y a deux interprétations de l'Écriture, il y a deux sortes d'hommes : les hommes de la chair et les hommes de l'esprit, les enfants des hommes et les enfants de Dieu; et au-dessus des uns et des autres il y a deux types de l'humanité, il y a deux Adams, l'Adam terrestre et l'Adam céleste, celui qui est né dans le temps et celui qui existe de toute éternité, l'Adam primitif *(Adam Kadmon)*, fils de Dieu, aussi ancien que le Père, parce qu'il en est l'émanation éternelle. Nous rencontrons cette même distinction dans les Épîtres de saint Paul, avec cette différence que le Fils, que l'Adam céleste est personnifié dans Jésus; tandis qu'aucune personnification semblable n'est admise par les livres de la Kabbale. Ces livres enseignent pourtant que, sans le Fils, le Père, qu'ils appellent l'Ancien des Jours, l'Ancien des Anciens, serait à jamais incompréhensible pour les hommes et pour lui-même. Ils attribuent donc au Fils le rôle de médiateur.

Sans nier ouvertement la création, ou tout au moins sans répudier le mot, la tradition spéculative des Hébreux enseignait, sous le sceau du secret, l'unité de substance. Refusant à Dieu la puissance de faire quelque chose avec rien, elle supposait, ou plutôt elle affirmait qu'il avait formé tous les êtres de lui-même, et que ces êtres, malgré la diversité de leurs formes et de leurs attributs, demeuraient en lui et n'étaient que lui, sans être lui tout entier. C'est à ce principe que se ramenaient l'explication de la création et l'explication du char céleste dont il est si souvent question dans le Talmud comme d'un mystère terrible. N'est-ce pas ce mystère que saint Paul a révélé lorsqu'il prononce ces paroles si souvent et si justement invoquées par tous les partisans de l'unité de substance : « C'est en Dieu que nous avons la vie, le mouvement et l'être [1] ? » On croira peut-être qu'il ne s'agit ici que de l'union mystique de l'âme humaine avec la nature divine ; mais saint Paul dit ailleurs, avec une précision qui ne permet pas le doute :

1. *In eo vivimus, movemur et sumus.*

« Toutes choses ont été tirées de lui, ont été faites par lui et existent en lui[1]. » — « C'est par lui et en lui que toutes choses ont été créées[2]. »

L'idée que saint Paul s'est faite du péché et le rôle qu'il a donné à la foi dans l'œuvre de la justification s'expliquent facilement par ce principe.

Avec l'unité de substance, la création n'est plus que l'émanation; et avec l'émanation, la naissance même de l'homme est une chute, puisqu'elle l'a éloigné de la perfection divine et a enveloppé son esprit d'un voile de matière. Voilà le péché originel qu'Adam a transmis à ses descendants et qui ne peut être effacé que par la foi en Jésus. Jésus étant l'incarnation ou la personnification du Fils de Dieu, en croyant en lui nous serons unis à lui, comme lui-même est uni à son Père, et Dieu sera tout en toutes choses : *Ut sit Deus omnia in omnibus*[3].

Le péché et la rédemption ainsi compris ne peuvent plus se renfermer dans les destinées particulières d'une race, ils intéressent le genre

---

1. Ad. Corinth., ch. xv, v. 27 et 28.
2. *Omnia per ipsum et in ipso creata sunt.* Ad. Coloss. I, 16.
3. *Quoniam ex ipso et per ipsum et in ipso sunt omnia.* Ad. Rom. xi, 36.

humain. De là l'appel adressé aux Gentils et es missions accomplies par saint Paul chez les Grecs et les Barbares. « Je me suis fait, dit-il[1], tout à tous pour les sauver tous. » Si tous sont sauvés par leur union spirituelle avec le Fils de Dieu, le règne de la loi est fini, la loi est détrônée par la foi.

Il est à remarquer que, même dans le courant de la tradition talmudique, il s'est formé une opinion vague que « dans l'avenir », c'est-à-dire selon les commentateurs, après l'avènement du Messie, plusieurs livres et plusieurs fêtes de l'Ancien Testament seraient supprimés. Il y a un docteur qui va jusqu'à affirmer d'une manière générale que les commandements de la loi seront abolis à l'avenir[2]. Évidemment, ce texte répond à une tradition plus ancienne qui, prise par saint Paul dans un sens absolu, a pu fortifier dans son esprit le dogme de la justification par la foi sans les œuvres.

C'est donc avec des éléments judaïques, et, ce qui est plus étonnant, avec des éléments empruntés aux Pharisiens, que saint Paul a cons-

1. *Ibid.*, ch. IX, v. 22.
2. Rabbi Joseph dit : « Ceci prouve que les commandements seront abolis dans l'avenir. » Traité Nidda, f° 61, v°.

truit sa théologie du christianisme. Mais sur ces éléments il a imprimé la marque de sa puissante et originale personnalité; en les embrasant du feu de son âme, il les a en quelque sorte fondus ensemble de manière à en faire un tout indissoluble.

Quelques critiques l accusent d'avoir, par son système, déchaîné l'esprit de persécution. C'est une grave erreur. Saint Paul n'est pas seulement l'apôtre de la foi et de la grâce, il est l'apôtre de la charité. Son chapitre sur la charité[1] devrait être imprimé en lettres d'or en tête de tous les traités de morale et de théologie. Les prédicateurs et les journalistes religieux devraient être obligés de le réciter à haute voix : les uns avant de commencer leurs sermons, les autres avant d'écrire leurs articles. « Que j'aie reçu le don de prophétie, que je sois initié à tous les mystères, que je possède toutes les sciences et que j'aie la foi au point de transporter des montagnes, si je n'ai pas la charité, je ne suis rien. — Que j'emploie toute ma fortune à nourrir les pauvres et que je livre mon corps aux flammes, si je n'ai pas la charité, cela ne me servira de

---

1. *Ad Corinth.*, ch. XIII.

rien. » Je ne veux pas aller plus loin, dans la crainte de tout copier.

Il y a maintenant une question qui se présente naturellement à l'esprit et qui n'est peut-être pas la plus facile à résoudre. Cette doctrine spirituelle à laquelle saint Paul a attaché son nom, et qui n'est que le développement de la promesse de Jésus qu'un jour viendra où l'on adorera Dieu en esprit et en vérité; cette doctrine a-t-elle prévalu dans le christianisme depuis que le christianisme a pris possession du monde civilisé? Il est difficile, quand on n'obéit pas à un mot d'ordre ou à la discipline d'un parti, que la réponse ne soit pas négative.

La pure spiritualité ou l'union directe de l'âme avec Dieu; la foi élevée à ce degré où elle n'a plus besoin des œuvres, et même où les œuvres ne sont plus pour elle qu'une distraction et une entrave; la grâce agissant par elle-même sans le concours d'aucun intermédiaire humain; la lettre sacrifiée à l'esprit et l'esprit se dirigeant seul dans l'interprétation des Écritures; ce sont des idées qui ont séduit dans tous les temps quelques âmes d'élite, celles qui composent, sans distinction d'origine ni de symbole, l'adorable famille des mystiques; elles n'ont été, dans la masse des croyants ou dans l'histoire générale de l'Église, qu'un moyen d'opposition contre l'autorité ou contre l'unité. Elles ont produit certaines hérésies du moyen âge, la Réforme du XVIe siècle, et, comme on l'a très bien dit, *les Réformateurs avant la Réforme*[1]. On a fait plus d'une fois la remarque que les Églises protestantes relèvent de saint Paul. Oui, au moment où elles se séparent de l'Église romaine et tant qu'elles se défendent contre elle; mais dès qu'elles songent à se constituer, à se donner une organisation, un gouvernement, une règle de croyance et de conduite, elles font appel aux œuvres, aux intermédiaires, aux moyens extérieurs, aux interprétations consacrées sur lesquelles l'esprit n'a plus de prise. C'est donc, en définitive, la doctrine de saint Pierre qui l'emporte, c'est-à-dire une doctrine où les œuvres, quoique différentes, tiennent autant et plus de place que dans l'ancienne Loi et dans la tradition; je veux parler de la Loi et de l'ancienne tradition de l'Ancien Testament.

---

1. C'est le titre d'un intéressant et savant livre de M. Émile de Bonnechose, mort il y a quelques années.

Est-ce un bien? est-ce un mal? Assurément c'est l'un ou l'autre; c'est peut-être l'un et l'autre, selon le point de vue où l'on se place. Mais c'est avant tout une nécessité, un fait qui s'explique par une loi de la nature humaine. Les idées pures et le pur amour ont peu d'accès chez la grande majorité des hommes. Il faut que les idées, pour pénétrer dans leur esprit, passent par le chemin des oreilles et des yeux, prennent une voix et un corps. Il faut que l'amour, l'amour et l'admiration, qui sont inséparables de toute pensée religieuse, se manifestent, attestent leur présence et leur vie par des actes, ou, comme disent les théologiens, par des œuvres. Sans les œuvres, sans les pratiques plus ou moins nombreuses que le temps leur impose, ils finiraient, comme disait madame de Sévigné en parlant du quiétisme, par s'évaporer et par s'éteindre. Certes, ce n'est pas là ce qu'on peut appeler, avec Jésus, l'adoration de Dieu en esprit et en vérité. C'est plutôt, il n'y a pas à le dissimuler, une forme de l'idolâtrie. Mais l'idolâtrie a son principe dans la nature humaine. Pourvu qu'elle ne s'abaisse pas à de petites idoles et ne dégénère pas en méprisables superstitions; pourvu qu'elle reste féconde en œuvres d'art, de poésie, d'abnégation, de charité, sans avoir la prétention d'arrêter l'essor de la raison, les conquêtes de la science, les progrès de la liberté, il faut l'observer avec un intérêt respectueux et la laisser faire. Il faut la juger avec la raison d'un philosophe, non avec les passions d'un sectaire.

LES PHARISIENS[1]

Les pharisiens n'ont pas bonne réputation dans le monde. En dehors d'un petit cercle d'érudits, on ne les connaît guère que par l'Évangile, et la plupart des passages de l'Évangile où ils sont mis en scène les représentent comme des hypocrites qui n'ont que le masque de la piété, ou comme des sophistes religieux qui n'invoquent la loi divine que pour en pervertir le sens au profit de leur orgueil et de leur intérêt. Il existait une classe de pharisiens, très nombreuse, très remuante, très querelleuse, qui méritait parfaitement ces reproches, et dont les docteurs de la synagogue ne parlent pas avec plus d'indulgence que le fondateur du christianisme. Ce sont ceux que le

1. *Les Pharisiens*, par M. J. Cohen. 2 volumes in-8°, chez Calmann Lévy. — Paris, 1877.

Talmud appelle *les pharisiens teints*, c'est-à-dire les faux pharisiens, les mêmes que Jésus compare à des sépulcres blanchis..

L'Évangile parle aussi, mais plus rarement, et toujours avec honneur, des vrais pharisiens, car c'est évidemment à ceux-ci que s'appliquent ces mots de saint Paul : « Je suis pharisien, fils de pharisien. » C'est parmi eux qu'il faut comprendre son maître Gamaliel, qui, présidant le Sanhédrin, a revendiqué en faveur des apôtres le principe de la liberté religieuse. « Si cette œuvre vient des hommes, dit-il, elle périra ; si elle vient de Dieu, vous ne pourrez la détruire[1]. » Sous le règne d'Agrippa II, ce sont les pharisiens qui vont dénoncer au roi, comme un acte d'iniquité, la sentence de mort rendue contre saint Jacques, le frère de Jésus, par le grand-prêtre Hanan, et qui obtiennent la destitution de ce pontife indigne. On a l'habitude d'accuser les pharisiens de sacrifier le sens moral et le sens spirituel de l'Écriture au sens littéral ; c'est même de là que vient cette expression : interpréter judaïquement la loi. Eh bien ! voici un pharisien particulièrement cher à la synagogue, antérieur

1. Actes, V, 34-39.

de plus d'un demi-siècle à la naissance de Jésus-Christ, et qui, prié par un païen, de lui expliquer brièvement la religion de Moïse, lui adressa ces paroles : « Ce que tu ne veux pas qu'on te fasse, ne le fais point aux autres ; voilà toute la loi ; le reste n'en est que le commentaire. »

On sait que l'auteur des *Antiquités judaïques* a cru reconnaître chez les Esséniens les platoniciens de la Palestine ; les Sadducéens en seraient les épicuriens, et les pharisiens nous représenteraient le stoïcisme. Cette comparaison est fausse par tous les points, mais surtout en ce qui concerne la secte puissante dont M. Cohen s'est constitué l'historien, et très souvent le défenseur. Les pharisiens ne sont pas une école de philosophie, quoique les idées philosophiques, à partir d'une certaine époque, ne leur soient point étrangères. Ils forment tout à la fois un parti politique et un parti religieux. Ils aspirent et finissent par réussir à gouverner en même temps, si l'on peut leur appliquer ce langage, l'État et l'Église. Après que l'État a disparu, c'est l'Église, je veux dire la religion, qui reconnaît en eux ses seuls précepteurs, ses seuls interprètes.

Comme parti politique, ils représentent l'esprit

de progrès, l'esprit de justice et de charité, ce que nous appellerions aujourd'hui l'esprit libéral, et, par-dessus tout, le sentiment de la nationalité, entièrement confondu pour un temps avec le sentiment religieux. Ils résistent à l'invasion des mœurs et des idées helléniques, aussi offensantes pour leurs croyances que pour leur patriotisme. Ils se refusent à admettre la royauté héréditaire des Hasmonéens, non point par attachement aux droits du peuple ou au principe de la démocratie, mais parce que la dynastie de David était, d'après l'Écriture, la seule légitime, de sorte qu'en son absence il ne pouvait y avoir que des pouvoirs ou des princes électifs. Quand ils affirment qu'il y a en Israël trois couronnes : la couronne de la science ou de la loi, la couronne du sacerdoce et celle de la royauté, il est difficile de leur supposer l'intention de détruire les deux dernières au profit de la première; mais il est certain qu'ils faisaient de la science un pouvoir, et des savants ou des docteurs une classe privilégiée de la société. C'est précisément le contraire de l'idée qu'on se faisait chez les Grecs et chez les Romains, et qu'on se fait encore aujourd'hui parmi nous de la démocratie.

Par la force des choses, à cause du respect profond qui dut s'étendre naturellement de la loi, d'une loi d'origine divine, à ses interprètes les plus accrédités, les docteurs, c'est-à-dire les pharisiens, dont le nom même a un sens aristocratique [1], l'emportèrent bientôt sur les prêtres, sur les personnages constitués en dignité ou d'une illustre naissance, même sur les princes de la dynastie hasmonéenne, rois ou pontifes, ou tous les deux à la fois. Le Talmud nous en fournit un exemple mémorable. C'était sous le règne d'Antigone, qui pendant la durée éphémère de son pouvoir réunissait sur son front la couronne et la tiare. Un soir, après la fête solennelle des Expiations, durant laquelle le prince avait officié au temple comme grand-prêtre, la foule, selon la coutume, le félicitait et lui faisait cortège, lorsque, rencontrant sur son chemin Pollion et Saméas, deux docteurs célèbres placés à la tête du Sanhédrin, elle abandonna aussitôt pour les suivre le royal successeur d'Aaron.

Les pharisiens n'usèrent de leur autorité toute

---

1. Le mot hébreu *pérouschim*, d'où nous avons fait *pharisiens*, signifie des hommes séparés de la foule, des hommes distingués, des hommes d'élite.

morale que pour le bien de la nation. Sans porter atteinte aux attributions légales du sacerdoce, à son rôle public dans les cérémonies du temple, ils relèvent le peuple à ses propres yeux en lui donnant l'idée d'un sacerdoce moral, d'une mission religieuse dont il est chargé solidairement. C'est dans cette intention qu'ils lui rappellent fréquemment ces paroles de Moïse : « Vous êtes un peuple de prêtres. »

Un but aussi généreux ne pouvant être atteint, et leur propre influence ne pouvant subsister que par l'instruction des masses, ils consacrent une grande partie de leur activité à multiplier les écoles. Prenant au sérieux le précepte biblique qui ordonne à tout israélite de lire la loi et de l'écrire de sa propre main, ils disaient : « Une ville où il n'y a pas d'école doit nécessairement périr. » Selon la maxime attribuée à l'un d'entre eux, « le monde ne subsiste que par le souffle des enfants qui récitent leurs leçons à l'école. » Un autre affirme que les véritables gardiens des cités ce sont les maîtres, les écrivains, les instituteurs de la jeunesse. Enfin, ils vont jusqu'à soutenir, non sans raison peut-être, que la piété est incompatible avec l'ignorance. Aussi, quand ils étaient au pouvoir, n'avaient-ils aucun scrupule à prendre une mesure qui compte encore tant d'adversaires chez les peuples chrétiens, celle qui rend l'instruction obligatoire.

Ni la moralisation du peuple ni l'éducation de la jeunesse n'est possible avec la servitude et l'avilissement de la femme. Les pharisiens s'appliquèrent donc à lui faire une condition supérieure à celle que lui accorde le Pentateuque. On oublie, en général, que le livre des Proverbes et les derniers prophètes flétrissent la polygamie et la répudiation. Ils ne reconnaissent qu'une seule maîtresse de maison, qu'une seule épouse légitime, « la femme de notre jeunesse, la femme forte ». Les docteurs pharisiens ne sont pas des prophètes; ils n'ont pas le pouvoir de se mettre au-dessus des textes ou de les créer au nom de l'inspiration divine; mais ils ont le droit de les interpréter, par conséquent de les corriger. C'est ce qu'ils firent en rendant la répudiation plus onéreuse pour le mari, et par là même plus difficile. Ils assuraient à la femme, par la forme qu'ils donnèrent à l'acte du mariage, des droits qui n'étaient pas inscrits dans la loi. Leur pensée allait bien au delà; ils l'expriment sans réticence dans cette maxime : « L'autel lui-même pleure sur celui qui répudie sa femme. »

Un autre résultat de l'influence qu'ils exercèrent comme membre du Sanhédrin, ce fut l'adoucissement des lois pénales et l'amélioration de la procédure criminelle. Grâce à une interprétation ingénieuse, ils substituèrent à la peine du talion les compositions pécuniaires, ou, comme nous dirions aujourd'hui, le système des dommages-intérêts. Ils prirent des précautions pour rendre les témoignages à la fois plus véridiques et plus clairs, et, en dépit des textes les plus formels et des exemples de sévérité qui abondent dans l'histoire sainte, ils poussaient si loin l'horreur des sanglantes exécutions qu'ils auraient voulu abolir la peine de mort. J'ai déjà cité ces paroles d'Akiba et d'un autre docteur pharisien : « Un tribunal qui prononce la peine de mort une fois dans sept ans, ou même dans soixante-dix ans, est un tribunal de meurtriers. »

Qui donc pratiquait cette interprétation judaïque devenue proverbiale, et à laquelle s'attache une si légitime réprobation ? C'étaient les Sadducéens, secte dure, inflexible, esclave de la lettre, parce qu'ils n'admettaient l'esprit nulle part, pas plus dans la loi que dans l'homme; secte composée de prêtres ignorants ou riches et de courtisans sans entrailles. Caïphe était Sadducéen et il était de plus la créature des Romains.

Assistant aux déchirements intérieurs de leur pays et aux luttes inégales qu'il soutenait depuis si longtemps contre des conquérants étrangers, particulièrement contre les Romains, les pharisiens prévoyaient la destruction prochaine de la nationalité juive et la chute de Jérusalem. On raconte qu'un de leurs chefs les plus vénérés, Yochanan ben Zakkaï, voyant un jour les portes d'airain du temple s'ouvrir d'elles-mêmes devant lui avec fracas, s'est écrié : « O maison de Dieu, ô maison de Dieu, pourquoi veux-tu nous effrayer? Ne savons-nous pas que tu es vouée à la ruine? » C'est l'expression légendaire d'un pressentiment qui n'était que trop justifié par les faits, et qui devait exister surtout chez des hommes aussi éclairés que les docteurs pharisiens. Aussi une de leurs plus vives préoccupations a-t-elle toujours été de faire survivre leur peuple à sa ruine politique. Ce but, ils l'ont atteint avec une rare habileté en donnant une organisation indépendante, ou, comme on dirait aujourd'hui, une administration autonome aux colonies juives qui se fondèrent, un siècle ou deux avant l'ère chrétienne, les unes en Babylonie, les autres en Asie-Mineure, d'autres dans les îles de la Méditerranée, une à Rome. Il est certain qu'il n'y a que les pharisiens qui aient concouru à cette diffusion de leur religion et de leur race. Les Esséniens, sauf quelques exceptions, ne franchissaient guère les murs de leurs couvents. Les Sadducéens, esclaves de leurs fortunes et de leurs plaisirs, investis des plus hautes dignités, restaient à Jérusalem et dans les autres grandes villes. Seuls, les pharisiens formaient la partie active de la nation. Seuls, ils étaient animés de l'esprit d'entreprise et de propagande, car ils ne se contentaient pas de coloniser, ils étaient d'infatigables missionnaires.

L'Évangile leur reproche[1] ce que les apôtres ont fait eux-mêmes, de parcourir la terre et la mer pour faire des prosélytes. Un grand nombre des communautés auxquelles ils donnèrent naissance étaient tout préparées à entendre la parole de saint Paul et furent converties par lui en églises. Quant à la pensée qui dirigeait cette ac-

1. Math., ch. XXIII, v. 15.

tive propagande, les auteurs du Talmud, qui sont les continuateurs du pharisaïsme, l'ont parfaitement comprise : « C'est, disent-ils, la dispersion d'Israël qui a été son salut, car il est impossible de détruire ce qui est disséminé aux quatre coins du monde [1] ».

Ainsi le même fait que certains théologiens chrétiens, sans tenir compte de l'époque où il a commencé, ont pris pour un châtiment de Dieu, les théologiens du judaïsme le présentent comme une marque de la divine faveur et comme un résultat de la sage prévoyance des hommes.

Si le rôle politique des pharisiens est remarquable à plus d'un titre, celui qu'ils ont rempli comme parti religieux, comme école d'enseignement moral et théologique, l'est bien davantage. Ce serait manquer à la vérité historique et falsifier arbitrairement plusieurs passages significatifs de l'Écriture que de dire avec quelques critiques à outrance que le judaïsme leur est redevable de ses croyances spiritualistes, notamment de la foi en une autre vie. Mais il est vrai que les croyances dont nous parlons n'existent

---

[1]. Je ne mets pas en doute l'exactitude de M. Cohen, et cite le d'après son livre, tome II, page 157.

dans le Pentateuque et les prophètes qu'à l'état de germe ou sous un voile mythologique. Ce sont les pharisiens qui les ont développées, qui les ont définies, qui les ont revêtues d'une forme sinon métaphysique, du moins dogmatique et précise, capable de les fixer dans les esprits. Ils ont affirmé la résurrection des corps, l'immortalité des âmes, les peines et les récompenses d'une vie à venir, une justice divine qui les répartit entre les hommes suivant leur mérite et leur culpabilité. Comment s'étonner de la différence qui sépare les temps purement bibliques de celui des docteurs? Une religion est une puissance vivante, et tout ce qui vit se meut, se développe et se transforme. Il n'y a pas, quelque énergie que l'on mette à affirmer le contraire, une seule religion qui soit restée absolument la même à toutes les époques de son histoire. Une religion devenue immobile dans ses dogmes, dans sa discipline, dans son organisation extérieure, est bien près de sa décadence. Voilà comment l'antique religion des Hébreux est devenue avec le temps une religion spiritualiste, et ce sont les pharisiens qui ont le plus contribué, en dehors du christianisme, à lui imprimer ce caractère.

Il leur eût été difficile, même dans la forme, d'apporter quelque changement aux principes sur lesquels l'Écriture fait reposer la morale. « Aime Dieu par-dessus toutes choses, et ton prochain comme toi-même, dit Jésus, voilà la loi et les prophètes. » En effet, on lit dans le Pentateuque : « Tu aimeras ton prochain comme toi-même. » — « Tu aimeras l'Éternel ton Dieu de tout ton cœur, de toute ton âme et de toutes tes forces[1]. » Les prophètes ne se lassent pas de répéter ces deux préceptes, et les docteurs pharisiens, comme le fondateur du christianisme, les répètent après eux. Mais que d'heureuses applications, que de sages et généreuses maximes ils ont su en tirer ! En voici quelques-unes, tirées presque au hasard d'un recueil, le *Traité des Pères*, qui fait partie de la Mischna : « Que l'honneur de ton prochain te soit aussi cher que le tien ! » — « Fais pénitence un jour avant ta mort ! » (c'est-à-dire tous les jours, puisque le jour de notre mort nous est inconnu). — « Les torts que nous avons envers notre prochain, Dieu ne nous les pardonnera que si nous les avons d'abord réparés et si nous sommes

---

1. Lévitique, XIX, 18; Deutér., VI, 51.

réconciliés avec ceux que nous avons offensés. »
— « Celui qui fait rougir son prochain en public[1] n'a point part aux félicités de la vie future. » — « La récompense de la vertu, c'est la vertu elle-même; le salaire du vice, c'est le vice. »

De toutes les sentences pharisiennes qu'on peut recueillir dans la Mischna et le Talmud, il n'y en a pas de plus remarquable que celle-ci, attribuée à Nochanan ben Zakkaï, le restaurateur des études sacrées après la ruine de Jérusalem : « Les justes d'entre les nations païennes ont part aux récompenses de la vie future[2]. » C'est la revendication de la tolérance même au delà de la mort.

Sur la question du Messie, une question capitale pour le judaïsme comme pour le christianisme, les pharisiens étaient loin d'être d'accord. Pour le plus grand nombre d'entre eux, le Messie devait être un homme, un descendant de la dynastie de David, appelé à rétablir le peuple de Dieu dans la possession de la Terre-Sainte et à accomplir les autres promesses faites par les prophètes. Le Messie, fils de David, devait avoir un

---

1. En hébreu, il y a *pâlir*, mais avec le sens que nous attachons au mot *rougir*.
2. Talmud, Sanhedrin, 105, c.

précurseur, un Messie, fils de Joseph, destiné à frayer la voie au premier, et condamné à mourir sur le champ de bataille. Mais, dans l'opinion de quelques-uns, dont la pensée ne se laisse apercevoir que sous le voile de la légende, le Messie n'est pas un homme, c'est une époque de rénovation universelle, de palingénésie cosmique et sociale. La lumière du soleil sera centuplée; les plantes porteront des fruits mille fois plus abondants; des sources vivifiantes, sortant de Jérusalem, répandront la santé et la force sur toute la terre; la paix régnera non seulement entre les hommes, mais entre les animaux les plus féroces; il n'y aura plus de larmes ni de gémissements; le péché, c'est-à-dire le mal moral, disparaîtra comme la souffrance; les impies se réjouiront avec les justes[1]. Les auteurs de ces prédictions symboliques ne voulaient, au fond, qu'une seule chose: offrir aux juifs opprimés un sujet d'espérance même sur la terre et un encouragement à la persévérance. J'ai entendu dire, dans mon enfance, à un vieillard plein de foi qui avait vu

---

1. On lira la traduction de ces légendes dans le livre de M. Cohen, tome II, p. 40-44.

l'ancien régime, avec toutes ses intolérances, disparaître devant la Révolution : « Le Messie, c'est la Révolution de 1789. »

Que l'on comprît d'une façon ou d'une autre la délivrance finale, on croyait à l'accomplissement futur de cette parole du prophète Habacuc : « En ce temps-là Jéhovah sera seul, et son nom seul sera invoqué. » Mais, en attendant, il fallait remplacer par un autre culte celui qui ne pouvait être observé que dans le temple de Jérusalem, et qui avait pour ministres nécessaires les prêtres de la race d'Aaron. C'est à cela que s'appliquèrent les pharisiens avec le plus de zèle ; c'est dans cette œuvre, je ne dirai pas de transformation, mais de substitution, qu'ils montrent le plus de finesse et de persévérance. « L'autel a péri, dit ce même docteur que j'ai plusieurs fois cité : Yochanan ben Zakkaï ; l'autel a péri, mais la charité équivaut aux sacrifices, car il est écrit : Je prends plaisir aux bonnes œuvres et non aux holocaustes. » La charité, en effet, avec la prière et la pénitence, remplacèrent dans l'exil les sacrifices prescrits par le Lévitique et ses pompeuses cérémonies célébrées dans le temple devant toute la nation.

Cependant, avec des éléments aussi généraux, aussi immatériels, il était impossible de constituer un culte régulier, durable, et de conserver intact dans la dispersion le caractère distinctif du mosaïsme. La loi de Moïse, comme toutes les législations religieuses de l'Orient, embrasse la vie entière de l'homme. Parmi, ses prescriptions, il y en a qui se rapportent à la nourriture, d'autres à l'hygiène, d'autres au repos sabbatique et aux diverses commémorations religieuses, d'autres à l'agriculture, d'autres enfin, sans contredit les plus importantes, au droit civil, au droit matrimonial, au droit pénal. Ces prescriptions sont générales et trop vagues pour n'être pas susceptibles d'être définies, développées, multipliées à l'aide d'une ingénieuse interprétation. C'est à ce moyen que les pharisiens eurent recours. Ils formèrent d'abord, par l'enseignement de plusieurs générations de docteurs, une tradition, une loi orale, qui fut rédigée au commencement du IIIᵉ siècle de notre ère. C'est ce qu'on appelle la Mischna. La Mischna à son tour, donna naissance à des discussions, à des commentaires, à des développements qui sont recueillis et rédigés une première fois, vers l'an 350, sous le nom de

Talmud de Jérusalem, et une seconde fois d'une manière plus complète, en l'an 499, sous le nom de Talmud de Babylone.

La Mischna et le Talmud ont donné au judaïsme, je ne dirai pas sa forme définitive, mais la forme qu'il a conservée tant que, refoulé sur lui-même, il a été empêché de prendre part à la vie générale des peuples modernes. Ces deux Recueils étaient faits, d'ailleurs, pour alimenter et même pour absorber l'action et la pensée. Comme matière d'étude, ils suffisaient pour occuper toute la vie d'un homme. Comme règle de conduite, ils avaient tout prévu : ils imprimaient un caractère religieux aux actions en apparence les plus indifférentes, et maintenaient entre les juifs disséminés sur la surface de la terre une parfaite unité. Ce qui fait de cette unité et de la durée qui s'y joint un sujet d'étonnement, c'est que le culte fondé par les pharisiens est un culte laïque. Il n'a ni temples, ni prêtres, ni métropole religieuse. Au lieu de prêtres, il a des docteurs, dont les enseignements peuvent toujours être discutés ou contrôlés. Au lieu de temples il a des écoles où l'enseignement se mêle à la prière en commun. Sa métropole est une ville idéale qui n'existe que dans le passé et dans l'avenir, dans le souvenir et dans l'espérance.

Cette multitude de préceptes qui font la matière de la Mischna et du Talmud a sans doute un avantage. Elle maintient l'esprit dans la région de la pratique, elle lui ôte le loisir et jusqu'à la pensée de concevoir des doutes sur les principes spéculatifs ou sur les origines surnaturelles de la religion. C'est ce que les docteurs pharisiens appellent « faire une haie autour de la loi ». Mais ce système a aussi de graves inconvénients. Il arrive un moment où la haie prend de telles proportions qu'elle envahit et étouffe le patrimoine qu'elle doit préserver. Un des plus anciens docteurs de la Mischna a parfaitement discerné ce danger et l'a signalé dans un langage pittoresque : « Lorsqu'on met, dit-il, dans un vase, de l'eau et de l'huile, plus l'eau s'élève, plus l'huile s'écoule. » L'esprit de la race a eu heureusement assez d'énergie pour soulever ces chaînes et goûter à tous les fruits de l'arbre la science.

J'ai reproché à M. Cohen de plaider quelquefois pour les pharisiens, au lieu de les faire connaître. Mais on aurait tort d'en conclure qu'il ne sait pas rendre justice au christianisme. Voici en quels termes il parle de l'Évangile : « C'est la synthèse admirable où se concentrent et s'illuminent toutes les vérités morales qu'Israël avait déjà reçues par la révélation ou par la tradition[1]

Il y a aussi un chapitre plein de curieuses observations et, selon moi, d'une incontestable vérité sur les bons rapports qui ont régné entre le christianisme naissant et les vrais représentants de la doctrine pharisienne. Il a jugé les juges de Jésus avec une sévérité qu'il est difficile de dépasser. A la valeur scientifique des faits qu'il expose se mêlent constamment l'élévation de la pensée et le sentiment de la vraie charité, celle qui embrasse toute la famille humaine. Il a donné dans notre pays à la critique historique et religieuse un livre du plus grand prix et qui lui manquait entièrement.

1. Tome II, p. 26.

HISTOIRE DES PERSÉCUTIONS DE L'ÉGLISE[1]

I.

Dans un précédent volume justement remarqué par le monde savant, M. Aubé a retracé à grands traits l'histoire des persécutions souffertes par l'Église depuis son origine jusqu'à la fin du règne de Marc-Aurèle.

Celui qui vient de paraître a pour but de nous faire connaître dans tous ses détails la polémique que la religion nouvelle eut à supporter, durant le même laps de temps, de la part des philosophes et des lettrés du paga-

---

1. *Histoire des persécutions de l'Église.* — *La polémique païenne à la fin du deuxième siècle: Fronton, Lucien, Celse, Phliostrate* par B. Aubé. Un vol. in-8°, à la librairie académique Didier et Cⁱᵉ Paris, 1878.

nisme. C'est ce que l'auteur appelle les persécutions intellectuelles de l'Église. Nous croyons que c'est un tort de désigner par le même nom deux choses aussi différentes que la violence et la discussion. Si la violence déchaînée contre des opinions a souvent pour effet de les exalter et de les propager, elle n'en est pas moins un crime du côté des oppresseurs et un malheur du côté des opprimés. La discussion, la critique, la polémique, si l'on tient à l'appeler ainsi, est un droit pour celui qui attaque et un bienfait pour celui qui est obligé de se défendre. Mal connu ou mal compris, il trouve dans les objections et dans les accusations de ses adversaires une occasion de dissiper les préventions ou les erreurs qui s'élèvent contre lui, et de persuader complètement ceux qui, à demi gagnés à sa cause, conservent encore quelques doutes dans l'esprit. La polémique offre à celui qu'elle poursuit un autre avantage qui est peut-être plus précieux que tous les autres. Elle le force à compléter sa pensée, à en corriger les points douteux ou faibles, à y faire pénétrer la clarté qui lui manque, à se mettre autant que possible d'accord avec lui-même, c'est ce qui est arrivé à toutes les philosophies et à toutes les religions qui, sorties d'une longue préparation, ont exercé sur l'esprit humain une influence étendue et profonde. Le christianisme ne fait point exception à cette loi générale.

Selon la judicieuse réflexion de M. Aubé, dont les expressions mêmes méritent d'être retenues, le christianisme a existé avant l'orthodoxie chrétienne, et la foi avant la théologie. La polémique qui a si souvent occupé l'Église et qui, grandissant avec les siècles, est loin, espérons-le pour elle, d'être terminée aujourd'hui, avant de venir du dehors, s'est élevée dans son propre sein. Qu'on se rappelle, en effet, la discussion qui, presque au lendemain de la mort de Jésus, s'éleva entre saint Paul et quelques-uns des autres apôtres. Saint Paul voulait que la religion prêchée au nom de l'Évangile, revêtît un caractère spirituel qui lui permît de recevoir dans son sein les Grecs et les Barbares. Les apôtres, qu'on appelle judéo-chrétiens, et au premier rang parmi eux saint Jacques, prétendaient que le Nouveau Testament n'abrogeait nullement les prescriptions de l'Ancien, et exigeaient que les chrétiens observassent avec la même rigueur que les juifs le repos sabbatique, la circoncision et le régime alimentaire.

La victoire demeura à saint Paul, au moins pour un temps, jusqu'à ce qu'un nouveau pharisaïsme se fût substitué, sous le patronage de saint Pierre, à celui de la synagogue.

Plus tard, c'est sur la doctrine du Verbe que les esprits se divisent. Jésus n'est plus simplement le Messie et le Fils de Dieu, dans un sens qui se concilie très bien avec les plus anciens textes de la Bible, il est le Verbe incarné, il est le *Logos* fait homme. Mais qu'est-ce que le Verbe? Qu'est-ce que le chrétien doit entendre par ce *Logos* qui, en dehors de quelques traditions religieuses de l'antique Orient, n'avait guère été reconnu jusque-là que par la philosophie platonicienne? Le premier qui ait répondu à cette question, c'est l'auteur du quatrième Évangile, écrit au plus tôt à la fin du premier ou au commencement du second siècle. Mais que de temps il a fallu pour faire entrer sa réponse dans l'orthodoxie chrétienne, et combien elle a eu à lutter contre des interprétations toutes différentes, successivement repoussées et condamnées par l'Église comme hérétiques!

Parmi les hérésies du second siècle où la doctrine du Verbe semble jouer le rôle le plus important, il n'en n'est point de plus remarquable que celle des gnostiques. Assurément, les sectaires qu'on désigne sous ce nom sont loin de s'entendre entre eux. M. Matter, un de leurs historiens les plus instruits et les plus consciencieux, les partage en cinq classes dont chacune comprend plusieurs écoles particulières. Mais tous, si l'on veut aller au fond des choses, sont à peu près d'accord sur la doctrine du Verbe. Ils séparent ce que l'auteur du prétendu Évangile de saint Jean a réuni. Plus platoniciens que chrétiens et plus voisins du mysticisme oriental que de l'idéalisme philosophique de Platon, ils font de Jésus un homme, et du Verbe, du Christ comme ils l'appellent, le Fils éternel de Dieu, une émanation de Dieu qui n'a pas eu de commencement et n'aura pas de fin, mais qui n'est pas Dieu lui-même. Le Christ, selon les gnostiques, n'a pas créé le monde, car le monde, dans leur système, n'a pas été créé. Le Dieu créateur, adoré par les juifs, n'est pour eux qu'un esprit subalterne qui, avec la matière éternelle, a formé un monde imparfait comme lui et a courbé l'homme, emprisonné par lui dans un corps, sous une loi tyrannique destinée à disparaître.

Cette loi est celle de l'Ancien Testament, justement détrônée par celle du Christ, dont eux seuls, malgré leurs divisions intestines et la diversité de leurs dogmes, se prétendaient les véritables interprètes.

Avec sa croyance à la continuité de la révélation depuis Adam jusqu'à l'époque de sa propre existence ; avec sa foi en un Dieu personnel, en un Verbe incarné et devenu visible aux yeux des hommes, en un Verbe libérateur des âmes et auteur de l'univers, l'Église devait l'emporter dans l'esprit du grand nombre, sur une doctrine flottante, insaisissable, purement spéculative, presque étrangère à la nature et à l'histoire. Mais son triomphe ne fut pas tellement complet que le gnosticisme, conservé par une sorte d'infiltration mystérieuse dans les lieux où il avait pris naissance, ne reparût un jour, en plein moyen âge, dans le Midi de l'Europe et de la France, et ne causât une telle frayeur à l'orthodoxie victorieuse qu'on jugea nécessaire de l'étouffer dans des torrents de sang. Il est démontré aujourd'hui que les Albigeois ou Cathares, si cruellement massacrés par la croisade dirigée contre eux, étaient les héritiers religieux des sectaires dont nous venons de parler, et dont les chefs florissaient presque tous au IIe siècle de notre ère.

Tout en s'efforçant de préserver ses dogmes des exagérations du mysticisme spéculatif, l'Église était obligée de défendre sa morale des excès du mysticisme ascétique. Le danger qui la menaçait de ce côté était suscité par les montanistes ; car, non contents de laisser prendre à l'ascétisme une place, et même une place considérable dans la religion nouvelle, ces sectaires en firent l'essence même et le but unique du christianisme. Sous prétexte d'affranchir les âmes de la domination de la matière, ils les plaçaient en dehors des conditions de la nature humaine. Dans leur opinion, l'on n'était pas chrétien tant que l'on gardait quelque attache pour la société, tant qu'on ne passait pas sa vie dans le jeûne et dans les macérations, dans la contemplation et dans la prière. Ce sont des femmes telles que Priscilla, Maximilla, Quintilla, qui, par leur parole et par leurs exemples, poussaient le plus à cette exaltation. Tertullien nous fournit quelques détails sur l'une de ces inspirées. Elle tombait en extase au milieu de ses frères réunis pour prier en commun. Elle conversait avec les anges et avec le Christ lui-même qui lui revélait le sens des mystères ; elle voyait les âmes corporellement, sous une forme purement humaine, comme Swedenborg devait un jour se vanter de les voir.

Mais ce n'est pas seulement par leurs austérités et leurs visions que les montanistes inquiétaient l'Église. Ils se plaçaient au-dessus de son autorité encore mal affermie et ne tenaient pas grand compte de sa hiérarchie. « L'Église, disaient-ils, est là où est l'esprit, et non pas où sont les évêques. » Mais comme leur courage était au niveau de leur foi et qu'ils couraient au martyre comme à une fête, ils inspiraient aux populations chrétiennes une profonde vénération. Aussi l'Église se décida-t-elle avec peine à les retrancher de son sein ; pourtant elle s'y décida parce qu'elle comprenait qu'une secte, si élevées que soient ses croyances et en raison même de la rigueur qu'elle s'impose, ne peut pas gouverner la société et devenir, dans le vrai sens du mot, une religion. On s'explique en partie de la même manière la chute du gnosticisme qui, lui aussi, voulait être la religion des parfaits.

Avec le montanisme, le judéo-christianisme ou l'ebionisme et toutes les variétés de la gnose, combien d'autres hérésies enfantées par la religion chrétienne, et s'efforçant malgré elle de rester dans son sein, l'ont assiégée à sa naissance! Un auteur ecclésiastique du commencement du IIIe siècle en compte plus de trente qui se seraient formées en quelque sorte sous ses yeux, ayant pour racine commune la philosophie profane, c'est-à-dire tout simplement la philosophie. Il les dénonce, il les réfute et comprend parmi elles celle de Callixte, évêque de Rome, qu'il accuse d'incliner à l'unitarisme. Voilà donc pour Channing et les unitairiens de nos jours, anglais ou américains, un ancêtre très éloigné sur lequel assurément ils ne comptaient pas.

Comment s'étonner qu'ayant tant de contradicteurs intérieurs, qui, en apparence du moins, ne restent séparés d'elle que sur des questions d'interprétation, l'Église ait aussi rencontré des adversaires venus du dehors qui, ne reconnaissant ni son dogme ni son histoire, les ont attaqués tous les deux au nom de la seule raison et dans l'intérêt de la société qu'ils avaient sous les yeux, dont l'existence était l'œuvre du temps? Ce sont ces derniers surtout que M. Aubé se propose de nous faire connaître. Ils sont au nombre de quatre : un rhéteur, un satirique, un philosophe et un romancier, mais un romancier inspiré par une pensée politique et religieuse. Le rhéteur, c'est Fronton, le maître d'éloquence de Marc-Aurèle. Le satirique, c'est Lucien, que certains critiques modernes ont appelé le Voltaire de son siècle. Le philosophe, c'est Celse, dont Origène n'a pas cru indigne de lui de réfuter les objections. Le romancier, c'est Philostrate qui, sur les ordres de l'impératrice Julia Domna, a essayé d'opposer à la vie de Jésus celle d'Apollonius de Tyane.

De Cornelius Fronton, il y a peu de chose à dire. C'était un lettré, un maître de style fort goûté de son temps, malgré son origine africaine, un personnage consulaire, environné d'une véritable cour à cause de son crédit auprès de l'empereur, un très honnête homme d'ailleurs, dévoué à son impérial élève et aux intérêts de l'État, fidèle à ses amis dans la bonne et dans la mauvaise fortune, père de famille irréprochable. Aucun acte de sa vie, aucune voix accusatrice ne proteste contre ses paroles lorsqu'il dit dans une de ses lettres : « Je me rendrai ce témoignage que dans le cours de ma longue carrière je n'ai jamais rien fait dont j'aie lieu de rougir... J'ai préféré le soin de mon âme à celui de mon corps, et la culture des lettres à la poursuite de mes intérêts. » Voilà qui n'est pas mal pour un païen qui ne se pique pas même d'être philosophe et qui a eu le tort de se ranger parmi les ennemis du christianisme. Pourquoi en a-t-il été ainsi ? On peut le présumer sans en être sûr, car l'acte d'accusation qu'il a écrit contre les chrétiens n'est pas arrivé jusqu'à nous, et nous n'oserions pas affirmer, malgré le degré de vraisemblance auquel M. Aubé a élevé cette hypothèse, que nous le retrouvions en grande partie dans la bouche d'un personnage imaginaire mis en scène par Minutius Félix. Fronton, par sa position, par ses relations autant que par la tournure et les occupations de son esprit, était ce qu'on appelle aujourd'hui un conservateur. Les chrétiens, non seulement en matière de religion, mais dans les questions sociales, pour employer encore le langage de notre temps, étaient des révolutionnaires. N'enseignaient-ils pas que les premiers seraient les derniers et que les derniers seraient les premiers ; qu'il était plus facile à un chameau de passer par le trou d'une aiguille qu'à un riche d'entrer dans le royaume du ciel ; que l'âme d'un esclave racheté par la foi avait le même rang devant la grâce divine que celle d'un homme libre? Avec des préventions comme celles qui existaient contre eux dans l'esprit des classes élevées, on pouvait même leur reprocher d'ébranler l'autorité souveraine par cette maxime : « Il vaut mieux obéir à Dieu qu'aux hommes. » Le Christ avait bien dit, d'après le dernier des Évangiles, qu'il faut rendre à César ce qui appartient à César ; néanmoins, ses disciples refusaient obstinément de rendre à l'empereur les hommages divins qu'exigeaient pour lui les lois de l'empire. Les institutions religieuses chez les anciens, surtout chez les Romains, faisaient partie des institutions politiques, et l'on ne pouvait, dans leur opinion, attaquer les unes sans se montrer l'ennemi des autres. Au reste, quand on songe que le Manifeste de Fronton contre les adorateurs du Christ avait reçu de lui-même le titre de *Déclamation*, — un titre réservé pour un certain genre de compositions oratoires, — on est autorisé à se demander s'il faut y voir autre chose qu'un exercice de rhétorique et un modèle de style.

La polémique antichrétienne de Lucien nous

présente un autre caractère que celui que nous sommes obligés d'attribuer par supposition à l'œuvre de Fronton. Lucien n'est pas un épicurien, quoiqu'il laisse voir en toute occasion une prédilection pour Épicure. C'est un satirique et un sceptique, un esprit délicat et sensé, incapable sans doute de s'élever jusqu'à l'enthousiasme ou de comprendre les sublimes élans de la foi, mais qui ne supporte ni le mensonge, ni le charlatanisme ni les grossiers égarements, et qui éprouve le besoin de leur infliger le sceau du ridicule. Ce qu'il reproche aux chrétiens, ce n'est pas leur politique, ce ne sont pas leurs nouveautés hardies sur les riches, sur les pauvres et sur les esclaves; ce sont moins encore les crimes imaginaires que leur imputent l'ignorance et la haine; c'est la superstition. La superstition, la foi irréfléchie et immodérée au surnaturel, disons le mot, aux miracles, était le fléau de la société romaine, de la société païenne en général, à la fin du IIe siècle et au commencement du IIIe siècle de notre ère. Après l'avoir poursuivie dans le paganisme et dans la philosophie dégénérée de son temps, c'est elle qu'il croit reconnaître et qu'il poursuit encore dans le christianisme naissant et dans les livres, vraisemblablement familiers à son érudition, de l'Ancien et du Nouveau Testament. On trouve dans l'un de ces écrits, celui qui par antiphrase porte le nom d'*Histoire véritable*, des allusions ironiques à Jonas conservé vivant pendant trois jours dans le ventre d'une baleine: à l'arche de Noé où viennent docilement se ranger en file des couples de toutes les espèces d'animaux : au dogme à la fois juif et chétien de la résurrection des corps; à la double nature de Jésus, irrévérencieusement comparée à celle des centaures. On croira difficilement qu'il ne songeait pas aux miracles de l'Évangile, lorsqu'il fait dire à un des personnages de ses dialogues qu'il a vu des hommes voler dans l'air, marcher sur l'eau, ressusciter des morts; quand il parle d'un *Syrien de Palestine* qui commandait aux démons et les forçait d'abandonner les malades devenus la proie de leurs obsessions. Mais dans aucun de ces ouvrages, Lucien n'a aussi clairement désigné les chrétiens et n'a exercé contre eux avec plus d'amertume sa verve railleuse que dans sa Lettre sur *la Mort de Pérégrinus*.

Pérégrinus n'est pas un être imaginaire, c'est un philosophe qui vivait sous les règnes d'Antonin le Pieux et de Marc-Aurèle. Plusieurs écrivains de l'antiquité, les uns chrétiens, les autres païens, parlent de lui avec estime. Il appartenait à l'école cynique, non moins respectée que celle des stoïciens, pour l'austérité de ses mœurs. Pour une cause qui est restée inexpliquée, peut-être pour se conformer aux principes de sa secte en témoignant de son mépris pour la douleur et pour la mort, il termina ses jours comme le philosophe indien Calanus. Il se brûla publiquement, à l'âge de soixante ans, non loin d'Olympie.

Voici maintenant comment Lucien, en appelant à son secours la fécondité de son imagination, fait servir ce nom et cette fin théâtrale au but qu'il se propose.

Il raconte que Pérégrinus, après une existence des plus aventureuses, soupçonné de parricide, se convertit au christianisme. Il arrive en peu de temps aux plus hauts degrés de la hiérarchie ecclésiastique. Il passe pour un oracle, pour un saint et, à peu de chose près, pour un dieu d'un rang inférieur à celui du Christ. La persécution vient lui donner un nouveau prestige. Arrêté comme perturbateur de la paix publique, il reçoit dans sa prison, avec de riches offrandes et les moyens de mener la vie la plus agréable, les témoignages de la douleur et de l'admiration de ses frères. Un gouverneur intelligent, comprenant que la sévérité des lois est un sûr moyen d'accroître l'influence de ce genre d'hommes, le fait rendre à la liberté. Pérégrinus, à qui Lucien, à cause de ses fréquents changements de rôle et de doctrine, donne aussi le nom de Protée, se met alors à voyager. Il visite l'Égypte, l'Italie, Rome, la Grèce, non sans changer souvent d'opinion et de caractère, et sans soulever contre lui, par la violence de son langage, l'animadversion publique. Enfin, tombé dans le discrédit et dans l'oubli, il a recours à un dernier moyen pour rappeler à lui la gloire. Sous les yeux d'une foule immense, accourue de toutes les parties de la Grèce pour assister aux jeux olympiques, il se précipite dans un bûcher allumé de sa propre main. Cet acte de tragique vanité a le succès qu'on s'en était promis. Les fidèles se pressent autour du mort pour recueillir à titre de relique quelque parcelle de ses cendres. On se répète ses dernières paroles. On raconte les prodiges qui ont annoncé et suivi sa fin. On le voit lui-même apparaître vêtu d'une tunique blanche. On se dispute ses lettres, ses écrits, son testament; on les invente quand ils n'existent pas.

La pensée qui a inspiré ce récit, quoique voilée avec art, ne saurait être mise en doute. Comme le démontre victorieusement M. Aubé, Lucien a voulu tracer un portrait satirique, non de tel ou tel personnage vénéré dans l'Église, par exemple d'Ignace, évêque d'Antioche, ou de Polycarpe, évêque de Smyrne, mais de la vie chrétienne elle-même et de ceux qui en étaient l'expression la plus complète, des évêques et des martyrs. On les montre d'abord comme des hypocrites dont les actions démentent complètement les discours et qui ont cherché dans la grâce divine, dans une conversion bruyante, un refuge contre la sévérité des hommes. On explique par l'aveuglement d'une foule ignorante et fanatisée l'ascendant irrésistible qu'ils exercent sur les esprits, et les profits qui se mêlent pour eux au prestige de la sainteté. On les dénonce aussi conformément à l'opinion du temps, et peut-être de tous les temps, comme des natures altières, intraitables qui, s'attribuant un caractère surhumain, ne comptent pour rien l'autorité du souverain ni celle des lois, ni l'intérêt de la paix publique. Un des traits les plus fins et les plus justes de ce tableau, c'est la persécution convaincue d'impuissance contre l'erreur, la superstition et même le charlatanisme. Ce qui n'est pas moins digne d'être remarqué, c'est la façon dont on explique la formation des légendes et de l'auréole surnaturelle qui entoure le front des illustres morts. Quant au martyre, un des plus touchants arguments invoqués par le christianisme, l'auteur de la Lettre sur *la Mort de Pérégrinus* essaie de lui ôter toute autorité en le présentant comme une sorte de drame préparé avec art et préméditation, comme le couronnement fastueux d'une vie donnée tout entière à l'intrigue et à la domination.

Cette critique n'est pas forte, et elle blesse évidemment la vérité et la justice. On ne peut pas dire cependant qu'elle soit d'un ennemi, puisque, tout en les raillant, elle constate les vertus des chrétiens : le sentiment de fraternité qui les unit et le courage porté jusqu'au martyre. C'est la critique d'un sceptique qui, ayant rencontré dans sa vie, à une époque de corruption et de décadence, un grand nombre de charlatans et de dupes, s'imagine qu'il y en a partout et prend plaisir à démasquer les uns, à se moquer des autres. Cette façon de juger la société et surtout la religion était nouvelle et originale au moment où Lucien la produisit au grand jour, en lui prêtant l'élégance et la vivacité de son langage. Elle est restée après lui, elle a été quelquefois renouvelée avec talent; mais, en général, elle est devenue le partage des sceptiques mondains et superficiels ou des natures vulgaires qui prennent la défiance pour la sagesse, le soupçon pour la profondeur, les abus et les scandales pour l'essence même des religions, et qui se figurent être des modèles de la libre pensée parce qu'ils ne comprennent ni le désintéressement dans les actions, ni la grandeur dans les idées.

Le christianisme a trouvé des adversaires plus sérieux et plus intéressants dans le philosophe platonicien Celse et dans les promoteurs, sinon dans l'auteur avoué de la vie d'Apollonius de Tyane.

II

Si Lucien, comme nous l'avons dit, représente en face du christianisme, au IIe siècle de notre ère, l'incrédulité mondaine et le scepticisme moqueur, Celse, à la même époque, et par rapport à la même croyance, peut être considéré comme le premier exemple de la critique philosophique. Il est permis de supposer, puisqu'il l'a précédé d'un siècle et qu'il s'était nourri, comme lui, des écrits de Platon, qu'il a fourni à Porphyre un bon nombre des arguments que celui-ci a développés dans son ouvrage aujourd'hui perdu : *Contre les chrétiens.*

Celse était un contemporain de Lucien qui lui a dédié sa curieuse Notice sur le prétendu prophète Alexandre d'Abonotichos. Il vivait, par conséquent, sous les règnes d'Hadrien, de Marc-

Aurèle, et un peu au delà. Par cela seul qu'il a été l'adversaire du christianisme, il a passé dans l'opinion d'Origène, acceptée plus tard sans examen, pour un philosophe de l'école d'Épicure. Quel autre qu'un Épicurien pouvait, dans la pensée du pieux docteur d'Alexandrie, s'attaquer à la foi de l'Évangile ? D'autres ont fait de Celse un stoïcien, sans doute par la même raison, parce que le stoïcisme, malgré l'austérité de sa morale, n'est au fond qu'un panthéisme matériel. M. Aubé démontre que Celse n'est ni l'un ni l'autre, mais un philosophe platonicien. Il croit à la Providence, à l'immortalité de l'âme, à un dieu distinct du monde, mais tellement supérieur au monde, qu'il n'agit sur lui que par des agents intermédiaires, génies, démons, messagers célestes assez semblables aux anges. C'est le fond de la doctrine néoplatonicienne ou du platonisme alexandrin qui, à cause des idées et des traditions qu'il avait en commun avec la religion chrétienne, a prétendu se passer d'elle et est resté pendant des siècles son plus implacable ennemi. Rappelons-nous que l'empereur Julien, aussi bien que Porphyre, appartenait à cette école, et qu'il en est ainsi de Philostrate que nous allons trouver tout à l'heure au service de la pensée antichrétienne de Julie Domna.

L'école platonicienne qui s'est formée à Alexandrie dès le premier siècle de l'ère chrétienne, puisqu'il est impossible de n'y pas comprendre Philon, n'était pas seulement une école de philosophie ou de pure métaphysique. C'était aussi, dans le sens qu'aujourd'hui nous attachons à ce mot, une école de théologie, une école d'érudition, une école de critique ou d'exégèse. Née avec l'ambition de tout expliquer et de tout comprendre, elle aspirait à tout connaître, l'Orient aussi bien que la Grèce, les religions, les mythologies, ce que le temps nous a conservé des plus anciens poètes aussi bien que les systèmes philosophiques. A ses méditations sur Platon et sur Aristote, à ses recherches plus ou moins exactes sur Orphée, sur Pythagore, sur le sens caché des poèmes homériques, elle joignait, autant que cela lui était possible, l'étude de Zoroastre, celle des traditions sacerdotales de l'Égypte et de la Chaldée, celle des livres saints des Juifs que la version de Septante avait rendus accessibles au monde païen, enfin celle des Évangiles, si multipliés et si variés avant que l'autorité ecclésiastique en eût arrêté le texte et fixé le nombre.

Un des plus anciens maîtres du néoplatonisme, un contemporain de Lucien et de Celse, Numénius, était, selon le témoignage d'Origène, assez familier avec le Pentateuque et les Livres des Prophètes pour en citer plusieurs passages dans ses traités aujourd'hui perdus des Nombres, de l'Espace et du Souverain bien. Numénius, si nous en croyons le même auteur, aurait également connu l'histoire de Jésus-Christ et aurait fait servir à la confirmation de sa propre doctrine les premiers versets de l'Évangile de saint Jean. C'est à lui qu'on prête ce mot : « Platon, c'est Moïse devenu Athénien ». Personne n'ignore que Longin cite la Genèse dans son *Traité du sublime*; et comment serait-il resté étranger aux écritures traduites en grec, lui que le premier historien d'Alexandrie a appelé une bibliothèque vivante, un musée ambulant? Le même degré d'érudition a été attribué à Porphyre, et nul doute qu'il n'eût sérieusement étudié le christianisme, puisque son livre, ou, pour parler exactement ses *Quinze livres* contre les chrétiens ne lui valurent pas moins de quatre réfutations émanées de quatre docteurs de l'Église. Il ne faut donc pas s'étonner que Celse bien antérieur, il est vrai, à Porphyre, mais dirigé d'une manière générale, par les mêmes principes, gagné à la même curiosité d'esprit, poussé par cet amour de la science philosophique et religieuse dont le platonisme était alors parmi les païens l'unique source, se soit fait, lui aussi, une idée approfondie, tout au moins réfléchie, de la religion qu'il se proposait de combattre comme une ennemie redoutable de la civilisation et de la société telles qu'il les comprenait, de la philosophie qui en était, selon lui, le suprême législateur et le guide indispensable. Nous voyons, en effet, par la critique qu'il en présente à ses contemporains, qu'il avait étudié le christianisme dans ses origines et en lui-même, dans l'Ancien Testament et dans les Évangiles, et jusque dans les livres sibyllins, composés, comme on sait, en grande partie, par des chrétiens et par des juifs. Il ne s'est pas borné à consulter les livres consacrés par la foi, il a voulu y joindre les renseignements fournis par les fidèles! Il recherchait le commerce des chrétiens, et les conversations qu'il avait avec eux l'aidaient à rectifier ou à compléter les souvenirs qui lui étaient restés de ses lectures.

L'œuvre qui a été le fruit de cette laborieuse et, il est permis de le dire, de cette consciencieuse enquête n'est pas arrivée jusqu'à nous, au moins dans son intégrité et sous sa première forme. Constantin, après sa conversion et quelques-uns de ses successeurs ayant ordonné la destruction de tous les écrits contraires à la religion chrétienne, le *Discours véritable* (c'est le titre de l'ouvrage de Celse) était destiné à avoir le même sort que le Traité de Porphyre et beaucoup d'autres écrits du même genre. Mais Origène, en le réfutant, en a reproduit tous les passages qu'il jugeait dignes d'être combattus; et ces citations sont assez nombreuses, assez étendues, assez liées entre elles pour que M. Aubé, en les réunissant, en les rattachant les unes aux autres par quelques phrases complémentaires soigneusement séparées du texte, et en les traduisant dans notre langue avec la plus scrupuleuse exactitude, se flatte de nous avoir rendu tout entière l'œuvre du philosophe païen[1]. Les restaurations de cette nature

---

1. C'est l'objet d'une publication séparée qui a pour titre : *le Discours véritable de Celse tiré des fragments cités dans le Kata-Kelsou d'Origène. Essai de restitution et de traduction.* In-8º de 117 pages, chez Didier et Cⁱᵉ.

sont difficiles et généralement contestées. M. Aubé n'en a que plus de mérite d'avoir tenté celle-ci. Il y a apporté, d'ailleurs, une très grande mesure, une critique exercée et une familiarité remarquable avec les questions aussi bien qu'avec la langue dans laquelle elles sont traitées. Nous allons essayer de donner une idée de quelques-unes des objections que Celse a élevées contre le christianisme.

Comprenant dans sa controverse les juifs aussi bien que les chrétiens, puisque les derniers se donnent pour les héritiers et les continuateurs des premiers, il se moque des uns et des autres quand ils prétendent que Dieu ne s'est révélé qu'à eux et ne communique qu'avec eux par ses messagers et ses prophètes, que c'est pour leurs péchés que le Messie est venu ou que son arrrivée se fait encore attendre, et que le monde entier, que le reste du genre humain est subordonné à leur conduite dans le passé ou dans l'avenir. Et que sont les juifs pour tenir ce langage, que les chrétiens, en acceptant la Bible, tiennent pour véridique? Des esclaves échappés d'Égypte en fugitifs, des hommes qui n'ont jamais compté pour rien dans le monde, une peuplade reléguée dans un coin de la Palestine et qui ne peut citer aux autres nations que des noms inconnus.

Bien loin que le monde ait été fait pour les juifs et pour les chrétiens, Celse n'admet pas même qu'il soit fait pour l'homme. « Le monde, dit-il, n'a pas plus été fait pour l'homme que pour le lion, l'aigle ou le dauphin. Il a été fait de telle sorte qu'il fût parfait et achevé comme il convenait à l'œuvre de Dieu. C'est pourquoi toutes les parties qui le composent ne sont pas ajustées à la mesure de l'une d'entre elles ; mais chacune se rapporte à l'ensemble et en dépend. C'est de cet ensemble que Dieu prend soin. Sa providence ne l'abandonnera jamais [1]. »

Voilà certes une noble et forte doctrine que personne n'a le droit d'accuser d'impiété. Aussi appréciant l'autorité qu'elle lui donne, Celse y revient-il à plusieurs reprises et ne se lasse-t-il pas de la rendre sensible par d'ingénieux et spirituels développements. C'est un honneur pour lui d'avoir devancé sur ce point un des plus grands philosophes des temps modernes; car Descartes, dans un temps et dans un pays où le dogme chrétien régnait en souverain, a osé

1. *Histoire des persécutions de l'Église*, p. 324.

écrire : « Il serait puéril et absurde de soutenir en métaphysique que Dieu, semblable à un homme exalté par l'orgueil, a eu pour unique fin, en donnant l'existence à l'univers, de s'attirer nos louanges, et que le soleil dont la grosseur surpasse tant de fois celle de la terre, a été créé dans le seul but d'éclairer l'homme qui n'occupe de cette terre qu'une très petite partie. »

S'attachant au récit cosmogonique de la Genèse, Celse l'attaque, tantôt par la raillerie, tantôt par le raisonnement. Ce qui fait la matière de sa raillerie, c'est que Dieu ait de ses mains fabriqué un homme avec de la terre, qu'il ait tiré une femme d'une des côtes de cet homme, et qu'après leur avoir donné l'existence à tous les deux il n'ait pas pu s'en faire obéir et ait vu son autorité méprisée pour celle du serpent. A l'exemple de Lucien, il se moque de l'arche de Noé, contenant tous les êtres de la nature; il ne voit dans le Déluge qu'une imitation maladroite de l'histoire de Deucalion.

Voici maintenant les propositions qu'il combat par le raisonnement. On dit que le monde a été formé en six jours; comment y avait-il des jours, quand le soleil n'existait pas encore, quand aucun astre n'était formé, quand le jour et la nuit ne se distinguaient pas l'un de l'autre? Comment concevoir que le Dieu suprême, celui dont la volonté et l'intelligence ne rencontrent ni obstacle, ni limite, celui pour qui le temps n'existe pas[1], ait travaillé un jour à un ouvrage, le lendemain à un autre, et ainsi les jours suivants, et qu'il se soit reposé le septième comme un ouvrier fatigué qui a besoin de reprendre des forces?

Un autre passage du premier livre de Moïse affirme que l'homme a été fait à l'image de Dieu. Mais Dieu n'a pu faire l'homme à son image, car il n'a pas la forme de l'homme, ni d'aucun être qui tombe sous nos sens. Tous les anthropomorphismes de la Bible, c'est-à-dire toutes les assimilations qu'elle établit entre Dieu et l'homme, sont relevés avec la même vigueur. Rien de plus étrange, selon l'auteur du *Discours véritable*, que d'entendre les juifs et les chrétiens attribuer à Dieu les mœurs et les passions d'un homme, de lui faire prononcer des paroles de colère, de commisération et de menace.

Celse n'oublie pas non plus les cruautés com-

---

[1]. Telle est bien l'idée que les platoniciens se faisaient du Dieu suprême de celui que Celse appelle « le premier et grand Dieu ».

mandées par la Bible au nom de Jéhovah; par exemple, l'ordre donné aux israélites d'exterminer leurs ennemis sans épargner les femmes et les enfants; mais il insiste plus particulièrement sur les difficultés que présente le christianisme tout seul.

Lui fût-il possible de faire violence à son esprit jusqu'à admettre l'incarnation dans le sens chrétien, il ne comprendrait pas que Dieu eût envoyé son Fils pour enseigner aux hommes précisément le contraire de ce qu'il leur a révélé par la bouche de Moïse. « Croissez et multipliez! » dit le législateur des Hébreux. Il promet à ceux qui accomplissent ses lois la richesse et la puissance. Selon Jésus, au contraire, la vie contemplative est la plus sûre voie du salut, les riches et les grands de la terre entreront difficilement dans le royaume du ciel, et il ne faut pas plus s'inquiéter de ses besoins que le lis des champs et les oiseaux du ciel. « Est-ce que le père, demande ironiquement Celse, quand il a envoyé son fils, a oublié ce qu'il avait dit en tête à tête à Moïse? »

Celse ne comprend pas davantage l'antagonisme qui, selon la foi de l'Évangile, existerait de toute éternité ou depuis un temps infiniment reculé entre Dieu et Satan, entre Satan et le Fils de Dieu. Il regarde comme une atteinte à la majesté divine et comme un dogme tout à fait impie de croire que Dieu, le Dieu suprême à qui le ciel et la terre sont absolument subordonnés, a un ennemi capable de faire avorter ses desseins et d'empêcher le bien qu'il veut faire aux hommes. Dans cette lutte entre Satan et le Fils de Dieu, c'est le Fils de Dieu qui est vaincu, puisque Satan doit venir un jour sur la terre pour s'approprier sa gloire et séduire le genre humain. Diderot, probablement sans avoir lu Origène, a fait la même objection, mais en lui donnant une forme beaucoup plus vive. Celse ajoute, comme un philosophe platonicien devait le faire, qu'il n'y a pas d'autre antagonisme dans l'univers que celui de la matière et de l'esprit, et c'est à celui-là que toutes les mythologies de l'antiquité font allusion. Mais cette lutte n'a existé que dans l'origine des choses, car l'esprit, c'est-à-dire Dieu, a soumis la matière aux lois de l'harmonie ; ce qui ne l'empêche pas de conserver encore une grande place dans la nature. Mêlée à tout ce qui est mortel, c'est elle, non le péché, qui est la source du mal.

Avec cette idée sur la matière, comment Celse n'aurait-il pas condamné la croyance à la résurrection des corps? En effet, c'est un des dogmes du christianisme qui lui inspire le plus de répulsion. Il ne conçoit pas qu'une âme humaine, une fois délivrée par la mort, puisse avoir, pour nous servir de ses fortes expressions, le désir de rentrer dans la pourriture du corps. Ce désir existât-il, Dieu ne le réaliserait point, tout à la fois parce qu'il est honteux et parce qu'il est contraire aux lois de la nature. C'est une erreur de croire que tout est possible à Dieu. « Dieu, dit Celse dans un langage digne de ses maîtres, Dieu est la raison de tout ce qui existe, et il ne lui est pas plus possible de rien faire contre la raison que contre lui-même. »

Sans doute, ajoute Celse, il y a dans les Évangiles quelques idées saines et quelques règles de sagesse, mais elles dérivent d'une source beaucoup plus ancienne. La maxime qui commande de supporter les outrages, de tendre la joue gauche quand on a été frappé sur la joue droite, a été soutenue par Platon, au nom de Socrate, sous une forme bien plus noble et plus convaincante. Nous lisons, en effet, dans le Criton : « Si c'est un devoir absolu de n'être jamais injuste, c'est aussi un devoir de ne l'être jamais même envers celui qui l'a été à notre égard... C'est une obligation sacrée de ne jamais rendre injustice pour injustice, ni mal pour mal[1]. » Ce n'est pas non plus le fondateur du christianisme qui le premier a enseigné le dogme de l'immortalité de l'âme et l'existence d'une autre vie où les hommes seront récompensés et punis, selon les règles de la justice, de la conduite qu'ils auront tenue sur la terre. Ces croyances ont été répandues dans le monde, longtemps avant qu'il y eût des chrétiens, par les sages de toutes les nations, par les philosophes de la Grèce, et continuent d'être professées dans les mystères.

La plupart de ces objections, on les trouvera plus tard chez Bayle et chez les philosophes du XVIIIe siècle.

La conclusion de Celse n'est pas que les chrétiens abandonnent leur foi, et moins encore qu'ils soient forcés de l'abandonner par la persécution. Il leur demande seulement d'être, pour les autres religions, moins sévères dans leurs jugements et plus complaisants, ce ne serait pas assez de dire

---

1. Cette citation est faite par Celse. *Discours véritable*, p. 93.

plus tolérants dans leurs actions. Il n'y a, selon lui, qu'un seul Dieu suprême qui s'est communiqué dans tous les temps à quelques hommes d'élite. C'est vers lui qu'il faut constamment élever son âme. « Il est bon, exempt de besoin, incapable d'envie [1]. » Dès lors, pourquoi se ferait-on scrupule, pourquoi ne se croirait-on pas obligé de lui rendre hommage en honorant publiquement les puissances secondaires visibles ou invisibles, dieux ou mortels, qui passent dans l'opinion commune pour être ses ministres? Les chrétiens eux-mêmes n'admettent-ils point, sous d'autres noms, entre la divinité suprême et les hommes, des intermédiaires de ce genre? Au nombre de ces puissances secondaires, il n'est que juste de comprendre l'empereur, car il a reçu son pouvoir de Dieu, et c'est par la volonté de Dieu qu'il règne : « c'est entre ses mains qu'ont été remises les choses de la terre ». Il n'y a donc aucun mal à lui rendre les honneurs qui lui sont attribués par la loi; c'est, au contraire, faire acte de piété et se conduire en bon citoyen. Quant à espérer que toute la terre se

---

1. Ce sont les propres expressions de Celse, telles que M. Aubé les a traduites. *Discours véritable*, p. 103.

convertira à la foi du Christ et qu'il n'y aura dans l'avenir qu'une seule religion, c'est une illusion qui témoigne d'une grande ignorance.

Sans qu'il entre dans ma pensée de faire tort à la réfutation toute théologique qu'Origène a faite de ce discours, je crois que les chrétiens, s'ils avaient daigné me consulter, auraient pu répondre à Celse : « Si nous consentions à faire ce que vous nous conseillez, nous formerions peut-être une école de philosophie et de politique; on en verra de semblables dans les siècles à venir, chez des peuples qui passeront pour très pieux ; mais nous cesserions d'être une religion, car une religion n'existe pas si elle ne croit posséder la vérité absolue, et si elle n'est convaincue qu'elle est appelée à faire la conquête du monde. »

C'est ce qu'on semble avoir compris à la cour moitié asiatique moitié européenne de l'impératrice Julie Domna. Avec ce sens des choses mystiques qu'elle avait puisé dans son éducation et dans son origine orientale, la femme de Septime Sévère ne manqua pas de s'apercevoir qu'on n'arrête pas une religion par la persécution ou par le raisonnement, par la rigueur des lois ou par les objections de la philosophie, mais qu'à une foi aussi vigoureuse et aussi profonde que celle du christianisme, il fallait opposer, s'il était possible, une foi rivale.

Où la trouver? Elle n'existait ni dans le monde romain, ni dans le monde hellénique; on s'avisa de la créer avec des traditions répandues dans tout l'Orient et conservées en partie dans la vieille école, dans l'école symbolique, plus orientale que grecque, de Pythagore. A cette religion éclectique, dont on voulait faire la religion universelle destinée à absorber le christianisme, il fallait donner pour fondateur, tout au moins pour restaurateur, un être exceptionnel, un homme si l'on veut, mais un homme presque divin dont les vertus surhumaines, les maximes sublimes et la puissance surnaturelle fussent capables de soutenir la comparaison avec celles du fondateur de la religion chrétienne. C'est ainsi que l'on chargea Philostrate d'écrire la *Vie d'Apollonius de Tyane*.

Apollonius, aussi bien que Pérégrinus, est un être réel. C'est un philosophe pythagoricien, né à Tyane, en Cappadoce, deux ou trois ans avant ou après l'ère chrétienne. Lucien, en parlant de lui, le représente comme un charlatan à la façon d'Alexandre d'Abonotichos; mais il fallait bien qu'il eût quelque science et quelque talent pour s'être fait un nom qui n'était pas encore oublié au temps de Septime Sévère, et un disciple aussi exalté que le Ninivite Damis. C'est en se servant des Mémoires de cet enthousiaste et de quelques autres écrits aujourd'hui perdus, que Philostrate composa sa légende. Philostrate est un sophiste et un rhéteur qui ne croit pas ce qu'il écrit, mais qui sait accommoder son récit plus ou moins imaginaire ou son roman théologique au but qu'il se propose, nous voulons dire qui lui est imposé. En voici à peu près le canevas :

La naissance d'Apollonius, annoncée à sa mère par un dieu, comme celle de Jésus est annoncée à Marie par un ange, et suivie de toute sorte de prodiges. Des cygnes font entendre des chants mélodieux; la foudre tombée à terre remonte vers le ciel. Encore enfant, Apollonius confond par sa science les maîtres les plus renommés de son temps et édifie le monde par sa vertu et sa sagesse. Il distribue ses biens à sa famille, fait vœu de pauvreté et de chasteté, s'abstient de la chair des animaux, marche pieds nus, et, après avoir observé pendant cinq ans la règle pythagoricienne du silence, il se consacre tout entier à l'enseignement, peut-être faudrait-il dire à la prédication. Accompagné d'un petit nombre de disciples, bientôt réduit à deux et plus tard à un seul, l'infatigable Damis, il visite l'Inde, l'Éthiopie, l'Égypte, la Perse, toutes les contrées de l'Orient, sans en excepter les plus barbares. Il sait toutes les langues sans les avoir apprises, même la langue des oiseaux. Partout les peuples et les rois se pressent sur ses pas, attirés par le charme de sa parole autant que par l'éclat de sa renommée. Il réforme leurs mœurs, leurs lois, leur culte, élève leur esprit à la connaissance du Dieu suprême et allume dans leurs cœurs la sainte flamme de la charité. Les sacrifices sanglants et les honneurs divins rendus aux rois de la terre sont l'objet de sa réprobation. Il se fait comprendre des plus humbles intelligences par des paraboles empruntées à la vie des oiseaux. Il prédit l'avenir, fait des miracles, guérit les malades, conjure la peste, chasse les démons et ressuscite les morts. Il trouve son calvaire dans le cachot où, par ordre de Domitien, il est enfermé chargé de chaînes et abreuvé d'outrages. Enfin, ayant quitté la terre, on ignore en quel lieu, en quel moment et de quelle façon, il apparaît à ses disciples après sa mort.

L'imitation des Évangiles n'est pas contestable dans ce récit, mais il y a quelque chose de plus; il y a l'ambition de dépasser le christianisme. Apollonius ne s'est pas montré aux yeux d'un seul peuple; il n'a pas eu pour but de réformer ou de régénérer un seul culte. Il a visité, en les instruisant, tous les peuples de la terre alors connue; il a réformé tous les cultes en les rappelant au culte éternel qui s'adresse au Dieu ineffable; il a été le prêtre de l'univers, le fondateur ou le restaurateur de la religion du genre humain, religion qui se confond avec la vraie philosophie.

Cette tentative devait échouer pour plusieurs raisons. On ne construit pas de parti pris, à force d'érudition et de rhétorique, une légende susceptible d'être acceptée par la foi populaire. Les légendes de cette espèce se forment d'elles-mêmes, après une longue préparation, dans le temps et le milieu qui leur sont favorables. Elles sortent, pour ainsi dire, des entrailles d'une nation ou d'une race. On ne crée pas d'avantage, avec la raison toute seule, une religion, surtout une religion destinée à être professée non par une secte particulière, mais par l'immense majorité des hommes. La raison toute seule ne peut produire qu'un système de philosophie. Or, s'il est vrai que la religion et la philosophie se touchent par une foule de points, que la philosophie est sortie presque partout de la religion, et que la religion a été souvent construite avec des éléments philosophiques, il est absolument faux que la religion et la philosophie aient jamais été et puissent jamais être une seule et même chose. La religion n'en reste pas moins un des plus grands spectacles et un des plus importants, j'ai à peine besoin d'ajouter un des plus légitimes sujets d'étude que la nature humaine puisse offrir à la philosophie.

LES RABBINS FRANÇAIS
DU COMMENCEMENT DU XIVe SIÈCLE[1]

Ce savant travail porte le nom et est précédé d'un *Avertissement* de M. Renan. M. Renan a dû aussi, en maints passages, y mettre l'empreinte de son style. Mais il est, pour le fond, l'œuvre de M. Neubauer, devenu sous-bibliothécaire à la Bibliothèque Bodléienne, après avoir été chargé en France, par le ministère de l'Instruction publique, de plusieurs missions intéressantes pour l'érudition orientale. Ces missions qui consistaient à explorer les manuscrits hébreux et arabes des principales bibliothèques de la France et de l'Europe, ont permis à M. Neubauer de recueillir

1. *Les Rabbins français du commencement du XIVe siècle*, par M. Renan, membre de l'Institut. — Extrait du tome XXVII de *l'Histoire littéraire de France*, in-4°. — Paris, 1877, Imprimerie nationale.

une riche moisson de documents, en grande partie inédits, qu'il a fait servir à la composition du présent volume, c'est-à-dire d'une histoire de la littérature rabbinique de notre pays, non seulement depuis le commencement du xive siècle, mais depuis la seconde moitié du xie, ou pendant une période d'environ trois cents ans. Ainsi que le remarque justement M. Renan, c'est depuis quelques années seulement que le monde savant en général, sans autre préoccupation que de celle de compléter l'histoire de l'esprit humain, a fait entrer dans le cercle de ses investigations les écrits des rabbins. Les premiers auteurs de *l'Histoire littéraire de France* ne leur ont accordé qu'une attention distraite et une place insuffisante. On a donc été obligé, dans le nouveau volume de ce recueil, de remonter au delà de la limite chronologique à laquelle il devait commencer pour combler de nombreuses et regrettables lacunes.

Le travail confié à M. Neubauer, et dont l'exécution, d'après les règles du genre purement bibliographique qui lui était imposé, ne laisse rien à désirer, se compose de deux parties, dont la première est consacrée aux rabbins du Nord, bien entendu du nord de la France, et la deuxième à ceux du Midi. Dans l'une et dans l'autre, la casuistique, la liturgie, les commentaires sur la Bible et le Talmud tiennent la plus grande place ; mais c'est dans les provinces du Midi, voisines de celles de l'Espagne, où se développe, depuis plusieurs siècles, la brillante civilisation des Arabes, qu'on trouve le plus grand nombre de philosophes, de savants, de poètes, de théologiens proprement dits, plus occupés du dogme et de la morale que de la pratique minutieuse de la loi ; enfin d'esprits indépendants qui préfèrent à l'étude stérile de la lettre les œuvres de l'imagination et de la pensée.

On remarque cependant, parmi les écrits qui nous représentent dans ce volume la littérature rabbinique du Nord, deux petits poèmes d'un singulier intérêt. Ce sont deux élégies, l'une en français, l'autre en hébreu, composées à l'occasion d'un autodafé qui eut lieu à Troyes dans les dernières années du XIIIe siècle. Treize victimes, choisies parmi les membres les plus intéressants et les plus respectés de la communauté juive, périrent à la fois sur le même bûcher. Le vendredi saint, 26 mars 1288, avant-dernier jour des fêtes de Pâques, dit une chronique du temps, des chrétiens de Troyes, « voulant venger la mort de leur Seigneur », envahirent la maison d'Isaac Châtelain, un riche israélite qui joignait aux dons de la fortune ceux de la science et de l'imagination poétique. Ses commentaires sur le Talmud et ses poésies élégiaques lui avaient fait un nom parmi ses coreligionnaires. Après avoir assisté au pillage de sa maison, il fut arrêté avec toute sa famille et huit autres personnes de la communauté. Parmi elles se trouvaient une femme enceinte, la femme de Châtelain, une belle jeune femme, sa bru, et un médecin célèbre, qui selon les expressions du chroniqueur, « rendait la vue aux aveugles », c'est-à-dire, selon toute probabilité, qui savait lever la cataracte. Les Frères dominicains leur firent leur procès et les condamnèrent à être brûlés vifs. On leur offrit de leur laisser la vie s'ils voulaient abjurer ; tous refusèrent. Ils expirèrent ensemble au milieu des flammes en récitant ces paroles, qu'on peut appeler le *Credo* de la synagogue : « Écoute, Israël, l'Eternel notre Dieu est le Dieu unique ». Les mêmes paroles sortirent des lèvres d'Akiba lorsque, douze siècles auparavant, il mourut dans les tortures entre les mains des bourreaux romains. Ainsi donc, ce sont moins les dogmes qui corrigent la férocité naturelle des hommes, que la culture générale des âmes et les progrès de la raison.

Il faut cependant remarquer, pour l'honneur de notre pays, qu'à l'époque où ces faits se passèrent à Troyes, la Champagne, réunie à la France depuis quatre ans seulement, se gouvernait encore par ses propres lois. La comtesse Jeanne, quoique mariée à Philippe-le-Bel, avait conservé jusqu'en 1311 l'administration des ses États. Ce n'est pas que Philippe-le-Bel se piquât beaucoup de tolérance ; mais il en voulait plus à la fortune des juifs qu'à leurs personnes.

Ce tragique événement inspira à la muse hébraïque de touchantes élégies, dont deux sont déjà connues et en partie publiées depuis quelques années ; mais elles n'égalent point en intérêt celles que M. Neubauer a découvertes dans un manuscrit du Vatican et qui font partie du dernier volume de l'*Histoire littéraire de France*. L'une des deux, comme nous venons de le dire, est en français, bien que l'auteur l'ait écrite avec des caractères hébreux. C'est avec ces mêmes caractères que les juifs originaires d'Espagne et d'Allemagne ont longtemps écrit l'espagnol et l'allemand. Dans les pays musulmans, on s'en est servi pour écrire l'arabe et le persan. Le texte arabe du *Guide des égarés*, de Maïmonide, dont nous devons la publication à M. Munk, est écrit de cette façon. Quant au poème élégiaque dont nous parlons, on conçoit qu'il n'était pas facile de comprendre et même de déchiffrer des vers français du XIIIe siècle, écrits avec des caractères hébreux. Aussi M. Neubauer s'est-il fait aider dans cette tâche par un jeune savant, M. Arsène Darmesteter, déjà connu par des travaux de ce genre, et qui vient de soutenir, devant la Faculté des Lettres de Paris, une thèse remarquable sur les origines de notre langue.

Nous signalerons encore, dans l'histoire de la littérature rabbinique du Nord, un passage, malheureusement trop court, sur Raschi, le grand exégète du XIe siècle, le maître et le modèle non avoué de Nicolas de Lire, qui lui-même, dans sa méthode de saine interprétation, a servi d'exemple à Luther. L'influence de Raschi, — un des nôtres, puisqu'il est né et mort à Troyes, et qu'il mêle fréquemment à ses commentaires hébreux le français de son temps, — l'influence de Raschi s'est aussi exercée directement sur le fondateur de la Réforme par les rabbins qu'il consultait sans cesse, et qui tous étaient disciples de notre compatriote du moyen âge. Cela n'a pas empêché Luther de prodiguer en toute occasion, l'outrage aux juifs. Cela n'empêche pas l'Allemagne de voir dans Luther un génie purement national qui ne doit rien à l'étranger, et particulièrement à la France.

Dans le Midi, les lettres rabbiniques étaient beaucoup plus florissantes et revêtaient des formes plus variées et plus hardies que dans le Nord. Cela tenait, non seulement au voisinage de la civilisation arabe et à la vivacité naturelle de l'esprit méridional, mais à la tolérance et à la liberté relative que les intérêts du commerce avaient laissé s'établir dans les principales villes du Midi, d'où elles rayonnaient dans les agglomérations moins importantes. Narbonne, Lunel, Montpellier, Arles, Beaucaire, Bézier, Tarascon étaient les foyers les plus renommés de cette activité intellectuelle et religieuse qui, au milieu de la plus profonde misère et des persécutions les plus sanglantes, n'a jamais été complètement interrompue parmi les israélites dispersés. A toutes les villes que nous venons de nommer, il faut ajouter Marseille, dont le collège rabbinique, à la fin du XIIe siècle, était en correspondance avec Maïmonide. C'est, en effet, aux *Sages de Marseille* que l'auteur du *Guide des égarés* adressa celle de ses lettres où il combat les chimères de l'astrologie et démontre le libre arbitre[1].

La renommée acquise par ces docteurs subsiste encore au XIVe siècle. L'un d'entre eux, le rabbin Nissim, se fait remarquer à cette époque par la résolution avec laquelle il applique à l'interprétation de l'Écriture les principes du libre examen. Un autre Marseillais, Jacob ben Makir, plus connu sous le nom de Profatius Judæus, cultive à la fois la médecine, l'astronomie et les mathématiques, sans négliger la théologie et la philosophie. Ses connaissances médicales le font nommer régent de la Faculté de Médecine de Montpellier. Il traduit les éléments d'Euclide, l'ouvrage de Kosta ben Louka sur la sphère armillaire, celui d'Autolycus sur la sphère en mouve-

---

1. Une traduction française de cette lettre vient d'être publiée par M. Jonas Weyl, grand rabbin de Marseille. In-18, Avignon, 1877.

ment, l'*Almageste* de Ptolémée, les livres astronomiques des Arabes, et tire de son propre fonds un *Traité du quart de cercle*, plusieurs fois traduit en latin, et des Tables astronomiques que citent avec honneur Copernic et Clavius. Comme philosophe et comme théologien, il défend avec énergie et non sans succès la doctrine de Maïmonide contre une réaction orthodoxe qui éclate au sein de la Synagogue vers la fin du XIIIe siècle.

Toutes les villes du Midi ne se montrèrent pas, à l'égard des médecins juifs, aussi libérales que Montpellier. Un concile de Béziers leur défendit, sous les peines les plus sévères, de prêter le secours de leur art à des chrétiens. Cette interdiction eut des conséquences auxquelles le concile ne s'attendait pas. Le frère de saint Louis, Alphonse, comte de Poitiers et de Toulouse, ayant été atteint d'une grave affection des yeux, on fut obligé, pour lui procurer les conseils d'un célèbre oculiste israélite appelé Abraham d'Aragon, de mettre à néant, au moins pour cette fois, le décret du concile.

Le moyen âge en général, le XIIIe siècle en particulier, est l'époque des controverses religieuses entre juifs et chrétiens. Ordinairement, c'étaient des juifs convertis qu'on mettait aux prises avec des rabbins. Une discussion de ce genre eut lieu à Paris entre un théologien du nom de Donin et le célèbre rabbin Yehiel. Une autre est soutenue, en 1263, en présence de Jacques Ier, roi d'Aragon, par Paulus Christianus, de rabbin devenu dominicain, et Nachmanide de Gérone, un des plus habiles commentateurs de la Bible, et des plus respectés, après Raschi. Ces luttes de la parole, qui avaient souvent pour témoins et pour juges les plus grands personnages de l'État et de l'Église, se renouvelèrent souvent et laissèrent des traces tant dans la littérature latine que dans la littérature hébraïque du moyen âge. Le résultat moral qu'elles laissent après elles est toujours le même. Chacune des deux parties, rapportant à sa manière les arguments qui ont été échangés, s'attribue la victoire. Mais il en est tout autrement du résultat matériel. Les juifs restés fidèles à leur foi, en dépit d'une réfutation que leurs adversaires jugent invincible, sont punis de leur obstination et — c'est le mot consacré — de leur incurable malice. On brûle tous les exemplaires du Talmud qu'on peut saisir entre leurs mains et tous les autres livres qu'on soupçonne d'être hostiles au christianisme. On ajoute de nouvelles taxes à celles qui pèsent déjà sur eux. On accroît le nombre de leurs humiliations et de leurs incapacités civiles. Ainsi, à la suite de la tentative infructueuse de Paulus Christianus, on les soumet avec une rigueur auparavant inconnue, à l'obligation de porter toujours et partout une rouelle rouge ou jaune cousue sur leurs vêtements. La peine de mort est prononcée contre ceux qui se dérobent à ce signe d'infamie. Saint Louis, dans son fanatisme naïf, est plus logique et plus franc lorsqu'il interdit à ses sujets laïques de défendre leur croyance contre les juifs autrement qu'avec l'épée, « de quoi, a-t-il soin d'ajouter, il doit donner parmi le ventre dedans, tant comme elle y peut entrer [1] ».

Il n'est pas sans intérêt de remarquer que les choses, au moins pendant quelque temps, ne se passaient pas ainsi en pays musulman. A Bagdad, à la fin du Xe siècle, il y eut de fréquentes discussions entre musulmans d'une part, et juifs, chrétiens, guèbres, incrédules de toute espèce, de l'autre. Les philosophes, ou motécallemîn, y pré-

---

1. Joinville, édition de Wailly, page 37.

sidaient. Voici le tableau que nous a laissé de ces joutes un théologien musulman d'Espagne qui y avait assisté : « La salle fut bientôt comble, et, lorsqu'on se vit au complet, un des incrédules prit la parole. — Nous nous sommes réunis pour raisonner, dit-il ; vous connaissez toutes les conditions. Vous autres musulmans, vous ne nous opposerez pas des raisons tirées de votre Livre ou fondées sur l'autorité de votre Prophète, car nous ne croyons ni à l'un ni à l'autre. Chacun de nous se bornera donc à des arguments tirés de la raison humaine [1]. » Cette tolérance philosophique a été une courte exception dans l'histoire de l'islamisme. Partout ailleurs qu'à Bagdad sous le règne de quelques califes, et en Espagne sous plusieurs rois maures, il est persécuteur. Par exemple, la dynastie des Almohades, dans tous les États soumis à son pouvoir, mettait les juifs et les chrétiens dans la nécessité de choisir entre la mort et l'abjuration.

Les controverses philosophiques, ou, pour parler plus exactement, les discussions entre philosophes et théologiens, ne jouent pas un rôle moins impor-

---

[1]. Cette citation est empruntée à M. Neubauer, page 557 de ses *Rabbins du XIVe siècle*.

tant que les controverses religieuses dans les synagogues du midi de la France et de l'Europe pendant le xiiie et le xive siècle. Il n'en pouvait être autrement dans un temps où la philosophie et la théologie, agitant les mêmes problèmes et employant les mêmes procédés d'argumentation, ne peuvent se résoudre ni à vivre en paix, ni à se passer l'une de l'autre. A peine les ouvrages philosophiques de Maïmonide, particulièrement le *Guide des égarés*, sont-ils traduits d'arabe en hébreu par Samuel ibn Tibbon, qu'ils exercent sur les esprits d'élite une séduction irrésistible. Devant ces redoutables questions de l'origine et de la durée du monde, de la nature et des attributs de Dieu, de la Providence et du libre arbitre, de la destinée de l'âme après la mort, des droits relatifs de la raison et de la foi, la casuistique et la partie cérémonielle de la religion paraissent choses vides et méprisables. On veut connaître non seulement la philosophie de Maïmonide, mais celle des Arabes, qu'il reconnaît lui-même pour ses maîtres, et celle des Grecs, qui sont les maîtres des Arabes, particulièrement celle d'Aristote. Ne pouvant remonter aux textes originaux, on se sert de traductions et de citations de seconde main, de celles-là surtout qui s'offrent en abondance dans le *Guide*. On reculerait avec horreur devant la pensée de rompre avec la foi paternelle, d'autant plus chère qu'elle est plus persécutée ; mais on s'efforce d'interpréter l'Écriture de telle façon qu'elle soit toujours d'accord avec la raison et avec la science. Quand la lettre se refuse absolument à ce dessein préconçu, on la remplace par des figures et par des symboles plus ou moins arbitraires. De là un rationalisme allégorique dont les hardiesses ne le cèdent pas à celles de l'exégèse rationnelle.

Au nombre des écrivains qui sont entrés dans cette voie, nous avons déjà cité l'astronome Profatius ou Jacob ben Makir. D'autres moins connus, presque tous des traducteurs et des commentateurs, l'y ont précédé, et il y est suivi de son vivant par un esprit moins profond que lui, mais plus entreprenant, dont les témérités provoquent à la fin une réaction éclatante. Lévi ben Abraham (c'est de lui que nous parlons) naquit vers le milieu du xiiie siècle à Villefranche-de-Conflent, dans le Roussillon. Comme Jacob ben Makir, il cultiva l'astronomie en y joignant la philosophie, la théologie, la poésie et l'astrologie judiciaire.

Mais les vers ne sont plus pour lui qu'un moyen mnémonique; il ne se fait pas illusion sur le mérite de ceux qu'il a composés : « Je ne suis pas poète, dit-il ; et puis ma vie n'est qu'une suite de misères, et mes occupations pour gagner mon pain sont un lourd fardeau ». Il nous peint ses malheurs, déjà vieux, quand lui-même n'est encore qu'un enfant. Il les accrut par l'audace et aussi par l'étrangeté des idées qu'il se plaît à développer dans ses deux principaux ouvrages : *les Coffrets de parfums* et *l'Ornement de grâce*. Ce sont deux espèces d'encyclopédies des connaissances humaines : l'une en vers et l'autre en prose. Toutes deux ont pour base la philosophie et la théologie de Maïmonide; mais l'auteur y ajoute les rêveries de l'astrologie que Maïmonide condamne, et bon nombre d'opinions qui lui appartiennent en propre. Ainsi, par exemple, il annonce formellement que le Messie viendra en 1350. Il fait la guerre à l'anthropomorphisme et nie tous les miracles, particulièrement celui de Josué, et les paroles prononcées par l'ânesse de Balaam. Pour lui, ces récits merveilleux ne sont que des légendes. Le soleil arrêté par Josué signifie simplement que Josué a prié Dieu de lui faire atteindre Gabaon avant le coucher du soleil. La prophétie est un fait naturel qui s'explique par les lois de l'imagination. Les prétendus oracles que rendait le grand-prêtre en consultant les *Ourim* et les *Toumim*, c'est-à-dire les pierres précieuses qu'il portait sur la poitrine, ce sont les néoménies prédites à coup sûr au moyen de l'astrolabe. Les douze tribus d'Israël sont les douze signes du zodiaque. Abraham et Sarah nous représentent, selon la métaphysique péripatéticienne, l'union de la forme et de la matière. Enfin, le plus sûr moyen de survivre au corps et de gagner le ciel, ce n'est pas la foi mais la science, parce que la science, par ses idées universelles et nécessaires, nous soustrait à la destruction qui atteint toujours les existences individuelles et contingentes. C'est la seule espèce d'immortalité que reconnaissent l'auteur du *Guide des égarés*, et, après lui, Spinoza et Gœthe.

De telles propositions, enseignées publiquement par des hommes d'un savoir reconnu, et accueillies avec faveur par une jeunesse avide de nouveautés, devaient alarmer et irriter tous les docteurs de l'orthodoxie. Déjà, en 1231, les rabbins de Montpellier avaient ouvert contre ces mêmes doctrines une campagne qui se prolongea pendant quatre ans et qui finit par l'excommunication de Maïmonide, devançant de plus de quatre siècles celle que la synagogue d'Amsterdam devait prononcer contre Spinoza. Cette fois, en présence des livres de Lévi ben Abraham et de tous ceux qui leur ressemblaient, on procéda avec plus de respect apparent pour le grand nom de l'auteur du *Guide des égarés*, et avec plus de rigueur pour la philosophie. Sur la dénonciation et les vives instances d'un certain Abba Mari ou don Astruc, un synode réuni à Barcelone en 1305, sous la présidence de Salomon ben Addéreth, le représentant le plus éminent du parti orthodoxe dans le midi de l'Europe, défendit, sous peine d'anathème, l'étude de la philosophie et des sciences, la médecine exceptée, avant l'âge de vingt-cinq ans. On avait d'abord proposé trente ans; mais on crut prudent de ne pas aller jusque-là.

L'interdiction du synode de Barcelone, ayant été signifiée aux synagogues de la Provence, y souleva de vives protestations. C'est de Montpellier, où la mémoire de Maïmonide avait été proscrite soixante-dix ans auparavant, que partit l'opposition la plus ardente, l'apologie la plus passionnée de la philosophie et des sciences. Jacob ben Makir, c'est-à-dire don Profatius, y vivait encore. C'est naturellement lui qui est le principal champion de la philosophie et des sciences, ou, comme nous dirions aujourd'hui, du parti libéral, du parti du progrès. C'est Abba Mari qui est l'avocat du parti contraire, ou du parti conservateur. Rien de plus curieux que les raisons alléguées de part et d'autre. Elles nous ont été conservées dans une correspondance en partie imprimée, en partie manuscrite, qui a été réunie par Abba Mari, et dont M. Neubauer nous donne une analyse étendue. Du côté de la philosophie, on invoquait l'exemple du roi Salomon, plusieurs passages du Talmud plus ou moins favorables à la philosophie grecque, et l'exemple d'un homme tel que l'auteur du *Guide des égarés*. On montrait que la science est nécessaire à l'interprétation même des Écritures et à l'étude intelligente du Talmud. On soutenait que rien n'empêche de chercher une explication philosophique ou scientifique des mystères, puisqu'ils restent, malgré cela, inexplicables. On réclamait surtout contre l'ajournement des études philosophiques jusqu'à l'âge de trente ans ou même de vingt-cinq ans.

« Quand il n'y a pas de chevreaux, disait-on, il n'y a pas de chèvres. »

L'avocat de l'orthodoxie, Abba Mari, qui n'était pas seulement un habile talmudiste, mais un érudit en matière de philosophie et un logicien, Abba Mari répondait à ces arguments qu'il n'y avait pas de place dans le monde pour deux maîtresses aussi impérieuses, pour deux reines comme la philosophie et la religion, et qu'il fallait absolument se décider pour l'une ou pour l'autre ; que si l'on se décidait pour la religion, ou, selon son expression, pour la loi, il était nécessaire de renoncer aux explications allégoriques, rationalistes, arbitraires, qui la suppriment à la fois dans son histoire et dans ses commandements ; qu'enfin, la loi ne peut se maintenir qu'à la faveur de ces trois dogmes, placés au-dessus de toute discussion : 1° l'existence d'un Dieu unique, immatériel, absolument indépendant de l'univers ; 2° la création *ex nihilo* ; 3° une Providence particulière ou individuelle, qui, n'étant pas enchaînée par les lois de la raison et de la nature, peut les bouleverser ou les supprimer à son aise et faire autant de miracles qu'il lui plaît. Par le même motif, elle peut imposer à l'homme des obligations que l'intelligence de l'homme ne s'explique pas et ne comprend pas. A vrai dire, ces trois articles de foi constituent le catéchisme de toutes les orthodoxies.

La querelle s'étendait de proche en proche à toutes les communautés méridionales, et, en s'étendant elle s'envenimait. Un fait soudain, qui n'avait rien de commun avec la philosophie ni avec la science, moins encore avec la morale, vint brusquement y mettre un terme. Un édit du roi Philippe le Bel, rendu en 1306, ordonna l'expulsion de tous les juifs établis en France, en retenant toutefois leurs biens; car biens d'hérétiques et de réprouvés sont bons à garder. Orthodoxes et libre-penseurs, talmudistes et rationalistes se réfugièrent où ils purent, où ils crurent courir le moins de dangers. Un grand nombre d'entre eux se rendirent à Perpignan et dans les environs, comptant sur la protection de Jacques Ier, roi de Majorque, qui commença par leur faire bon accueil; mais bientôt, imitant l'exemple de son puissant voisin de France, il persécuta et dépouilla les malheureux exilés qui espéraient en lui. Quelle belle chose, quelle chose salutaire aux sociétés humaines que le despotisme uni à l'intolérance, ou l'intolérance revêtue du souverain pouvoir !

Ni l'édit de Philippe-le-Bel ni les discussions ardentes qui l'avaient précédé ne firent tort à la philosophie. Dans tout le cours du xive siècle, elle marche tête levée dans la synagogue, en même temps qu'elle se rend de plus en plus puissante dans l'Église. Lévi ben Gerson, dans son livre des *Guerres du Seigneur*, nie ouvertement les miracles et professe l'averroïsme le plus avancé. Ockam, en restaurant le nominalisme, réveille l'esprit humain de son long sommeil et, en prenant parti pour le pouvoir séculier contre la puissance ecclésiastique, contribue à l'avènement de la société moderne.

LE PANTHÉISME ORIENTAL

ET LE MONOTHÉISME HÉBREU[1]

La religion et la science sont les deux expressions les plus élevées de la pensée humaine et les aliments les plus nécessaires, non seulement de l'intelligence, mais de la vie elle-même, de la vie collective et continue de la société. C'est en vain qu'on voudrait supprimer l'une ou l'autre et former des peuples uniquement composés, soit de croyants, soit de savants ou de philosophes, car la philosophie est, pour chaque époque, le résumé et le dernier mot de la science.

La religion a son berceau, et, en quelque sorte, sa patrie naturelle en Orient, la science en Occident, particulièrement en Europe. Quand l'Orient

---

[1]. Conférence faite à la Société des Études juives le 19 janvier 1889.

contemplatif, mystique, courbé sous l'empire d'immuables traditions, commence à souffrir de son immobilité et à sentir le besoin d'être mieux armé contre les lois de la nature, d'être mieux informé de ses secrets et du parti qu'on peut tirer de ses forces, alors il tourne ses regards vers l'Occident, et, non content de subir l'ascendant de son génie, il se résigne à accepter sa domination. Quant, au contraire, l'Occident, abusant des procédés de l'analyse et confondant la négation, la dissolution, avec le progrès, a tari dans son sein la source des sentiments, des idées, des croyances qui sont le patrimoine éternel des âmes, alors, il tourne ses regards vers l'Orient, curieux de prendre connaissance de ses dogmes, de ses traditions enveloppées de mystères, de ses langues, de son histoire, de ses monuments artistiques et littéraires. Tel est le spectacle que nous offrent les nations les plus civilisées de l'Europe depuis la fin du dernier siècle et qui semble arrivé aujourd'hui à son plus haut degré de développement. C'est une nouvelle renaissance, une renaissance orientale, succédant à la renaissance classique, à la renaissance grecque et latine qui a répandu une si vive lumière entre le moyen âge et l'ère moderne.

Parmi les premiers promoteurs de ce mouvement, nous rencontrons Voltaire, le grand sceptique, le grand railleur, le grand démolisseur des institutions et des croyances les plus respectées jusqu'à lui ! Mais l'admiration singulièrement hyperbolique que professait Voltaire pour la philosophie et la législation de la Chine tenait moins à son goût pour l'Orient qu'à sa haine pour l'Occident chrétien. Il en est autrement de William Jones, de Volney, d'Anquetil-Duperron, tous les trois du xviiie siècle. Le premier qui possédait, à ce qu'on assure, jusqu'à vingt langues, entre autres l'arabe, le persan et le sanscrit, a fondé la Société de Calcutta, véritable atelier de science brahmanique, de philosophie et de littérature sanscrite. Le second, je veux dire Volney, l'auteur des *Ruines* et du *Catéchisme du citoyen*, le premier modèle de nos traités de morale civique, a été poussé par une véritable passion à visiter l'Égypte et la Syrie, après avoir appris l'arabe chez les Druses du mont Liban. Le plus grand, le plus admirable des trois par la force de la volonté, c'est Anquetil-Duperron. Sans ressources, sans appui, il s'engagea comme simple soldat dans un régiment en partance pour l'Inde. Et qu'allait-il faire dans l'Inde ? Chercher les écrits qui renfermaient la religion de Zoroastre et apprendre la langue, absolument inconnue en Occident, dans laquelle ils étaient rédigés. Pour cela, il lui fallut se rendre dans une province reculée de la presqu'île hindoustanique, dans le Guzarate, où s'étaient réfugiés les sectateurs du mazdéisme, ceux qu'on appelle les Guèbres ou les Parsis, après la conquête de la Perse par les Arabes musulmans. Mais, ô cruelle déception ! les prêtres parsis, les *destours*, n'entendaient plus la langue de leur prophète et ne pouvaient plus saisir sa pensée qu'à travers une traduction relativement moderne. C'est la langue de cette traduction qu'apprit Anquetil-Duperron : ce qui ne l'empêcha pas de publier en français le *Zend-Avesta*, c'est-à-dire la bible de Zoroastre, et d'en rapporter le texte original, le texte zend, que notre immortel Burnouf déchiffra plus tard et qui est aujourd'hui une des matières de l'enseignement du Collège de France.

Les personnages que je viens de nommer ne sont que les pionniers d'une exploration à la fois plus étendue et plus approfondie. Il me suffit, pour le but que je me propose, d'en signaler les résultats les plus importants, sans m'astreindre à aucun ordre chronologique. L'Égypte, déjà fortement entamée au point de vue scientifique par l'expédition du géréral Bonaparte et par l'Institut créé à sa suite, a été conquise successivement par Champollion, par Mariette et par M. Maspero. A l'ancien Iran, l'ancienne Perse rendue accessible à nos recherches par Anquetil-Duperron, Sylvestre de Sacy, Etienne Quatremère et Mohl ajoutèrent la Perse moderne. La Chine, arrachée à son isolement, ouverte aux regards de l'Europe attentive par les admirables travaux des Jésuites, fut étudiée dans sa langue, dans sa littérature, dans son histoire, par Abel Rémusat, Pauthier, Stanislas Julien, et beaucoup de vivants, de jour en jour plus nombreux, que je ne puis nommer. D'autres savants, en non moins grand nombre, à la tête desquels, sans manquer de reconnaissance envers l'Allemagne et envers l'Angleterre, il me sera peut-être permis de placer Eugène Burnouf, ont répandu une abondante lumière tant sur le bouddhisme que sur e brahmanisme. Les noms des *Védas* et du *Bhagavat-Gita*, les légendes de Krischna et de Çakya-Mouni, les plus beaux épisodes du *Ramayana* et du *Mahabharata*, sont presque entrés dans le commerce des esprits cultivés, et il n'y a pas jusqu'à nos professeurs de lycée, je n'ose pas dire jusqu'à nos bacheliers, qui ne citent couramment les divers systèmes de philosophie indiens traduits par Colebrooke.

Est-ce tout? Non pas. L'Assyrie et la Chaldée ont eu leur tour dans cette suite non interrompue de merveilleuses conquêtes, les seules qui soient dignes de l'humanité et de la civilisation. Après le déchiffrement des hiéroglyphes, est venu celui des inscriptions cunéiformes. Je n'ai pas besoin de nommer celui qui nous a donné la clef de cette énigme, si longtemps réputée indéchiffrable. Le monde entier le connaît.

A M. Oppert a succédé M. Sarzec, dont les fouilles intelligentes ont enrichi nos musées et la science archéologique. Vous avez entendu, il n'y a pas longtemps, M. Dieulafoy, revenu de la Susiane, faisant la description du palais d'Assuérus et nous offrant un commentaire nouveau, recueilli sur place, du livre d'*Esther*.

Chacune de ces antiques civilisations a sa physionomie propre, a imprimé sa marque sur les œuvres qu'elle a produites, langues, religions, littératures, institutions sociales, créations de l'art. C'est par là qu'elles nous charment, nous captivent et nous éblouissent comme les rayons du soleil qui a éclairé leur naissance. Mais l'esprit qui les anime et les inspire, le fond qu'elles récèlent sous la diversité infinie de leurs formes, est le même. C'est le panthéisme. Le panthéisme, c'est la confusion de Dieu avec la nature, et de l'homme avec Dieu. L'homme et la nature ne sont dans ce système que de fugitives apparences, de pures illusions, une magie universelle, une *maïa* comme disent les Indiens. Dieu seul existe, Dieu est l'être unique. Il ne faut pas vous imaginer qu'il ait fallu un grand effort d'intelligence pour en venir là. Le panthéisme n'est, après tout, que la synthèse ou l'expression la plus complète du polythéisme. Ce sont tous les dieux, dont chacun préside à un phénomène différent de l'univers, réunis en un Dieu unique dont l'univers, dans sa totalité, est la manifestation visible.

J'ai donc le droit de dire, ce que d'ailleurs l'histoire nous démontre, que tout l'Orient, avec son polythéisme illimité et exubérant, a dû nécessairement être poussé à l'idée panthéiste; même le dualisme des Perses n'est pour ainsi dire qu'un panthéisme à deux parties qui se rejoignent dans le Temps sans bornes, principe supérieur à

Ormuzd et à Ahriman, et qui doit finir par les absorber.

Vous voyez tout de suite à quelles conséquences aboutit la doctrine panthéiste, qu'elle se présente comme une philosophie ou comme une religion. Si la nature et, par suite, la vie n'est qu'une apparence, elle ne mérite le respect ni en nous-mêmes, ni dans les autres; elle n'est pas digne qu'on y attache le moindre prix; on n'est pas coupable de s'en débarrasser dès qu'elle nous gêne, ou d'en débarrasser nos semblables quand ils deviennent un obstacle pour nous. D'un autre côté, si Dieu est tout, c'est lui qui est l'auteur de nos actions et non pas nous : notre volonté et notre pensée ne sont pas plus à nous que notre existence. Nous ne sommes ni libres ni responsables. Nous n'avons aucun mérite de faire le bien, nous ne sommes pas criminels en faisant le mal, ou pour parler plus exactement, le bien et le mal ne sont que des illusions, des mots vides de sens. Dieu est, lui aussi, privé de liberté, par conséquent de justice, de bonté, de prévoyance, puisqu'il n'y a rien en lui qui ne soit nécessaire.

Toutes ces conséquences, nous les trouvons réunies dans le bouddhisme, la forme la plus accomplie, la plus savante, la plus séduisante aussi du panthéisme oriental ; je puis dire tout simplement du panthéisme. Vous savez que le fondateur de cette religion n'est ni Dieu, ni fils de Dieu, mais un sage, un *bouddha*, un solitaire du nom de Çakya : Çakya-Mouni. La vie est, à ses yeux, tellement méprisable qu'il se dérobe à tous les devoirs qu'elle lui impose. Fils de roi, destiné à régner sur un grand empire, marié à une femme aussi vertueuse que belle et dont il est l'idole, il quitte son palais, son trône, sa famille, son peuple, pour s'ensevelir dans la solitude. Il n'en sort que pour apprendre aux hommes à se guérir du mal de l'existence. Le remède qu'il propose, c'est l'extinction volontaire de toutes nos facultés, c'est le repos dans l'inconscience et dans l'immobilité, c'est le *nirvana*.

Au lieu des huit béatitudes de l'Évangile, il n'y en a qu'une seule dans la doctrine de Çakya-Mouni : heureux ceux qui ne vivent pas, qui n'ont jamais vécu ou qui ont cessé de vivre ! Pitié pour tous ceux que la mort, non seulement la mort physique, mais la mort intellectuelle a laissés debout ! De là dérive toute la morale du bouddhisme. Toutes ses vertus ne sont qu'une variante de la pitié. Pourquoi faire le mal ? Pourquoi tuer, voler, mentir, exercer la vengeance ? Ceux que nous voulons faire souffrir souffrent bien assez. Les avantages que nous croyons nous procurer à leurs dépens ne font qu'ajouter à nos douleurs. Satisfaire nos passions est un sûr moyen d'irriter ou d'accroître notre supplice.

Le bouddhisme, qui de l'Inde a passé dans le Thibet et dans la Chine, règne, à ce qu'on assure, sur une population de quatre à cinq cent millions d'âmes. Ne règne-t-il qu'en Orient ? Ce serait une grande erreur de le croire. Un peu avant le milieu de notre siècle, le philosophe allemand Schopenhauer l'a introduit dans une portion notable des classes cultivées de la société européenne ; car ce qu'on appelle le pessimisme n'est pas autre chose que la doctrine du Bouddha. Le mal qu'a déjà fait le pessimisme, je n'ai pas besoin de vous le signaler. C'est lui qui empoisonne notre littérature et nos mœurs, qui brise nos courages, énerve nos meilleurs instincts, nous laisse presque indifférents entre la liberté et un immonde césarisme.

Quel a été, dès la plus haute antiquité, l'adversaire du bouddhisme, même avant qu'il fût né, je veux dire avant qu'il fût sorti de sa gangue polythéiste ? Quel est, dans le temps présent, depuis qu'il s'est transformé en pessimisme, son contradicteur le plus ardent et aussi le plus puissant, parce qu'il parle au cœur autant qu'à la raison, parce qu'il joint à l'autorité de son enseignement celle des siècles qu'il a traversés ? C'est la foi en un Dieu libre et créateur, auteur de la liberté de l'homme et de son âme intelligente, en même temps que des forces aveugles de la nature et des sphères enflammées semées par milliards dans l'espace. C'est cette foi qui a reçu, dans la langue philosophique, le nom de monothéisme. Le monothéisme a été la religion du peuple hébreu bien des siècles avant de devenir celle du christianisme et des peuples les plus éclairés du monde : « Écoute, Israël : l'Éternel notre Dieu est le Dieu un », telles sont les paroles sublimes qui en forment le *Credo*, et dont l'équivalent se reconnaît à peine dans les conversations de Socrate avec ses disciples et dans les *Dialogues* de Platon. On peut être fier de les avoir dans le cœur et sur les lèvres. C'est en les prononçant avec énergie que des martyrs sans nombre, hommes, femmes, enfants, sont montés sur les bûchers que dressaient pour eux, pendant une longue suite de siècles, des bourreaux qui blasphémaient le nom de Dieu et déshonoraient celui de la charité.

Cependant, au moment où nous nous préparons à célébrer le centenaire de 1789, de cette Révolution qui a proclamé les droits de la conscience et qui s'imposera toujours au respect du monde tant qu'elle échappera aux usurpations des jacobins, des communards et des césars; dans ce moment même, nous assistons à une renaissance de passions antisémitiques, pendant laquelle on ose écrire que le peuple hébreu, que la race hébraïque, dans toute la durée de son existence, n'a jamais rien fait pour la civilisation, pour l'avancement moral et religieux du genre humain. Comment donc! On est allé jusqu'à soutenir que les vices et les crimes que sa loi punit avec le plus de rigueur, sont précisément ceux dont elle était souillée : comme si les turpitudes prévues et frappées par le Code pénal nous représentaient la vie habituelle, l'état général du peuple français. C'est perdre sa peine que de répondre à cela. J'aime mieux qu'on accuse le monothéisme lui-même d'être en contradiction avec la science. Par cette accusation, l'on avoue indirectement qu'il y a une certaine science indigne de son nom, qui n'est qu'un outrage à la raison : c'est celle qui, au lieu de faire monter, comme elle s'en vante, l'animalité jusqu'à l'homme, fait rentrer l'homme dans l'animalité. C'est le système de l'évolution entendu à rebours ; et, pour vous dire toute ma pensée, je crains bien qu'il ne puisse pas être entendu autrement. L'évolutionnisme, au fond, n'est que la *maïa* indienne, une métamorphose éternelle et perpétuelle, une des conséquences nécessaires du panthéisme.

Voyons maintenant ce que le monothéisme hébreu, quand on le considère, non pas à son début ou dans les plus obscures périodes de son histoire, mais dans son plein développement, dans les passages les plus solennels du *Pentateuque* et des prophètes, renferme de vérités morales et religieuses. En voici la rapide énumération : Dieu n'est pas la substance inconsciente et indifférente qui se cache sous les phénomènes de l'univers, qui n'aime, ni ne hait, ni ne pense et n'obéit qu'aux seules lois d'une inexorable fatalité. C'est lui qui a créé l'univers, parce qu'il est libre et bon, parce que sa volonté toute puissante ne relève que d'une intelligence éternelle comme lui. Il est, selon la belle expression de l'Écriture, « le Dieu vivant ».

Dieu n'a pas créé l'homme comme il a créé le monde : il l'a créé libre et intelligent, et par là même, il l'a placé à une distance incomparable au-dessus de l'animalité; car la raison et la liberté sont étrangères à l'animal qui ne connaît que l'instinct et ignore le progrès.

Par la raison et la liberté, l'homme est initié à la loi du devoir, car il lui est ordonné de ne pas descendre au-dessous de sa nature, de ne pas corrompre sa voie, comme le dit encore l'Écriture dans son magnifique langage.

Par le devoir, éternelle loi de Dieu et loi universelle, l'homme est digne de respect et d'amour, et, ces deux sentiments, très différents de la pitié enseignée par le Bouddha et le pessimisme moderne, il les doit non seulement à lui-même, mais à ses semblables, considérés individuellement et en masse : il les doit à l'humanité.

Oui, c'est le monothéisme hébreu qui, non content de promulguer la loi de justice sous la forme du Décalogue, forme éternelle et immuable, a aussi promulgué la loi d'amour dans cette maxime également éternelle : « Aime ton prochain comme toi-même ». Afin qu'on ne puisse douter du sens universel de ces mots, le législateur hébreu prend soin d'ajouter : « Aime l'Égyptien, car tu as été étranger en Égypte; aime l'étranger comme toi-même ». Et, d'ailleurs, les grands prophètes, tout particulièrement Isaïe, n'ont-ils pas prédit que la guerre cessera d'exister entre les hommes, et que l'humanité, descendue d'un même père et d'une même mère, ne formera dans l'avenir qu'un seul peuple, qu'une seule famille, qu'une seule religion? Ah! que nous sommes loin de l'accomplissement de cette prédiction!

Qui donc a osé écrire que le genre humain ne doit rien à la race hébraïque, que cette race, emprisonnée dans son égoïsme et dans le culte de la matière, n'a jamais connu la charité, n'a jamais eu le sentiment de l'idéal et du progrès? Ceux qui ont tenu ou qui tiennent encore ce langage, je ne veux pas me rappeler leurs noms, car je craindrais de leur ressembler en manquant, comme eux, de charité et de justice.

On ne peut pas dire non plus que le code sacré des Hébreux ait oublié de prescrire l'amour de Dieu, « Tu aimeras l'Éternel, ton Dieu Jéhovah (je déteste ce nom de Javeh qui répond à une prononciation tout à fait arbitraire), tu aimeras ton Dieu Jéhovah de tout ton cœur, de toute ton âme et de toutes tes forces ». — « Soyez saints comme Jéhovah votre Dieu ». C'est ce que Platon et Pythagore ont appelé l'imitation de Dieu.

Mais il y a une condition sans laquelle le monothéisme biblique sera difficilement compris et facilement calomnié : c'est que les lois qu'il donne à la conscience et les dogmes qu'il impose à la raison, lois immuables et absolues, dogmes éternels, ne soient point confondus avec les lois positives d'un État déterminé ni avec les opinions particulières, encore moins avec les actions et les mœurs de tel ou tel personnage. En d'autres termes, il faut que le domaine de la morale et de la religion soit nettement séparé de celui de la politique et de l'histoire. Par exemple, qui oserait soutenir que les faits et gestes d'un Louis XI, d'un Charles IX, d'un Philippe II d'Espagne ou d'un Richard III d'Angleterre soient l'expression fidèle du christianisme ou que l'on trouvera l'esprit chrétien dans les lois pénales ou le droit de la guerre tels qu'ils ont existé en Europe jusqu'au milieu de ce siècle et tels qu'ils existent encore presque partout? On commet la même confusion quand on croit voir le monothéisme juif en action dans la politique des rois de Judée et d'Israël, même d'un David et d'un Salomon, ou dans la manière dont la Palestine a été conquise par Josué. Les lois civiles qui autorisent le divorce et la polygamie n'ont rien de commun avec l'union d'un seul homme et d'une seule femme que la *Genèse* nous présente comme l'idéal du mariage, ou avec le portrait de la *femme forte*, c'est-à-dire de la vertueuse maîtresse de maison que nous admirons dans le livre des *Proverbes*. Il sera également permis de faire des réserves sur les lois criminelles du peuple hébreu; et cependant, dans cette partie de sa législation, on ne trouvera rien de comparable à la torture, à la question ordinaire et extraordinaire, consacrées par la jurisprudence de tous les peuples européens jusqu'à l'avènement de Beccaria et de la Révolution de 1789. Aucun des quatre supplices autorisés par le Code hébraïque contre les plus grands criminels n'égale, même de loin, celui qui fut infligé à La Barre et à Damien.

Le fond spirituel du monothéisme hébreu, une fois dégagé des faits matériels qui le contredisent et le déshonorent, nous avons devant nous ce qu'il y a de plus pur et de plus universel dans le monothéisme chrétien, ce que le héros des récits évangéliques a lui-même résumé dans ces mots : « Aime Dieu par-dessus toutes choses et ton prochain comme toi-même ».

Le judaïsme et le christianisme, ou, pour les appeler de leurs vrais noms, la religion biblique et la religion évangélique, diffèrent cependant et différeront toujours l'une de l'autre sur un point capital. La première a un caractère pratique, un esprit de mesure et de modération dont elle ne se départira jamais, auquel elle emprunte son originalité et sa force. La seconde a une tendance marquée vers le mysticisme et les élans de l'âme, de nobles élans qui ne sont pas toujours d'accord avec les exigences de la vie, de la société et de la famille. En voici un exemple frappant entre tous. La religion biblique, ce qu'on oublie trop facilement, recommande le pardon des injures et veut qu'on se porte au secours de son ennemi. « Si tu vois l'âne ou le bœuf de ton ennemi succombant sous son fardeau, aide-lui à le relever. » L'Évangile prescrit de tendre la joue gauche après qu'on a été frappé sur la joue droite. Je ne fais pas la critique de ce commandement, je ne demande pas s'il est possible ou utile de s'y conformer; je me borne à signaler la différence qui le sépare de la loi biblique. Voici un autre exemple. La religion biblique vénère par-dessus tout la famille; elle prescrit d'honorer son père et sa mère, de vivre en bonne harmonie avec sa femme et ses enfants. L'Évangile recommande de quitter tout, femme, enfants, père, mère, mari, pour s'attacher uniquement à Dieu. Là encore, je m'abstiens de toute critique, et me borne à signaler la différence qui a fait naître d'une part les institutions monastiques et de l'autre le culte de la famille. Faut-il vous l'avouer? J'admire les sainte Thérèse et les sainte Catherine de Sienne, j'admire surtout et j'aime les saintes filles Saint-Vincent-de-Paul qu'on a si brutalement chassées des asiles de la maladie et de la souffrance. Si cela dépendait de moi, je les y rappellerais à l'instant, et je réparerais l'injustice dont elles sont les victimes, au grand détriment des malheureux. Mais les vertus pratiquées dans le foyer de la famille ont aussi leur sainteté et sont d'un usage plus général. La *femme forte* des *Proverbes*, dont je parlais tout à l'heure, est levée dès l'aube afin de pourvoir aux besoins de la maison; elle ne permet pas qu'on mange chez elle « le pain de l'oisiveté » ; mais elle a la main tendue vers le pauvre et sait lui adresser des paroles de grâce.

Le rôle reconnu à cette vertueuse, à cette sainte mère de famille, nous explique pourquoi les fidèles adeptes de la religion biblique goûtent médiocrement les paroles de miséricorde que Jésus adresse à la femme adultère. On leur pardonnera leur rigueur quand on songera que la femme adultère est devenue presque la seule héroïne des abominables romans qui souillent aujourd'hui les esprits et les cœurs, et qui déshonorent à l'étranger la littérature française. Pour les hommes de la Bible, la femme est responsable de ses actions aussi bien que l'homme et doit être, comme lui, punie de ses fautes.

Il y a une maxime indienne d'après laquelle « il ne faut pas frapper, même avec une fleur, une femme coupable de mille fautes ». Pourquoi cela ? Parce que, dans l'opinion du législateur indien, comme dans celle de notre Michelet, la femme est sans responsabilité. Je soutiens qu'on ne peut rien dire ni rien penser sur son compte qui soit un plus sanglant outrage.

Ce sont précisément ces dissemblances, nées

d'un fond de vérités identiques, qui nous rendent compte de la persistance invincible du monothéisme biblique au milieu du monde chrétien, au milieu de la société européenne, en face des révolutions qui passent périodiquement sur la terre. Il n'y a là ni obstination aveugle d'une race, ni malédiction divine, mais un fait historique qui porte sa cause en lui-même et qui honore la nature humaine. L'obstination et l'aveuglement existent dans l'esprit de ceux qui, sous quelque symbole de foi qu'ils se rangent, manquent de justice et de charité.

L'IDÉE DE DIEU
DANS L'HISTOIRE DE L'HUMANITÉ [1]

Je commence par une déclaration qui, bien que sous-entendue par votre impartial bon sens, ne vous paraîtra cependant pas inutile. La guerre que mes amis et moi nous faisons à l'athéisme ne s'étend point aux athées. Nous en connaissons un grand nombre, dans le présent et dans le passé, qui méritent d'être honorés pour leur savoir et leurs vertus. Puis, la foi en Dieu, telle que nous la comprenons et l'avons enseignée toute notre vie, est inséparable de l'amour des hommes, sans distinction d'opinion ni de parti.

---

1. Conférence faite à la Société de la Ligue Nationale contre l'athéisme.

Un de nos dogmes les plus essentiels est qu'il faut respecter la conscience de ses contradicteurs et croire à leur sincérité. Si donc il y a des athées dans cette réunion, qu'ils veuillent bien m'écouter, je ne dirai pas avec indulgence, mais patiemment, comme je les écouterais moi-même en les voyant assis à ma place.

L'athéisme ne date pas d'hier. Il remonte aux âges les plus reculés de l'histoire. Nous en trouvons les traces même dans les temps bibliques, car il est impossible de ne pas le reconnaître dans ces sévères paroles du Psalmiste, devenues inconciliables avec la courtoisie moderne : « L'insensé dit dans son cœur : *Il n'y a pas de Dieu* ». Parmi les systèmes enfantés, Dieu sait à quelle époque, par l'Inde brahmanique, il y en a un qui, sans descendre jusqu'au matérialisme, s'abstient pourtant d'affirmer l'existence de Dieu. A plus forte raison rencontrons-nous des partisans de l'athéisme chez les Grecs, ce peuple raffiné qui, en élevant le raisonnement à sa plus haute puissance, savait aussi le pousser à ses derniers excès. Nous voyons chez lui Socrate discutant avec un athée célèbre appelé Aristodème le Petit, et essayant de lui montrer dans les merveilles de la nature les desseins d'une suprême intelligence. Chez les Romains, le peuple le plus religieux de l'antiquité, l'athéisme eut pour interprète le grand poète Lucrèce, et trouva un défenseur dans César, le meurtrier de la liberté et de la république, le créateur du césarisme, ce despotisme occidental qui a duré de longs siècles, et qui est toujours prêt à dévorer les démocraties oublieuses des conseils de la modération et de la sagesse.

Vous le croirez à peine, même dans les temps où la foi chrétienne, représentée par l'Église catholique, avait atteint son plus haut degré de ferveur, à la fin du XIIe siècle, l'athéisme, sorti des écrits d'un chanoine de Séville, fit son apparition en France sous les traits de David de Dinan et d'Amaury de Rennes. Qu'enseignaient ces deux docteurs revêtus de la robe monastique et dont l'un, David de Dinan, avait été le favori du pape ? Que l'esprit et la matière ne sont que deux noms différents d'une seule et même chose ; que cette chose est la nature, hors de laquelle, au-dessus de laquelle il n'y a rien, ni Dieu, ni diable, ni paradis, ni enfer ; que le paradis, c'est la science, source de toutes les jouissances ; et l'enfer, l'ignorance, source de toutes les superstitions et de toutes les douleurs. Vous voyez que ce n'est pas très éloigné de ce que, dans un certain monde, on pense aujourd'hui.

En poussant à ses dernières conséquences la philosophie nominaliste telle que Guillaume Occam la comprenait au xive siècle, c'est encore l'athéisme qu'on y trouverait ; mais on pourrait m'accuser de manquer d'équité. Pourquoi m'exposer à ce reproche ? Les athées ne manquent pas dans les siècles suivants. Voici le xviie siècle, non moins renommé que le moyen âge pour ses idées monarchiques et religieuses. Eh bien ! si nous en croyons le P. Mersenne, un pieux théologien, ami de Descartes, Paris seul, au début de cette époque, n'aurait pas compté moins de cinquante mille athées. C'est certainement une exagération ; mais c'était le temps où le prêtre Gassendi renouvelait le système d'Épicure, et où Hobbes, l'athéisme incarné sous sa forme la plus insultante, écrivait le *Léviathan* et soutenait cette belle sentence : « L'homme est un loup pour son semblable : *homo homini lupus* ». A ceux pour qui l'athéisme est la plus sûre garantie de la liberté, je ferai remarquer en passant que Hobbes a été le théoricien le plus conséquent et le plus décidé du despotisme. Que dire maintenant du xviiie siècle et des premières années du xixe? Alors l'athéisme était prêché comme un dogme par Helvétius, le baron d'Holbach, Lamettrie, Diderot, Naigeon, Sylvain Maréchal. Plus hardi que tous ses devanciers, le fondateur du positivisme, Auguste Comte, a eu l'idée originale d'en faire une religion, ayant ses temples, son clergé et son pape infaillible.

Vous le voyez, messieurs, je ne vous ai pas dissimulé l'antique et fréquente apparition de l'athéisme dans le champ illimité de la pensée humaine. Mais quel rôle y a-t-il joué? quel effet y a-t-il produit? Celui d'un système purement spéculatif, abstrait, solitaire, s'adressant à des esprits solitaires comme ceux qui l'avaient évoqué, pour ainsi dire, du sein des ténèbres, dans un jour de découragement ou de défi. Œuvre de l'argumentation plutôt que du raisonnement, et du raisonnement plutôt que de la méditation, il n'était jamais entré dans le cœur et dans la tête de l'humanité. On pouvait le comparer à certains produits d'une industrie raffinée ou d'une culture artificielle, qui provoquent l'étonnement, mais non l'imitation, et que les efforts mêmes auxquels ils sont dus condamnent à rester sans usage.

Tel n'est pas, messieurs, l'athéisme de notre temps, particulièrement celui qu'on répand par tous les moyens et par tous les canaux de la publicité dans notre pays. Celui-là a la double prétention d'être le dernier mot de la science et le dernier mot du progrès social, de nous montrer la limite qu'aucun effort de l'intelligence, aucune spéculation philosophique ne pourra dépasser, et de nous fournir la base sur laquelle désormais devront reposer le gouvernement et l'éducation des peuples, leur législation civile et politique, leur organisation publique et privée, leurs institutions quelles qu'elles puissent être, leur vie tout entière. C'est avec cette prétention que l'athéisme est devenu aussi intolérant que l'a jamais été aucun dogme religieux, aussi intolérant que le permet, en dehors des révolutions, l'état de nos mœurs. Comment en serait-il autrement? Il se dit qu'il a la vérité absolue, qu'il est chargé, dans l'ordre matériel, comme les religions croyaient l'être autrefois dans l'ordre spirituel, d'assurer le bonheur des hommes, et que hors de lui il n'y a de place que pour le mal.

Les deux allégations que je viens de vous signaler constituent, pour l'intelligence aussi bien que pour la sécurité de notre génération, un extrême péril, car elles s'adressent à des esprits mal préparés pour les combattre et dont la plupart n'en soupçonnent pas la portée. Je réussirai, je l'espère, à vous prouver qu'elles sont aussi fausses que dangereuses, et mes moyens de démonstration je les demanderai, non à des raisonnements d'école, mais à la raison et à l'histoire. Le raisonnement, la logique, j'allais dire la stratégie des systèmes se prête à tout, peut donner un air de vérité à tous les paradoxes et à toutes les illusions. Si les uns ont cru prouver qu'il n'y a pas de Dieu, les autres se sont flattés d'établir avec la même solidité qu'il n'y a pas de corps, qu'il n'y a pas d'âme, qu'il n'y a pas de conscience, pas de droits, pas de devoirs, pas de libre arbitre ; que la personne humaine, telle que nous la concevons, avec son unité, sa mémoire, son identité dans le temps, est une pure chimère. Seule, la raison est toujours la même ; seule, elle s'impose à tous avec la même autorité, seule elle est éternelle et universelle. L'histoire, à la prendre dans son ensemble, en est la manifestation visible à travers les siècles, et dans les œuvres les plus éclatantes de l'humanité.

L'idée de Dieu est si peu contraire à la raison que toutes deux, dès la plus haute antiquité, sont désignées par un seul et même nom. On sait que le *Logos* de Platon, qui n'est pas autre chose que la Raison, est le nom préféré que le grand philosophe de la Grèce donne à l'auteur des choses, au principe suprême de toute vérité et de toute existence. Le nom de *Logos* a été traduit dans la langue de la théologie chrétienne par celui de Verbe, et nous lisons au début de l'Évangile de saint Jean : « Au commencement était le Verbe, et le Verbe était avec Dieu et le Verbe était Dieu ; tout a été fait par lui et rien n'a été fait sans lui ». Dans la langue de la Bible, on peut dire dans celle des principaux monuments philosophiques et religieux de l'Orient, la Raison est appelée la Sagesse. Or, la Sagesse a dans le vieux livre des *Proverbes* le même rôle que le Logos dans la *République* de Platon et le Verbe dans le texte évangélique. Introduite sur la scène sous les traits d'une personne symbolique, elle dit en parlant d'elle-même : « J'existais avant toutes les œuvres de Dieu, avant la terre et avant les abîmes, avant la poussière dont la terre a été formée. J'étais là quand on a formé les cieux, quand on a tracé le cercle du monde sur la face du vide. Je suis de toute éternité près de Dieu, travaillant avec lui, exécutant ses volontés...[1] » N'est-ce pas comme si elle disait quelle est Dieu, qu'elle se confond avec l'essence divine ?

Ce que nous disons de la Raison, entendue dans son unité, s'applique à la conscience morale du genre humain, à l'idée du devoir et du droit qui n'en est qu'une conséquence immédiate. Elle aussi nous est présentée par un des plus antiques monuments de la foi religieuse, comme une éclatante manifestation de Dieu, comme l'expression de sa sagesse et de sa volonté, comme la loi qu'il a donnée aux hommes et hors de laquelle les hommes ressemblent aux bêtes. « Tu ne tueras pas, tu ne voleras pas, tu ne rendras pas de faux témoignage, tu ne convoiteras pas la femme de ton prochain ni rien de ce qui lui appartient, tu respecteras tes serments, tu honoreras ton père et ta mère, tu seras secourable à la veuve et à l'orphelin, tu tendras la main au pauvre, tu aimeras ton prochain comme toi-même ». Tels sont les principaux articles de ce code qui remonte à plus de trois mille ans, et qui a pour base l'unité, par conséquent la fraternité du genre

---

1. *Proverbes*, ch. VIII, v. 21-22.

humain, la supériorité originelle de l'espèce humaine sur toutes les espèces animales.

Arrêtons-nous un peu ici, et voyons ce que la morale, la justice, la charité, la dignité humaine ont gagné aux enseignements de l'athéisme. Je vous citais tout à l'heure Hobbes, qui ne voit dans l'homme qu'une bête féroce et ne conçoit pas d'autre moyen de le soustraire à ses instincts naturels que le despotisme, l'oppression des personnes et des consciences. Au nom de Hobbes je pourrais ajouter celui de Bentham qui, voyant dans l'égoïsme, dans l'amour de soi, dans l'amour du bien-être, l'unique mobile de nos actions, condamne comme une chimère et même comme un danger social tout sentiment désintéressé, toute pensée d'abnégation et de dévouement. Je pourrais vous parler aussi d'un philosophe allemand, athée comme les deux Anglais que je viens de nommer et dont s'inspire une certaine partie de notre littérature, le grand et ténébreux Schopenhauer. Pour celui-là rien n'existe que le mal, et la place de Dieu est occupée par je ne sais quel artisan mystérieux et incompréhensible d'illusions et de douleurs. Au sentiment du devoir, à l'amour mutuel et au mutuel respect des âmes humaines, cet implacable rêveur substitue la pitié, sans songer que nous avons également pitié d'un chien qu'on maltraite, d'un âne qu'on surcharge, d'un insecte qu'on écrase. Mais j'aime mieux porter votre attention sur un moraliste encore vivant, qui passe pour le plus grand philosophe, le plus grand psychologue, et, pour parler la langue d'aujourd'hui, le plus grand sociologiste de notre siècle, c'est-à-dire le plus grand théoricien de l'ordre social. Il s'agit de M. Herbert Spencer, le véritable inventeur, après Diderot et Lamark, du système transformiste ou évolutionniste auquel Darwin a attaché son nom, et selon l'opinion la plus accréditée, la personnification accomplie de la science contemporaine, de la science moderne, ou tout simplement de la science.

Sans se dire positivement athée, Herbert Spencer l'est de fait, car il ne donne dans son système aucune place à l'idée de Dieu. Pour lui, l'univers est le produit fatal d'une force aveugle qui obéit aux seules lois de la mécanique. C'est cette force qui a donné naissance aux phénomènes de la vie et de la pensée, comme à ceux de la nature brute. L'humanité est sortie du règne végétal et du règne minéral. L'espèce humaine se développe ou plutôt se transforme, comme les espèces inférieures, par l'hérédité et par la sélection sexuelle, c'est-à-dire par l'union successive des individus les plus forts, les mieux conformés, les plus propres à se développer, et par la destruction plus ou moins lente des êtres moins favorisés. Les qualités qui distinguent les premiers se conservent et se perfectionnent par l'hérédité. De là, cette règle de conduite proposée par M. Herbert Spencer à la société. Il faut laisser périr comme des bêtes immondes les faibles, les infirmes, les incapables, c'est-à-dire les pauvres et les malades, les maladroits et les malheureux de toutes les catégories. Car à quoi servent-ils? Uniquement à empêcher les effets de la sélection, à faire obstacle aux progrès matériels et intellectuels de l'humanité, ou tout au moins d'une nation en particulier, à la corrompre, à l'abêtir, à l'appauvrir. La charité enseignée par le christianisme et par l'Ancien Testament, la philanthropie recommandée par la plupart des philosophes est une funeste erreur; pour être entièrement dans le vrai, il faudrait l'appeler un crime.

Tel est, messieurs, la dernière morale mise au jour par l'athéisme, par l'athéisme scientifique, celui du moins qui affiche le plus de prétentions et à qui l'on reconnaît volontiers le plus de titres à la science. Je n'engagerai pas la démocratie à y souscrire, car elle n'est pas précisément faite pour elle. Je ne crains pas d'être accusé d'injustice en affirmant que jamais rien de plus odieux n'a été inventé par l'esprit de système. Heureusement cette manière de voir ne révolte pas moins le sens du vrai que le sens du bien. J'aurais trop à faire de compter toutes les objections qui se dressent contre elle ; mais il y en a une que je ne puis m'empêcher de vous signaler en passant, parce qu'elle est un fait, non un raisonnement; elle relève de l'histoire, non de la logique.

M. Herbert Spencer oublie que les pauvres et les infirmes ont contribué pour une grande part aux progrès de l'humanité. L'Evangile nous apprend que le Fi's de l'homme n'avait pas où reposer la tête; les Apôtres, de même que les docteurs de l'ancienne loi, vivaient de professions manuelles ; saint Paul fabriquait des tentes; Homère (je ne me pique pas de suivre l'ordre chronologique) était aveugle et mendiait son pain ; Socrate marchait pieds nus et ne possédait que deux tuniques ; si Marc-Aurèle était empereur,

Épictète était esclave ; Le Tasse est mort dans un hôpital, comme cela arriva plus tard à Gilbert et à Malfilâtre ; Milton était privé de la vue comme le chantre de l'Iliade ; notre Corneille faisait réparer sa chaussure chez le savetier du coin ; Vauvenargues et Pascal étaient malades, Saunderson aveugle, Beethoven sourd ; Voltaire a eu affaire toute sa vie aux médicaments et aux médecins, ce qui est peut-être la pire maladie. Ah ! monsieur Herbert Spencer, on voit que vous avez du pain sur la planche et que vous jouissez d'une robuste santé !

Une autre difficulté qui semble échapper à ce philosophe attendri, c'est que les pauvres, ceux qu'on appelle les déshérités de ce monde, qu'ils le soient par leur faute ou par l'injustice du sort, ne permettront pas qu'on les abandonne ainsi à leur misère ; ils ne voudront pas accepter la destruction par le dénuement et par la faim à laquelle ils sont voués. Ils se révolteront contre les riches, contre les heureux, contre les *bourgeois*, ainsi qu'on les nomme d'un seul mot. Et comme ils sont les plus nombreux et qu'ils n'ont rien à perdre dans la bataille, la victoire leur est assurée dans un temps plus ou moins prochain. Cette belle invention du perfectionnement indéfini de la Société par l'hérédité et la sélection sexuelle conduit tout droit à la destruction de la société par la guerre civile, par la cessation de l'émulation et du travail, par l'envie et par la barbarie. La politique de l'athéisme, sa sociologie, pour parler sa langue qui m'est odieuse, ne vaut donc pas mieux que sa morale.

Mais pourquoi prendre un détour pour se croire autorisé à lui adresser ce dernier reproche? La preuve indirecte est inutile, c'est franchement et directement que l'athéisme a souvent provoqué la dissolution de l'ordre social.

Qui d'entre vous, s'il n'a pas lu les écrits de Proudhon, ne s'en rappelle au moins, pour les avoir entendu citer, les maximes les plus retentissantes? Proudhon, comme il nous l'apprend lui-même dans ses *Confessions*, ne consentait pas seulement à passer pour un athée, il revendiquait le nom d'*antithéiste*, ce qui veut dire ennemi de Dieu. C'est lui qui, dans les *Contradictions économiques*, a écrit ces mots : « Dieu, c'est le mal » Mais il ne lui suffisait pas d'être l'ennemi de Dieu et de la propriété, il était aussi ou se disait l'ennemi des gouvernements, de tous les gouvernements sans distinction de forme ni de titre. Tout son système politique et social se résume dans le mot *an-archie*. Il est vrai que ce mot, il le divise en deux parties, mais ses sectateurs eurent bientôt fait de lui rendre son unité et sa signification moderne. J'ignore si tous les athées sont des anarchistes; ce que je puis assurer, c'est que tous les anarchistes sont athées. Ils ont raison aux yeux de la logique. Comme on n'a jamais vu et que sans doute on ne verra jamais de société sans Dieu, supprimer toute religion et toute philosophie religieuse, c'est mettre un terme à la société elle-même, qui ne peut subsister sans gouvernement. L'anarchie ainsi comprise se confond avec ce que les Russes appellent le nihilisme.

Voilà donc le résultat final, l'évolution suprême que l'athéisme promet à l'humanité dans l'ordre moral et politique. Nous est-il permis après cela de le prendre au mot quand il se donne pour le dernier mot de la science? La réponse n'est pas douteuse; mais il ne suffit pas de la supposer, il faut que les faits nous l'imposent comme une vérité inattaquable.

Ne voulant pas laisser prendre à cette libre

causerie la sévère apparence d'une leçon à la Sorbonne ou au Collège de France, je ne m'arrêterai pas à ce que fût la science dans l'antiquité. Je ne puis pourtant pas m'empêcher de vous citer ces belle paroles qui devraient se présenter plus souvent à la mémoire des savants de nos jours : « Quand un homme vint proclamer que c'est une intelligence qui, dans la nature aussi bien que dans les êtres animés, est la cause de l'ordre et de la régularité qui éclatent partout dans le monde, ce personnage fit l'effet d'avoir seul sa raison et d'être en quelque sorte à jeun après les ivresses extravagantes de ses devanciers[1] ». C'est une allusion au vieux philosophe Anaxagore, le premier qui ait reconnu l'existence d'une cause intelligente de l'univers. Mais qui tient ce langage? Est-ce un théologien imbu d'une foi traditionnelle ou quelque métaphysicien d'école qui n'a jamais ouvert les yeux sur les phénomènes du monde physique? Non, messieurs, c'est le créateur même de la méthode expérimentale, le créateur de l'histoire naturelle, de l'anatomie comparée, de la physiologie aussi bien que de la logique, la personnification de la science dans le

---

1. Aristote, *Métaphysiques*, L. II, ch. III, traduction de M. Barthélemy-Saint-Hilaire.

monde entier pendant une période de deux mille ans, c'est Aristote. Le même Aristote, parlant en son propre nom, nous démontre par des faits, non par des arguments, que tous les organes des êtres animés et les fonctions qui leur sont propres tendent à un but, à une fin, que cette fin est le bien des êtres qui la désirent et la recherchent souvent sans la connaître, et qu'enfin le bien suprême, le bien parfait n'est pas autre chose que Dieu, auquel la terre et toute la nature sont suspendues. Dieu se connaît lui-même, il est la perfection de l'intelligence par cela seul qu'il est la perfection du bien. Il est la pensée de la pensée.

Ce nom mille fois béni de la Grèce, plus glorieux à lui seul et plus durable que celui de tous les empires formés par la conquête et gouvernés par le despotisme, dussent-ils renfermer plusieurs fois cent millions de sujets, réveille dans mon esprit encore un autre souvenir qui ne me paraît pas indigne de vous être communiqué. De tous les systèmes philosophiques enfantés par le génie grec, le seul qui, en astronomie, se soit approché de la vérité et ait reconnu la rotation de la terre autour d'un foyer central, plus de deux mille ans avant Copernic, c'est le système idéaliste et religieux de Pythagore. Ce philosophe et son école, en même temps qu'ils enseignaient l'existence d'un Dieu unique et une morale certainement plus pure que celle du positivisme de notre temps, ont enrichi de leurs découvertes les sciences mathématiques et ont posé les bases rationnelles de l'art musical. Mais hâtons-nous d'arriver à la science moderne et citons tout de suite les plus grands noms du siècle.

Quoi donc! Est-ce que Descartes, Pascal, Leibniz et Newton étaient étrangers à la science? Est-ce qu'ils ne savaient pas autant de mathématiques, de physique, d'astronomie, de mécanique, d'algèbre que tous les membres réunis d'un certain Conseil municipal qui a fait disparaître le nom de Dieu de tous les livres destinés aux écoles de la jeunesse? Descartes a été l'inventeur de l'algèbre appliquée à la géométrie, de la vraie théorie de la lumière et de quantité d'autres théories remises en honneur aujourd'hui, sans en excepter les tourbillons et la matière subtile admise sous le nom d'éther. Pascal, un mathématicien de génie, a démontré la pesanteur de l'air et a reconnu la loi du progrès. Newton n'a pas seulement renouvelé l'astronomie par le principe et les lois de l'attraction universelle, il a inventé, en même temps que Leibniz, le calcul infinitésimal. Leibniz, comme Aristote, n'a été étranger à aucune branche des connaissances humaines et a laissé sur toutes l'empreinte de son génie original. Et cependant, à part Newton, encore plus mystique que philosophe, ce que ces hommes illustres ont fait pour les sciences n'est presque rien en comparaison de ce qu'ils ont fait pour la philosophie spiritualiste, pour la métaphysique éternelle, pour la connaissance de Dieu et de l'âme humaine.

Une des plus grandes absurdités soutenues par le patriarche du positivisme, Auguste Comte, qui en a tant d'autres sur la conscience, c'est que la conscience ne s'élève que sur les ruines de la métaphysique, qui elle-même prend la place de la théologie ou de la religion. La religion, la philosophie, la science, de même que la poésie et l'art, sont des formes éternelles, des besoins indestructibles de la nature humaine. Malheur aux pouvoirs publics qui ont la prétention de la supprimer, quels que soient leur constitution et leur nom! Une telle entreprise équivaut pour eux à un acte d'abdication.

En passant du XVIIᵉ au XVIIIᵉ siècle, nous trouvons sans doute un autre esprit. Comme je l'ai déjà remarqué, l'athéisme n'y est pas rare; mais la science n'y égale pas celle du siècle précédent; l'athéisme lui-même n'y a pas l'extension qu'on lui attribue et il s'y trouve en face de puissants, d'éloquents contradicteurs. Voltaire, qui ne pouvait concevoir une horloge sans un horloger, affirme fréquemment l'existence de Dieu. Jean-Jacques Rousseau la démontre dans les pages brûlantes de sa profession de foi du Vicaire savoyard. Montesquieu, dans une œuvre aussi impérissable que la raison humaine, dans l'*Esprit des lois*, a écrit cette phrase : « Ceux qui ont dit que tous les effets que nous voyons dans le monde ont été produits par une aveugle fatalité, ont dit une grande absurdité; car quoi de plus absurde qu'une fatalité aveugle qui produit des êtres intelligents! » Il est bien difficile, je crois, de répondre à cet argument magistral, et l'on ne sera pas plus avancé si, à la place de la fatalité, on substitue, comme quelques physiologistes de nos jours, « le pouvoir métabolique des cellules ».

A la fin du XVIIIᵉ siècle et au début du XIXᵉ, nous avons devant nous deux figures restées familières à notre mémoire comme deux personnifications de l'athéisme physiologique : celles de Cabanis et de Broussais. Le premier voyait dans la pensée « une sécrétion du cerveau », et le second, l'auteur de l'*Irritation et de la Folie*, semblait contracter les deux états qu'il décrit dans son livre toutes les fois qu'il parlait de l'âme, de Dieu, du spiritualisme, de M. Cousin et de ceux qu'il croyait flétrir sous le nom de « kanto-platoniciens ». Eh bien, ni l'un ni l'autre ne sont restés fidèles à leur doctrine. Cabanis, sur la fin de sa vie, a adressé à M. Fauriel cette remarquable *Lettre sur les causes premières* où il dément les conclusions de ses mémoires à l'Institut sur les *Rapports du physique et du moral;* Broussais, dans un gros livre bien peu connu aujourd'hui, son *Cours de phrénologie*, a écrit cette phrase que je cite textuellement : « L'athéisme ne saurait entrer dans une tête bien faite et qui a sérieusement médité sur la nature. »

Que dirai-je maintenant de la science contemporaine et de celle qui l'a devancée de quelques années? Est-ce que Cuvier, qu'on a appelé avec raison le grand Cuvier et quelquefois l'Aristote moderne; son compagnon dans les recherches paléontologiques, Alexandre Brongniart ; leur continuateur Agassiz ; et, tout près d'eux, Flourens, Leverrier, Cauchy, le merveilleux mathématicien ; le physicien astronome Biot, étaient des esprits arriérés, ennemis du progrès, étrangers aux sciences de raisonnement ou d'expérience ? Et cependant tous, dans un langage plus ou moins indépendant de la tradition et qui est propre à chacun d'eux, ont reconnu un suprême auteur des choses, ont glorifié Dieu. Je commettrais un crime, oui un crime, si j'oubliais Claude Bernard, car enfin, à quoi aboutissent en dernière analyse ses merveilleuses recherches, ses recherches expérimentales, ne l'oubliez pas, sur les fonctions de nos divers organes ? A reconnaître, pour la formation de ces organes et celle de l'être vivant tout entier, ce qu'il appelle si justement « une idée créatrice ». Une idée suppose une intelligence et une création suppose un créateur. Nous voilà en plein spiritualisme, en pleine théologie naturelle. Platon et peut-être saint Augustin auraient applaudi à cette conclusion. Le chimiste J.-B. Dumas ne vous paraîtra pas déplacé à côté de Claude Bernard.

Je m'étais promis de n'admettre aucun vivant sur cette liste glorieuse, mais il y a un nom qui, si je ne le prononçais pas, éclaterait de lui-même sur vos lèvres; c'est celui de Pasteur. Pasteur est plus qu'un savant, c'est la personnification vivante de la science; et non seulement de la science, mais de la bienfaisance, un mot que l'abbé de Saint-Pierre semble avoir créé pour lui. Pasteur, en puisant la lumière qui l'éclaire dans les hauteurs les plus reculées où puisse atteindre la pensée de l'homme, nous montre sous un jour nouveau les deux infinis dont parle Pascal.

Vous le voyez, messieurs, l'athéisme, par l'inévitable effet de ses prémisses, est en opposition directe avec les illusions dont il se berce ou les promesses qu'il nous fait. Au lieu d'asseoir la société sur sa base définitive, il travaille à sa dissolution et ne peut s'arrêter que dans le nihilisme. Au lieu d'être le dernier mot de la science, il provoque la répudiation des savants les plus illustres de tous les temps et nous représente la décapitation de la science elle-même. Peut-être cependant sera-t-il possible d'en faire sortir quelque avantage. Par ses excès mêmes, il pourra contribuer au réveil du spiritualisme philosophique et des croyances religieuses. Il pourra pousser les jeunes talents qui ne manquent pas à notre pays vers un but plus consolant que le pessimisme et plus noble que la peinture des passions sensuelles. Par la domination intolérante qu'il affecte et que trop souvent il exerce quand il possède le pouvoir, l'athéisme pourra aussi nous guérir de l'intolérance. Il pourra servir à rapprocher des opinions respectables, également salutaires, qui n'ont été que trop longtemps divisées. L'union n'est pas la confusion, et je ne vois pas que, sans sacrifier sa liberté, rien empêche la philosophie de se montrer respectueuse pour la religion. Je ne vois pas davantage que, sans abandonner un seul de leurs dogmes, rien empêche les diverses Églises de vivre fraternellement les unes à côté des autres en rivalisant de charité et en s'abstenant de toute agression qui ne s'adresse pas à l'ennemi commun. Si j'ai réussi à vous rendre favorables à ces idées, nous n'aurons, ni vous ni moi, à regretter l'heure que nous avons passée ensemble.

FIN

TABLE

	Pages.
PRÉFACE.	1
HISTOIRE ET GÉOGRAPHIE DE LA PALESTINE	1
TRAITÉ DES BERAKHOTH	69
LÉGISLATION CIVILE DU TALMUD	105
SENTENCES ET PROVERBES DU TALMUD ET DU MIDRASCH	157
« REVUE DES ÉTUDES JUIVES »	193
LE CHRISTIANISME ET SES ORIGINES	225
LES SECONDS CHRÉTIENS : SAINT PAUL	269
LES PHARISIENS	285
HISTOIRE DES PERSÉCUTIONS DE L'ÉGLISE	305
LES RABBINS FRANÇAIS AU COMMENCEMENT DU XIVe SIÈCLE	345
LE PANTHÉISME ORIENTAL ET LE MONOTHÉISME HÉBREU	367
L'IDÉE DE DIEU DANS L'HISTOIRE DE L'HUMANITÉ	389

CALMANN LÉVY, ÉDITEUR

DERNIÈRES PUBLICATIONS

— Format in-8° —

DUC D'AUMALE
Histoire des princes de Condé, 7 volumes.................. 52 50
1 volume *index*............... 3 50

C. DE BARANTE
Souvenirs du baron Claude de Barante, 5 volumes...... 37 50

FEU LE DUC DE BROGLIE
Souvenirs, 4 volumes......... 30 »

DUC DE BROGLIE
L'Alliance autrichienne, 1 vol. 7 50

JAMES DARMESTETER
Les Prophètes d'Israël, 1 volume....................... 7 50

MARÉCHAL DAVOUT
1806-1807, 1 volume........... 7 50

MADAME OCTAVE FEUILLET
Quelques années de ma vie, 1 volume.................... 7 50

ERNEST HAVET
La Modernité des Prophètes, 1 volume.................... 5 »

PRINCE DE JOINVILLE
Vieux souvenirs, édition illustrée, 1 volume............. 20 »

PIERRE LOTI
Œuvres complètes, t. I à V.. 37 50

DUC DE NOAILLES
Cent ans de République aux États-Unis, 2 volumes....... 15 »

PRINCE HENRI D'ORLÉANS
Autour du Tonkin, 1 volume. 7 50

DUC D'ORLÉANS
Lettres, 1825-1842, 1 volume... 7 50
Récits de campagne, 1833-1841, 1 volume............. 7 50

COMTE DE PARIS
Histoire de la Guerre civile en Amérique, t. I à VII........ 52 50

LUCIEN PEREY
Le Roman du grand roi, 1 volume....................... 7 50

COMTE CH. POZZO DI BORGO
Correspondance diplomatique, t. Ier........................ 7 50

ERNEST RENAN
Histoire du peuple d'Israël, 5 volumes.................. 37 50

G. ROTHAN
L'Europe et l'avènement du second Empire, 1 volume... 7 50

PRINCE DE TALLEYRAND
Mémoires, avec une préface du duc de Broglie, 5 volumes.. 37 50

ALEXIS DE TOCQUEVILLE
Souvenirs, 1 volume.......... 7 50

GÉNÉRAL THOUMAS
Le Maréchal Lannes, 1 vol.... 7 50

L. THOUVENEL
Nicolas Ier et Napoléon III, 1 volume.................... 7 50

Paris. — Imprimerie A. DELAFOY, 3, rue Auber.

www.ingramcontent.com/pod-product-compliance
Lightning Source LLC
Chambersburg PA
CBHW070214240426
43671CB00007B/645